노인이 스승이다

노인이 스승이다

왜 지금 격대교육인가

한국국학진흥원 교양총서 | 전통의 재발견 | 06

윤용섭 김미영 장윤수 정재걸 최효찬 장정호 이창기 지음

글항아리

어느 날, 일곱 살 소년은 엄마 손에 이끌려 말도 못 하고 글도 못 읽는 외할머니가 살고 계신 시골 외딴집에 맡겨진다. 영화 「집으로」의 첫 장면이다. 이때부터 시골 오지의 할머니와 도시 문명에 길들여진 손자의 어색한 동거가 시작되고, 영화의 대부분은 시골생활에 답답증을 느낀 어린 손자가 사사건건 할머니에게 투정과 심술을 부리는 내용으로 전개된다. 그런데 할머니는 손자에게 화를 내기는커녕 무리한 요구를 묵묵히 들어주는 등 속 깊은 애정으로 보듬어준다. 그리하여 소년은 엄마가 데리러 왔을 때 할머니와의 이별이 서러워 눈물을 주룩주룩 흘린다. 이 영화에서 가장 인상 깊은 장면이다. 이처럼 심통스러웠던 소년을 따뜻한 아이로 변화시킨 것은 무엇이었을까? 그건 바로 '사랑'이었다.

할아버지께서 돌아가신 후 묘소를 찾아 무덤 자락에 비스듬히 기대어 누워 있으면 마치 생전의 따뜻한 품처럼 느껴졌어. 그럴 때마다 무덤을 이리저리 보듬고 쓰다듬다가 해가 지고 나서야 산을 내려오곤 했지.

경북 안동 어느 종손의 회고담이다. 종손은 철들기 시작할 무렵 안채에서 사랑채로 건너가 조부와 함께 큰 사랑방에 거처했는데, 평소 엄격했던 아버지와 달리 할아버지께서는 항상 정으로 감싸주셨다고 한다.

'슬하膝下' 곧 '무릎 아래'라는 말이 있다. 옛 한시를 들춰보면 '슬하분감膝下分甘'이라는 구절로 자주 등장한다. '분감分甘'은 '사랑을 베풀다'라는 뜻이므로, '슬하분감'이란 '무릎 아래서 받던 사랑'이 되는 셈이다. 이와 관련해 '무릎학교'라는 용어가 있다. 할머니가 손자녀들을 무릎 위나 앞에 앉혀두고 돌봐주는 데서 비롯된 말이다. 대가족을 이루고 살았던 전통사회에서 어린 자녀들의 양육은 대개 생업활동에서 한발 물러난 조부모에게 맡겨졌다. 그러다보니 아이들의 버릇 교육이나 일상적 가르침도 조부모 몫이었는데, 이런 이유로 아이들은 부모의 사랑 못지않게 조부모로부터 깊은 관심과 애정을 받으며 성장한다.

한편 『예기禮記』에 "군자라면 손자는 안아도 아들은 안지 않는다君子抱孫不抱子"는 구절이 있듯이, 부모는 자녀들에 대한 애정을 표현하지 않는 것을 미덕으로 여겨왔다. 이와 마찬가지로 맹자는 "아버지와 아들은 세勢가 통하지 않기에 올바름을 가르칠 때 통하지 않으면 화를 내고 결국에는 서로 해치게 된다"고 하여 '역자교지易子敎之' 곧 '자식을 서로 바꿔서 가르칠 것'을 권장한 바 있다. 즉 부모는 자녀에 대한 높은 기대감으로 인해 많은 것을 요구하게 되며 이에 부응하지 못하면 질책과 분노가 앞서고, 그럼으로써 부모와 자식 간에 갈등이 초래되는 것이다. 반면 조부모는 한 세대를 건너뛰는 관계인 만큼 손자에 대해 무언가를 갈망하고 기대하는 것이 적어 비교적 느긋하게 관망하는 편이고, 질책보다는 너그러움과 타이름으로 손자녀를 대하는 편이다.

노인이
스승이다.

이처럼 조부모와 손자의 친밀한 관계는 세대를 건너뛰는 이른바 격세대隔世代에 근거를 두고 있는데, 수년 전부터 '격대교육隔代教育'이라는 용어가 심심찮게 들려오고 있다. 조부모가 손자녀에게 친근한 정서에 바탕을 둔 인성 교육을 행하는 것으로, 말 그대로 '조손祖孫 교육'이다. 다만 문제는 '격대'라는 용어다. 이는 현대 중국어에서는 일상화되어 있지만, 우리나라와 일본에서는 비교적 생소한 말이다. 이와 유사한 용어로 '격세隔世'가 있다. 하지만 '격대교육'이라는 용어 자체가 이미 우리 사회에 확산되고 있는 만큼 이를 쓰는 데는 큰 무리가 없을 듯하다. 따라서 이 책에서 사용하는 '격대교육' 역시 일차적으로는 '조손 교육'을 일컬으며, 나아가 가정교육(부모 교육)과 학교 교육의 한계를 보완할 수 있는 적극적인 대안의 의미라는 점을 미리 밝혀둔다.

이 책의 키워드는 '조손' 곧 '조부모와 손자녀'다. 한국사회는 오랜 세월에 걸쳐 대가족의 전통을 유지해왔으나, 근대화 과정에서 핵가족화가 매우 빠른 속도로 진행되었다. 이로 인해 전통적인 가족 문화가 적잖이 단절되었는데, 대표적인 것이 조손간에 이뤄지던 격대교육이다. 전통사회의 대가족에서는 조부모를 중심으로 가족 공동체가 형성되면서 어린아이의 양육이나 버릇 교육 등을 담당해왔다. 그러나 핵가족화로 인해 조부모와 손자녀가 별거생활을 함으로써 조손관계가 소원해지고 또 만남의 횟수도 줄어들다보니 격대교육의 기회 또한 사라졌다. 전통적으로 '가족'은 의식주 해결을 공동으로 하는 경제 집단이면서 정신적 유대관계를 공유하는 정서 집단으로 기능해왔다. 이때 아버지와 어머니는 주로 생계를 책임지고, 생업 일선에서 물러난 할아버지와 할머니는 푸근한 정서에 바탕한 손자녀들의 가정교육을 담당해왔다. 하지만 핵가족화로 인해 조부모와 함께 살지 않게 되면서 이러한 가정교육은 기대하기 어려워졌다. 가정에서의 규범 교육과 정서 교육은 사람을 사람답게 키우는 중요한 사회적 과제다. 특히 이는 학교 등과 같이 외부 기관이 대신할 수 없다는 데 문제의 심각성이 있다. 이런 점에서 할아버지와 할머니의 역할이 절실히 요구되는데, 즉 아버지와 어머니가 수행하지 못하는 부분을 할아버지와 할머니가 혈육의 정을 바탕으로 보완할 필요가 있는 것이다.

이와 관련해 최근 주목을 끄는 행보가 있다. 경상북도에서 2014년 10월에 지정한 '할매할배의 날'이다. 경상북도에서는 매월 마지막 토요일을 '할매할배의 날'로 제정하여 손자녀들이 할아버지와 할머니를 찾아뵙고 삶의 지혜를 배우는 기회로 삼고 있다. 기존의 '노인의 날'이 섬김과 봉양에 초점을 맞췄다면, '할매할배의 날'은 조손이라는 관계에 중심을 두고 있는 것이 차별점이다. 즉 세대를 달리하는 조손이 주기적으로 만나 의식意識과 문화 등에서 서로를 이해하고 공감하면서 소통하고, 또 조부모로부터 삶의 지혜와 인성을 배워나가는 것이다. 특히 조손관계의 이러한 소통은 핵가족화로 인해 붕괴된 가족 공동체의 회복에도 긍정적인 역할을 할 것으로 기대된다.

이 책은 조손관계의 역사적 의미를 되짚어보고, 격대교육의 전통을 되살리기 위해 기획되었다. 이로써 핵가족화로 퇴색된 조손관계를 회복하고 사라져버린 격대교육이 제 역할을 하기를 염원해본다. 마지막으로 좋은 책을 만들기 위해 고민과 노고를 마다하지 않은 글항아리 강성민 대표와 이은혜 편집장에게 감사의 말을 전한다.

2015년 10월

글쓴이를 대표하여 김미영 씀

노인이 스승이다

A COREAN WELL-TO-DO FAMILY. 韓國中流以上の家庭

구한말 양반 가족의 기념촬영으로, 할아버지의 손자 사랑이 돋보인다.

제1장

할머니와 할아버지, 미래사회의 문화적 스승

윤용섭

한국국학진흥원 부원장

100세 시대의
도래와 노인이라는 존재

고령화 시대와 한국의 노인 문제

현재 전 세계적으로 의학과 과학기술의 발전, 민주주의의 확산과 복지국가의 등장 등으로 인간의 수명이 계속 늘어나고 있는 추세다. 이처럼 삶이 오래 지속되는 것은 분명 인류에게 큰 축복이다. 그런데 마냥 좋다고만 할 수는 없는 문제. 개인이 저마다 지닌 가치만큼 존중받고 인간다운 삶을 보장해주는 사회가 이뤄질 때, 오래 사는 인생은 빛나고 명예로울 것이다. 그런데 그런 세상을 만들기란 쉽지 않다. 생각이나 능력, 환경을 달리하는 수많은 사람이 서로를 이해하며 살아가는 아름다운 세상은 사막의 신기루처럼 존재할 뿐, 사회 곳곳에 갈등이 일어나고 있으며 그 소리는 점점 더 요란해지고 있다. 여기에 부富와 미美, 권력 등의 물질적·세속적 가치의 숭상이 보태져 인간 내면의 가치를 경시하는 외형 위주의 가치관이 넘쳐나면서 '인간성 존중'이라는 민주사회 제일의 가치가 오히려 시민사회로부터 외면당하고 있다.

현대사회는 고령 인구의 빠른 증가를 특징으로 한다. 사람들의 평균 수명이 늘어나는 만큼 출생률이 이를 따라가지 못하므로, 생산 가능 연령을 지난 노인 인구의 상대적 증가는 노인 복지를 추진해야 하는 국가에 큰 부담을 지운다. 더구나 20세기 이후 매우 빨라진 문명의 전환 현상은 세대 간 단절을 재촉하고 있다. 이 와중에 정부가 빈부·도농都農·노사勞使·노소老少 등 한국 사회에 부과된 갖가지 갈등을 극소화하여, 정치·경제·문화적으로 사회를 조화롭게 만들어나가기란 매우 힘들다. 원래 갈등의 조정과 사회 통합이 국가의 주요 책무라고 하지만 그 해결은 쉽지 않다. 지금부터 살펴보고자 하는 현대 한국에서의 노인의 위상과 대우, 세대 간의 화해 및 사회적 통합은 개인의 인생관과 이 시대의 사회문화적 환경, 금전적인 이해관계까지 덧대어져 있으므로 매우 어려운 과제에 속한다. 그러나 온고이지신溫故而知新하는 자세로 노인 문제의 과거, 현재, 미래를 숙고한다면 그 전망과 해결책을 찾을 수 있을 것이다.

먼저 우리나라의 고령화 현황을 짚어보자. 2015년 7월 통계청이 발표한 '세계와 한국의 인구 현황 및 전망'에 따르면, 2015년 현재 전체 인구에서 65세 이상 노인이 차지하는 비율은 13.1퍼센트이지만, 2060년에는 40.1퍼센트로 높아져 세계 2위로 올라설 전망이다. 1위는 카타르(41.6퍼센트)인데 카타르는 현재 인구가 290만 명인 소국이므로 사실상 한국이 세계에서 가장 늙은 국가라고 볼 수 있다. 고령화는 한 국가의 경제활동, 복지 정책, 사회문화 등에 미치는 영향이 크기 때문에 고령화의 정도를 나타내는 척도가 필요하다. 연령대별 생산성을 기준으로 유엔이 만든 고령화 척도는 국가의 생산활동에 참여할 능력이 있다고 보는 15~64세 인구를 생산 가능 인구라 하고, 경제활동의 효율성이 낮은 65세 이상 인구를 고령 인구(노인)라 부른다. 그리고 전체 인구에서 65세 이상 노인의 인구 비율을 기준으로 다음과 같이 고령화 사회·고령 사회·초고령 사회라는 3단계 구분법을 제시했다. 단계마다 국가 경제와 사회문화 분야에 미치는 영향 및 그 대책이 다름은 당연하다.

- 고령화 사회aging society: 전체 인구 중 65세 이상 인구 비율이 7퍼센트 이상 14퍼센트 미만인 사회
- 고령 사회aged society: 전체 인구 중 65세 이상 인구 비율이 14퍼센트 이상 20퍼센트 미만인 사회
- 초고령 사회super-aged society: 전체 인구 중 65세 이상 인구 비율이 20퍼센트 이상인 사회

우리나라는 2000년 고령화 사회로 진입한 뒤 가파른 속도로 고령화가 진행되고 있고, 2018년이면 고령 사회로 진입할 것으로 보인다. 뿐만 아니라 각종 보고서는 한국이 2026~2030년에 고령화의 최고 단계인 초고령 사회로 진입할 것으로 전망하고 있다. 우리는 이미 고령화 사회의 많은 문제점과 고민을 안고 있고 경제적으로도 큰 난제에 맞닥뜨렸지만,[1] 동시에 사회문화적으로도 엄청난 진통을 겪고 있다. 그러므로 고령화가 더 급속도로 진전될 가까운 미래에, 과연 어떤 상황이 전개될지 그 변화를 예측하기는 힘들며 노인 문제에 관한 사회의 관심이 절실히 요구된다.[2]

고령화 시대를 맞은 우리나라의 노인 문제를 일별해보자. 무엇보다 생산 가능 인구에서 제외되는 노인 인구의 증가로 생산자보다 소비자가 많은 상황이 지속되는데, 이는 경제 사정의 악화로 이어질 가능성이 크다.[3] 만성화된 저출산·고령화 구조가 경제 성장의 발목을 잡는 인구 오너스 현상[4]을 악화시키고

노인이
스승이다

있다는 사실은 확실해 보인다. 그러나 고령화 사회에 접어들었다 해도 그 진행이 더디고 국가·사회적으로 철저히 준비가 되어 있으면 부작용은 완화될 수 있다. 그런데 우리 사회는 근대화와 경제 발전, 사회 변동과 국민 의식 구조의 변화 등이 사회문화 각 요소가 전체적인 균형을 잡을 여지도 없이 매우 빠르게 진행되었다. 노인은 국가사회를 움직이는 주체에서 멀어졌고, 더구나 전통 경로효친의 미풍양속이 무너지고 가족의 친밀성과 지역사회의 연대성도 크게 낮아졌으며 노인에 대한 봉양과 보호는 어느덧 정부의 몫이 되어버렸다. 노인은 젊은이에게 부담스러운 존재, 외면받는 존재가 되어가고 있다.

한국의 또 한 가지 심각한 노인 문제는 가난이다. 한국은 경제협력개발기구 OECD 회원국 중 노인 빈곤율 1위다.[5] 노년층의 재산과 소득이 아예 없거나 혹은 낮으며, 여전히 빈약한 사회보장제도가 그 이유다. 경제적으로 가난하고 건강도 좋지 않은 데다 사회의 정신적·물질적 도움도 부족하니 살아가기 힘들다. 저출산과 수명 연장으로 고령화는 심화되고 있는데, 외로움이나 고독 같은 정서적인 문제와 건강 문제, 빈곤 등 많은 문제점이 나타나고 있으니 언론에서도 심각한 문제가 아닐 수 없다고 지적한다.[6]

또한 중요한 것이 사회문화적인 노인 문제다. 노인들은 종래 가정에서 할아버지와 할머니라는 이름[7]에 걸맞게, 즉 부모보다 더 존재감 있는 한 집안의 어른이었다. 마을에서 어르신으로 대접받고 젊은이들을 꾸중·격려하기도 하는 권위 있는 존재였던 그들은 이제 어디서도 끼워주지 않는 처지가 되었다. 가정과 사회에서 노인의 자리를 찾아주고 의욕을 북돋우며, 그들이 할 일을 제공하는 것이 고령화 시대를 맞은 우리가 해결해야 할 과제다.

노인들이 할 일은 의외로 많다. 특히 가장 중요한 교육 문제가 있다. 이제는 정보혁명을 넘어, 제조 공장이 없어도 만들고 싶은 것을 쉽게 만들 수 있는 3D

프린터 시대에 들어섰다. 3D프린터는 입체 인쇄기인데, 대상을 평면 형식으로 출력해주는 2차원 프린터와 달리 손으로 만질 수 있는 실물 모양으로 만들어주는 것으로서, 앞으로 건축이나 항공우주, 전자, 공구 제조, 자동차, 디자인, 의료 분야 등에서 널리 사용될 전망이다. 이 기술이 선의善意로만 활용된다면 좋겠지만 자칫 악용될 위험성도 있다. 이를테면 3D프린터로 권총을 만들 수도 있다는 이야기다. 무엇이든 알 수 있고 무엇이든 만들어내는 시대에 들어선 인류 문명은 무섭게 진보한 듯 보이지만 한편으로는 이를 이용하는 사람의 도덕성이 절실하게 중요해졌다.

도덕성이 없고 지혜가 부족한 상태에서 문명의 이기가 획기적으로 진보하는 것은 인류의 재앙이다. 이제 도덕 교육과 윤리의식의 제고는 인류 생존 차원에서 필요해졌으며 이에 따라 노인의 가치는 상당히 올라갈 수 있다. 우선 자신의 손주부터 인성 교육을 시작할 수 있으니 말이다. '격대교육'이라는 말이 있듯이 어린 청소년들을 대하는 조부모의 교육은 매우 효과적이다. 물론 젊은 부모의 이해와 조부모의 적극적인 태도 등 몇 가지 전제 조건이 갖춰져야 할 테지만, 무엇보다 교육에 들어가는 국가의 경제적 부담이 거의 없다는 것은 큰 장점이다. 격대교육을 통해 자연히 노인의 위상도 올라가고 가정도 화목하며 건전해질 것이다. 게다가 고독과 홀대, 무료함 등의 노인 문제도 많은 부분 해결될 수 있다. 대강 헤아려도 '일거사득一擧四得'은 될 듯하다.[8] 그러나 이때 가장 먼저 전제되어야 할 점은 노인을 공경하는 풍토, 곧 경로정신을 다시 음미하고 재확립하는 일이다.

경로敬老의 9가지 근거

먼저 경로정신의 재확립과 관련하여, 동서를 막론하고 인류는 왜 예부터 노인을 존중하고 돌보는 경로사상에 모두 공감했으며 어떻게 수천 년간 그 전통이 이어져올 수 있었는지를 세세히 짚어보자.

첫째는 '보은지경報恩之敬'이다. 이는 가장 기본적인 경로사상의 근거로, 후세대가 노인들로부터 받은 은혜다. 우리는 자신의 부모나 조부모는 물론, 이웃집 노인 등을 비롯해 이제 노인이 된 사람들에 의해 길러지고 보호받고 교육받으며 자랐다. 그 '키워준' 은혜가 고맙고 보답할 길이 아득하므로 마음으로 공경하지 않을 수 없다. 이것은 실제 효도의 이유이기도 하다. 집마다 한 명쯤은 있게 마련인 늙은 부모가 효도의 대상이 되기 때문이다.9 그런데 다른 집의 늙은 이를 자기 집안의 부모에 준하여 공경하면 곧 경로가 된다. 나를 낳고 기르고 가르치고 사람답게 만들어주신 부모가 늙었을 때, 젊고 능력 있는 자식이 받들고 돌봐드리는 것은 아주 당연한 이치이며, 윤리니 도덕이니 할 것도 없는 일이다. 하물며 까마귀도 어미가 늙어 힘에 부치면 새끼가 어미를 먹여 살린다고 한다. 그러므로 효는 자연의 이치라 할 수 있다.

둘째, '보공지경報功之敬'이다. 노인들이 사회 유지와 발전을 위해 쌓아온 공적에 대한 감사의 마음이다. 2015년 봄을 달구었던 영화 「국제시장」이 보여주듯, 우리나라의 노인층은 8·15 해방과 6·25 동란, 근대화를 위한 노력의 과정에서 엄청난 일을 겪었고 또 이루어냈다. 어두운 탄광에서 주말 없이 뼈 빠지게 죽음을 무릅쓰고 일했으며, 뜨거운 사막에서 고국을 그리워하며 땀을 씻어냈다. 기업인들이나 샐러리맨들도 뛰고 또 뛰었다. 그 결과 최빈국에서 벗어났고 젊은 후손들에게 이만큼이라도 풍요로운 나라를 물려주었다. 그래서 그 헌신적인 노

「신선고사도」(5·6폭), 종이에 채색, 106.0×28.5cm, 19세기 후반, 국립민속박물관. 주대周代의 효자 노래자
老萊子가 나이 일흔이 되어서도 어린이 흉내를 내어 부모를 기쁘게 해드린 고사와, 황향이 늘 부모님 침상을
살핀 이야기가 그려져 있다.

력과 공적에 고개 숙이지 않을 수 없으니, 이를 '보공지경'이라 이름 지어본다.

셋째, '존선지경尊先之敬'으로 인생의 선배에 대한 존경이다. 산을 오르더라도 먼저 올라갔다 내려오는 사람에게 인사하며 경의를 표하듯이, 거칠고 파란만 장한 인생길을 먼저 걸어간 인생 선배에 대한 도리로서 그들을 공경하는 것은 당연한 이치다. 전인미답의 땅을 찾아가는 일은 썰매로 북극점에 간 피어리나 남극을 밟은 아문센 같은 탐험가들의 일이지, 일반 대중은 쉽사리 할 수 없는 일이다. 지금 걸어가는 길이 과연 맞는지, 어떤 난관이 기다리는지, 시간이 얼마나 걸릴지 알 수 없다면 얼마나 불안하고 답답하겠는가? 세상일을 쉽게 하려면 앞사람이 했던 길을 따라가면 된다. 선각자와 선지자가 존경받는 이유도 이와 비슷할 것이다.

넷째, '전승지경傳承之敬'이다. 노인이 우리 역사와 전통을 계승하고 있다는 의미에서의 공경이다. 역사는 보통 마을이나 국가, 민족 단위로 이뤄지는데, 오늘날 한국인들은 수천 년 우리 강토와 말씨, 의복과 정신을 지켜온 선조들에게 감사와 공경의 염念을 지녀야 한다. 어느 한 나라의 정신은 그 나라의 전통문화를 보면 알 수 있다. 오늘날 '한류韓流'의 원동력은 우리의 전통문화이지 않을까? 예를 들어 서양에서 들어온 팝송에 우리 문화유전자인 '신바람'이 가미된 것이 K팝으로 탄생한 것 아닐까. 한글, 한복韓服, 국악國樂, 한식韓食, 한옥韓屋, 도자기, 공예품 등은 세계 초일류의 문화유산이다. 게다가 민속 문화와 유교, 불교 등 찬란한 정신문화도 지니고 있다. 노인들은 현시대를 '함께 살아가는 선조'로서, 소중한 민족의 역사와 문화 전통이 단절되지 않고 계승될 수 있도록 해주는 고마운 분들이다.

다섯째, '경륜지경經綸之敬'을 들 수 있다. 노인네들이 지닌 경험과 지식에 대한 경의敬意다. 아무래도 세상을 오래 산 노인들에게 풍부한 경험과 견문, 노련

（〒發店書堂竹吳山釜）　No 12　婦夫老人鮮　（俗風鮮朝）

노부부의 모습. 노인은 전통을 몸과 정신에 고스란히 지닌 존재이자 인생 선배로서도 존경받을 만한 존재다.

한 경륜과 지식이 있다는 사실은 동서고금이 인정하는 바다. 아무리 새롭고 유익한 정보들이 넘쳐나는 세상이라지만, 노인들이 보유하고 있는 경험칙과 생활의 지혜는 세상을 살아가는 데 매우 중요한 자산이 된다. 원로들이 건재한 나라는 무게가 느껴진다. 임금도 마음대로 하지 못하고 권문세가도 두려워하는 국가의 원로가 있으면 충격적인 사태가 벌어지더라도 위기를 극복할 수 있고, 나라는 안정 속에 서서히 발전할 수 있다. 안개 자욱한 험한 산속에서 길을 찾아가는 늙은 말의 지혜를 비유한 '노마지지老馬之智'라는 말이 있듯이, 오랜 경험과 견문에서 오는 지혜는 생존에 매우 유익한 힘을 발휘한다. 노인을 모두 없애라는 임금의 명령을 어기고 몰래 자신의 늙은 부친을 숨겨두었던 어느 대신이 나라의 존망이 걸린 세 가지 문제를 부친께 물어 모두 답하니, 뒷날 그 사실을 안 임금이 과연 나라에는 노인의 슬기가 필요하다는 것을 깨닫고 노인들을 다시 잘 모시도록 했다는 유명한 이야기가 불경에 나오기도 한다.[10]

여섯째, '연덕지경研德之敬'이다. 세월의 연마가 이루는 작품, 노인의 성숙한 인격에 대한 공경이다. 대개 젊은 시절에는 혈기와 이상과 욕망에 청춘을 불사르고, 중년기에 가정을 꾸리고 사회생활에 몰두하다보면 어느덧 노년의 정리기에 이른다. 공자는 예순의 나이를 '이순耳順'이라 하여 누구로부터 어떤 말을 듣더라도 귀에 거슬려 하지 않았다. 대체로 노년에 이르면 인생을 어느 정도 달관하게 되고 마음에 여유가 생긴다. 바닷가의 자갈도 오랜 세월이 흐르면 둥글고 매끄럽게 연마된다. 특별히 스스로를 갈고닦지 않더라도 오랜 인생살이의 어려움을 견디다보면 나름대로 인격이 갖추어지는 것이다. 자기 직업에 충실했던 사람과 세사世事의 기쁨이나 슬픔을 많이 겪은 사람은 무언가 다르다. 윤오영尹五榮(1907~1976)의 「방망이 깎던 노인」이란 수필에 등장하는 노인의 어딘지 모르게 노인다워 보이는 모습이 그렇다. 이 수필의 일부를 인용해본다.

"상도덕商道德도 모르고 불친절하고 무뚝뚝한 노인이다." 생각할수록 화증이 났다. 그러다가 뒤를 돌아다보니 노인은 태연히 허리를 펴고 동대문 지붕 추녀를 바라보고 섰다. 그때, 바라보고 섰는 옆모습이 어딘지 모르게 노인다워 보였다. 부드러운 눈매와 흰 수염에 내 마음은 약간 누그러졌다. 노인에 대한 멸시와 증오도 감쇄滅殺된 셈이다. 집에 와서 방망이를 내놨더니 아내는 예쁘게 깎았다고 야단이다. (…)

그 노인이 앉았던 자리에 노인은 있지 아니했다. 나는 그 노인이 앉았던 자리에 멍하니 서 있었다. 허전하고 서운했다. 내 마음은 사과드릴 길이 없어 안타까웠다. 맞은편 동대문의 지붕 추녀를 바라보았다. 푸른 창공에 날아갈 듯한 추녀 끝으로 흰 구름이 피어나고 있었다. 아, 그때 그 노인이 저 구름을 보고 있었구나. 열심히 방망이를 깎다가 유연히 추녀 끝의 구름을 바라보던 노인의 거룩한 모습이 떠올랐다.

일곱째, 인간의 존엄성에 경의를 표하는 입장에서 늙은이라는 인간 그 자체를 공경하는 '인간지경人間之敬'의 마음이 우러날 수 있다. 이는 인간이 인간을 인정하고 존경하는 모습이다. 노인들은 젊은 시절도 겪어보았고 늙어도 보았기에 가장 인간적이다. 더구나 지금의 노인들은 어려운 시절을 이겨낸 사람들이다. 50~60년 전 어렵게 살던 모습을 회고해보면, 그들이 잘 살았든 잘못 살았든, 인간이란 존재로서 이 땅에서 살아온 그 자체, 생명 자체에 대한 경의가 생긴다. 훌륭한 인품의 소유자, 사회에 공로를 많이 한 인물, 가난하게 살아가는 빈촌의 할아버지, 요양원에 누워 담담히 시간을 보내는 할머니 모두 치열한 의지로 생명을 불태우며 영위해온 실존적 존재다. 그리고 그 파란만장했던 생명의 장이 서서히 다해가려 한다. 그들도 한때 젊었던 것처럼 우리도 언젠가는 늙는다. 모든 인간은 하늘로부터 존엄하고 평등한 인권을 타고났다. 같은 인간으로서 내 인격이 소중하듯 노인들의 인격 역시 소중한 것이다.

여덟째, '세수지경世壽之敬'이다. 오래된 것은 그만큼 우주의 정기와 세상의 기운을 많이 받아서인지, 어쩐지 신비스럽고 소중해 보인다. 사람으로서 오래된 존재는 바로 노인이다. 만일 우리가 사는 이 세상, 아니 이 우주가 가치 있다고 한다면 여기 이 우주에서 '오래됨'은 '낡음'이 아니라 '가치 있음'이 아닐까? '세수지경'은 문자 그대로 '세상에 오래 살았음'에 대한 공경이다. 바위나 나무, 짐승도 오래되면 함부로 대할 수 없는 위엄과 신비가 생긴다. 우리는 고성古城, 고찰古刹이나 고택古宅을 대할 때 어떤 외경심을 갖는다. 오래된 기와나 고화古畫, 골동품에 대해서도 마찬가지다. 학은 천 년, 거북은 만 년 하는 식으로 긴 수명을 예찬하고 오래되면 고전古典이 되거나 문화재가 된다. 얼마 전 텔레비전에 107세 드신 임영목 어르신이 재미있게 이야기를 하는 장면이 나왔다. 모두 그분의 건강에 탄복했는데, 사실 107세라는 그 자체만으로도 우리를 압도했던 것이다.

아홉째, '자경지경自敬之敬', 즉 나 자신에 대한 공경이다. 노인의 모습은 미래의 내 모습이다. 해맑은 소년 소녀가 세월이 흐르면 백발의 노인이 된다. 그러므로 노인에 대한 공경과 선행은 바로 나 자신을 공경하고 아끼는 것이다. 흔히들 자경자애自敬自愛라는 말을 사용하는데, 여기에는 상당히 깊은 의미가 담겨 있다. 누구나 자존심이 있고 자신을 좋아하지만, 사실 스스로를 공경하기란 매우 어렵다. 자신을 사랑하는 것 역시 마찬가지다. 적절한 운동과 명상이 건강에 좋은 것을 알면서도 실천하는 사람이 많지 않은 현실이 이를 증명한다. 세월은 빠르다. 필자는 초등학교 5학년 때 담임선생님으로부터, "학도야 학도야, 청년학도야. 벽상의 괘종을 바라보시오. 한 소리 두 소리 가고 못 오니, 인생의 백 년

살이 주마走馬 같도다. (···) 오늘의 삼척 소년 자랑 마시오. 어언에 명경 색깔 가석하리라"라는 노래를 배웠다. "삼척三尺은 무엇이다, 어언於焉은 무엇이다, 명경明鏡은 무엇이다" 하며 자세히 배우면서, 한자가 상당히 어려웠지만 무언가 고풍스러워 좋았고 내용도 과연 그렇겠구나 하고 새겼는데, 사실 당시에는 마음에 썩 와닿지는 않았다. 이 교실의 광경이 어제처럼 선명하거늘, 어언 나도 흰머리가 되어간다. 아! 노인의 일이 곧 나의 일이다. 노인을 공경함은 자신을 위해서 좋은 일, 즉 '자경지경'이다.

노인은 약자다. 인생길을 마칠 시각도 가까워지고 육체적으로도 쇠약해졌으며 힘든 인생살이에 지치기도 했다. 이 점만 보더라도 우리가 노인에게 잘해야 하는 충분한 이유가 되지만 이는 공경이라기보다 약자에 대한 긍휼과 도움의 측면에서 우러나는 양로養老의 이유가 되므로, 노인을 공경해야 할 이유에는 넣지 않았다. 노인 문제의 해결과 가족관계의 회복에는 무엇보다 공경심의 유무가 관건이다. 맹자가 설파했듯, 공경이 없는 효도는 가치가 높을 수 없다. 음식을 제공하는 효를 '양구체養口體'라 하고 부모의 뜻을 받드는 효를 '양지養志'라 한다. 우리가 먹여 살리는 대상에는 소, 돼지, 개, 고양이 등의 동물도 포함되므로 공경심은 효를 다하는 데 핵심 요소라고 할 수 있다.[11]

노인이
스승이다.

노인의
사회문화적 의미

이제 노인에 대한 인식의 변화를 역사적이며 사회문화적인 맥락에서 관찰해 보자. 공경과 돌봄의 대상이었던 노인의 위상은 문명이 고도로 발달한 현대사회에 들어와 오히려 급격히 실추되었다. 근대화 및 경제발전과 더불어 인간의 소외와 무관심, 배금주의, 개인주의의 만연은 노인을 경시하는 사회적 분위기를 만들었다. 노인 경시 현상은 어느덧 우리나라 사회문화의 한 형태로 자리잡아가고 있다. 요즘 일간지의 사회면만 보더라도 1960~1970년대에는 거의 없었던 노인 폭행사건이 빈발하는 등 노인과 관련된 사건·사고에서 읽히는 양상의 변화는 놀랄 만하다. 가볍고 변덕스런 현대사회에서 노인의 가치와 위상을 회복시켜줄 명분과 방법을 모색하는 데 도움이 되고자, 먼저 유교와 전통문화에 나타난 노인의 사회문화적 의미를 살펴보고 노인에 대한 인식과 위상의 역사적 변천을 조명하기로 한다.

유교적 관점에서 본
사회문화적 존재로서의 노인

|

앞 장에서 노인을 존중하고 돌봐드려야 할 '경로敬老의 9가지 근거'를 나름대로 헤아려봤지만, 유교적인 관점에서 볼 때 노인층은 사회의 어른으로서 당연히 존중받아야 할 존재다. 노인을 공경하는 것을 경로敬老라 하고 노인을 돌봐드리는 것을 양로養老라 하는데, 경로에는 자연히 양로가 포함된다고 할 수 있다. 오랜 시간 동양의 정치와 사회를 지배했던 유교는 경로를 매우 중요시했다. 사실 경로는 효도의 연장이었다. 효는 국가나 자신이 속한 조직의 장에게 정성을 다 바치는 충忠과 함께, 인간이 지켜야 할 가장 큰 덕목이자 사회 윤리였다. 효는 사람들에게 근본을 깨우치게 하고 은혜를 알게 한다. 효자는 교만하지 않고 나쁜 일을 꾸미지 않으며 남과 다투지 않는다. 그런 행동이 자신의 몸을 위험에 빠뜨리고 나아가 부모를 욕되게 하는 것임을 알기 때문이다. 신라시대 '독서삼품과'의 교육과정을 보더라도, 효도에 관한 가르침이 실린『효경孝經』은 '상품·중품·하품'의 어느 과정에서도 필수과목이다.『효경』에는 "천자는 효로써 천하를 다스린다孝治天下"는 말이 나온다. 그리고 "비록 천자라고 해도 반드시 더 높이 받드는 분이 있으니 그 아버지가 계심을 말한다"라고 했다. 유교의 가장 기본이 되는 경전인『대학』에서도 "늙은이를 공경하면 모든 백성이 효를 일으킨다上老老而民興孝"고 한다. 효야말로 만덕의 근본이며 인성 교육, 즉 윤리의 흥기와 진작은 경로로부터 시작된다고 본다.

이 같은 경로사상을 배경으로 유교 국가였던 조선 왕조는 노인직老人職과 기로소耆老所 제도를 운영했다. 노인직은 수직壽職이라고도 하는데, 나이 많은 노인들에게 주었던 벼슬이다.『경국대전經國大典』에 따르면 80세가 넘으면 양인良

「기로소 입사기」, 50.0×88.5cm, 1783, 개인. 1783년 6월 임희성이 지중추부사 표암 강세황의 기로소 입사를 축하하기 위해 작성한 하서賀書다.

人이냐 천민이냐를 묻지 않고 품계를 주고, 당하관 이하로서 원래 품계가 있는 자는 1계階를 더 올려 영예롭게 해주었다. 그리고 기로소는 70세가 넘는 2품관 이상을 역임한 관료를 선발하여 여러 혜택을 주는 제도다. 그 밖에 중앙 정부와 지방 관청에서는 노인들을 공경히 대접하고 위로하는 경로연 또는 기로연을 정기적으로 베풀었다.

생각건대 노년기에는 학문과 도덕의 깊이가 젊은 시절보다 한층 깊어진다. 더불어 세상을 살아온 경험이 풍부해지고 어느 정도의 인품이 갖추어진다. 예를 들어, 유학이라는 위대한 학문을 완성한 공자의 노년은 숭고하기 그지없다. 공자는 인생 역정을 회고하면서 50세에 하늘이 자기에게 부여한 사명인 '천명天命'을 알았고, 60세에 어떤 이야기라도 편안히 받아들일 수 있는 '이순耳順'의 경지에 올랐으며, 70세에 비로소 "종심소욕 불유구從心所欲不踰矩", 즉 "마음이 하

「노자가 함곡관을 나가다青牛出關圖」, 정선, 비단에 엷은색, 29.6×23.2cm, 18세기 초, 성 베네딕도회 왜관 수도원 기탁, 국립중앙박물관.

고 싶어하는 대로 하더라도 법도를 넘지 않는" 경지에 이르렀다고 고백했다. 실제『시경詩經』을 편찬하고 예절과 음악을 정비하며『춘추春秋』라는 역사서를 저술하는 등의 활동이 모두 65세가 넘은 노년기에 이루어졌다. 노자도 노년의 나이에 빛을 발한다. 나이를 모를 정도로 늙은 노자는 중국을 벗어나 서쪽의 먼 나라로 떠나가면서, 짧지만 위대한 명작『도덕경』을 남겼다. 그의 본명은 이담李耼이라고 알려져 있지만, 노자老子라 칭해지는 것은 그 자체로 '늙을 노老' 자가 대단한 존칭임을 증명해준다. 한편 기독교 문명에서는 노인이 더욱 빛을 발하는 듯하다. 구약성서에 나오는 아브라함은 70세에 여호와의 명으로 종족을 거느리고 새 땅을 찾아 떠났으며 100세에 아들 이삭을 얻었다. 모세는 80세에 천명을 받아 120세까지 이스라엘을 이끌었고, 모세의 후계자 여호수아는 94세에 대임을 받아 대망의 가나안을 정복했다.[12]

　여기서 유교가 제시하는 연령별 할 일을 살펴보기로 한다.『예기禮記』에 따르면, 10세에 배우고 20세에 성인식인 관대冠帶를 하며, 40세에 관직에 나가고 50세에는 주요 행정을 담당한다. 60세에는 남에게 일을 시키고 지시하는 고위직을 수행한다. 70세에는 은퇴하여 경험과 경륜을 다음 세대에 전해주며, 80~90세에는 노인으로서의 대접을 받는다.[13] 현대에 비하면 출발이 늦고 느슨하지만 50세 이후에는 주요 업무, 60~70세에는 사회 지도, 70세 이후에는 다음 세대로의 문화전달자 역할을 하는 것이다.『예기』는 주周나라(기원전 1046~기원전 256)의 문물제도를 기록한 책인데, 평균 수명이 지금보다 훨씬 짧았던 주나라 시대에도 60세 이후의 인생을 가치 있게 평가한 것을 알 수 있다. 하물며 평균 수명이 80세에 육박하는 오늘날 노인의 사회적 역할이 확대되어야 함은 당연한 것이 아니겠는가. 유교사회에서 노인이 되어 어떻게 살 것인가 하는 문제를 경험적·철학적으로 규명한 사람은 여헌 장현광張顯光이다. 장현광은「노

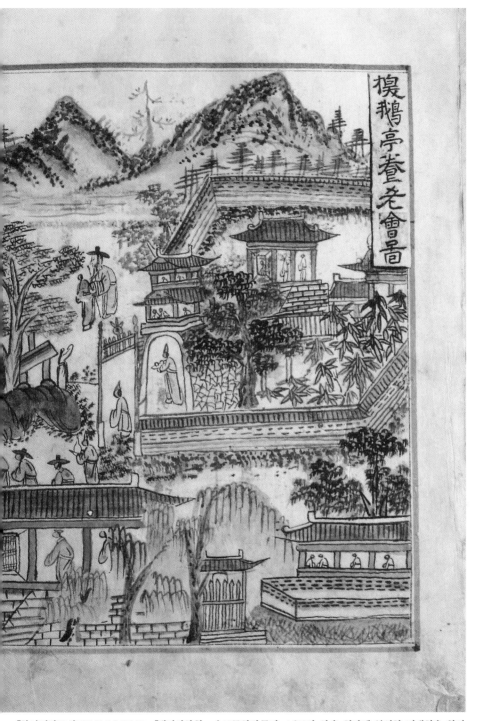

「환아정양로회도換鵝亭養老會圖」,『세전서화첩』, 유교문화박물관. 1601년 산음 현감에 부임한 김대현은 환아정을 세워 낙성落成하는 날 70세 이상 노인들을 초대해 양로연을 베풀었다. 조선시대에 노인들을 공경하고 양로연을 베푼 장면을 잘 보여준다.

인사업」과 「노령인사」란 글을 지어 노인의 가치를 논했는데, 논리가 매우 깊고 정교하다.

다음은 가난하고 병약한 노인에게 역대 왕조에서 어떤 도움을 주었는지 역사 기록을 통해 살펴보자. 먼저 신라 유리왕 5년 11월, 임금이 나라 안을 순행하여 '환과고독鰥寡孤獨'과 노인의 병환을 묻고 급양했다. '환과고독'이란 『맹자』에 나오는 말인데, 홀로 사는 지아비를 '환鰥'이라 하고 홀로 사는 지어미를 '과寡'라 하며, 부모 없는 아이를 '고孤'라 하고 자식 없는 늙은이를 '독獨'이라 한다.[14] 고구려 고국천왕 16년 10월에는 왕명으로 환과고독과 노병老病, 빈곤과 신체불구자를 구휼했으며, 백제 비류왕 9년에는 병환이 있거나 부양해줄 가족이 없는 노인에게 관곡을 지급했다고 한다. 고려시대 역시 환과고독을 구휼하는 일이 중요했는데, 이는 왕도정치를 구현하는 인정仁政을 베푼다는 의미와 국교였던 불교가 자비慈悲와 희사喜捨를 강조했기 때문이다. 조선시대에도 1470년의 『경국대전』을 통해 환과고독 등에 대한 구휼제도가 확립되어 있다.

다음은 경로에 관한 지방의 풍속과 제도다. "고을에서는 나이가 제일이다鄕黨 莫如齒"라고 맹자는 말했다. 앞서 이야기한 바와 같이 노인들을 격려하고 경대하는 잔치인 기로연을 정기적으로 베풀었으며, 조선시대의 지역사회 자치 규약인 향약에서도 노인 공경 조항이 꼭 들어갔으며 주요한 규정에 속했다. 예를 들어 안동 지방 역사에 관한 종합 기록인 『영가지永嘉志』에 노인을 공경하고 존대하라는 규약이 눈에 띈다. 향청鄕廳 또는 유향소留鄕所라고도 하는 향사당鄕射堂은 지방의 유지들이 모여 지방 행정을 보좌하고 향토의 풍속을 바로잡는 등의 중요한 일을 하던 기구로서 좌수座首가 그 우두머리였다. 향사당에서 제정한 향약은 지역사회의 기강을 잡는 엄중한 규율이었으며, 이를 어길 경우 상당한 처벌을 받았다.

노인이
스승이다

「장현광 영정」, 비단에 채색, 124.0×90.0cm, 1632, 유엄당.

- 제6조: 고장의 어른들을 능욕하는 사람(처벌 조항)
- 제22조: 봄·가을 강신講信 때는 관청에 알린 뒤 향음주례鄕飮酒禮를 행하여 어른과 젊은이의 도리를 밝힌다.
- 류성룡이 수정한 「신정 10조新定十條」 제6조: 연세가 높은 분을 존경한다.

전통문화 속 노인의 사회문화적 의미

우리 역사나 동서양의 전통문화에는 노인의 가치에 관한 많은 풍속과 이야기가 전한다. 먼저 문학작품에 나타나는 노인의 사회문화적 의미를 살펴보자. 우리 민족의 시조인 단군의 모습은 늘 품위 있는 노인의 이미지로 자리잡고 있으며, 고조선의 현인이었다는 자부 선생과 유위자有爲子 등 전설적인 인물들은 신선 같은 존재로 부각되어 있다. 신라 향가인 「헌화가」에서 험한 바위벼랑을 타고 올라가 수로부인에게 꽃을 꺾어 바치는 노인의 모습은 또 얼마나 씩씩하며 낭만적인가! 중국의 역사나 설화에도 노인은 대단히 중요한 존재로 등장한다. 진시황제의 진秦나라가 망하고 유방과 항우가 천하를 다투던 초한전쟁 시절, 눈썹과 머리카락이 하얀 동원공東園公, 하황공夏黃公, 녹리 선생甪里先生, 기리계綺里季 등 상산사호商山四皓라는 4명의 노인은 거만했던 한 고조 유방으로부터 최고의 존경을 받았다. 당·송 이후 등장한 여동빈呂洞賓 등 도교의 팔선八仙은 매우 유명하여 중국의 민속문화에 큰 영향을 미쳤다. 여덟 신선과 연결되는 설화가 여럿 탄생했고 이들을 그린 팔선도八仙圖가 가정에 복을 준다고 해서 부적과 같이 모셔졌다.

노인이
스승이다.

「고사도」 중 '상산사호商山四皓', 종이에
채색, 62.5×28.0cm, 20세기 전반, 국립
민속박물관.

「신선 황초평」, 종이에 엷은색, 60.0×40.9cm, 17세기, 국립중앙박물관. 진晉나라 때의 인물로, 빈한한 출신이며 여덟 살 때 가축을 치는 일을 했다. 열다섯에 적송산赤松山에 들어가 도를 닦아 적송자란 이름이 붙었으며, 도술이 신통해서 백성들을 재난에서 많이 구해주었다고 한다.

그리고 신선神仙, 선인仙人, 선옹仙翁은 물론 어부漁父, 어옹漁翁, 국로國老 등도 멋있게 늙어가는 인간의 탈속과 초월의 이미지를 보여주는데, 특히 신선이나 어부는 민중의 흠모와 동경의 대상이 된다. 한편 전쟁에 시달린 백성의 고통에 가슴 아파하고 뿔뿔이 흩어진 가족을 슬퍼하는 시성詩聖 두보杜甫의 진가인 비장미悲壯美는 아무래도 백발 휘날리는 노년의 모습에서 최고조에 이른다. '늙음'에 대한 공경과 흠모 및 동정은 미술계에도 영향을 끼쳐 신선과 어옹과 초야에서 늙어가는 선비는 동양화의 주요 소재가 되었다. 이 그림들에 나타나는 노인의 모습을 살펴보면 민중의 정신적 지주이자 인생을 달관한 대선배로서의 풍모가 유감없이 나타나기 때문에, 전통문화에서 노인이 차지하는 높은 위상과 큰 비중을 짐작하게 한다.

늙음에는 두 가지 의미가 있다. 하나는 정신적인 성숙이요 다른 하나는 육체적인 허약이다. 여기에 개별적인 생애의 곡선이 어우러져 긍정적이기도 하고 부정적이기도 한 노년의 풍경이 전개된다. '백발의 어부와 나무꾼이 강가에서 담소하며 고금의 역사를 이야기하는 장면古今多少事 都付笑談中'을 묘사한 『삼국지』의 서시序詩와 "종남산에서 거닐다가 우연히 숲에서 쉬고 있는 노인을 만나 웃으며 얘기 나누는 즐거움에 돌아갈 줄 모른다偶然值林叟 談笑無還期"는 왕유王維의 시는 인생의 달관자로서 멋있게 늙어가는 노인의 모습을 노래한다. 그리고 풍진세상을 벗어나 강호에 몸을 맡기고 작은 배 한 척에 낚싯대 내려놓고 고기 잡는 늙은이의 풍모는 참으로 한가하고 평안해 보인다.

위수渭水에서 낚시하며 때를 기다렸다는 강태공을 원조로 하는 선비들의 유유자적한 낚시 소일은, 후한의 초대 황제인 광무제의 간곡한 호의를 뿌리치고 부춘산富春山에 은거한 엄자릉嚴子陵을 거쳐 당나라의 장지화張志和로 이어졌다. 장지화는 "태호太湖에 흩뿌리는 비와 솔솔 부는 바람에 집으로 돌아갈 생각이

「고사도」 중 '강태공조어도
姜太公釣魚圖', 종이에 채색,
62.5×28.0cm, 20세기 전
반, 국립민속박물관.

나지 않는구나"라는 어가자漁歌子를 노래했는데, 여기에 화답하여 송나라와 고려에서 「어부사漁父詞」가 유행했다. 고려 사대부들의 사랑을 받은 어부사는 조선시대에 들어와 퇴계와 농암을 만나 다시 부흥했는데, 농암 이현보가 개작하여 남긴 어부사 계통의 노래는 고산 윤선도의 「어부사시사」에서 화려하게 꽃을 피웠다. 이처럼 나이듦에 따라 인생을 달관하고 자연과 하나 되어 살아가는 노년의 모습은 어부의 노래와 함께 유유한 멋과 짙은 여운을 남기고 있다.

그러나 늙은 모습에 여유와 존엄만 있는 것은 아니다. 많은 노인은 자신의 인생이 황혼에 접어듦을 탄식하며 무궁히 늙지 않는 자연을 부러워했다. 당나라의 대시인 두보는 "어려움을 겪으며 서리 같은 귀밑털이 어지러움을 심히 슬퍼하노니, 늙고 쇠약하여 이젠 탁주마저 끊었도다潦倒新停濁酒杯"라고 노래한다. 판소리에서 목을 푸는 단가 가운데 백발을 슬퍼하는 백발가白髮歌는 특히 애절하다. 화살처럼 빨리 다가오는 늙음을 안타까워하며 해마다 곱게 피는 도리화를 부러워하는 비장미와 한 노부老夫의 회한이 긴 여운을 남기는, 당나라 유정지劉庭芝의 「대비백두옹代悲白頭翁」은 천고의 명작이다.

해마다 해마다 꽃은 서로 같기도 하건만   年年歲歲花相似

해마다 해마다 사람은 같지가 않다네   歲歲年年人不同

한창 나이 홍안의 젊은이에게 부탁하노니   寄言全盛紅顏子

마땅히 반쯤 죽은 이 백발노인을 가여워해주시오   應憐半死白頭翁

이 늙은이의 백발은 참으로 가련하니   此翁白頭眞可憐

그도 한때 홍안의 미소년이었다오   伊昔紅顏美少年

이 노래는 가장 대표적인 노인의 비가悲歌인데, 특히 인생무상을 절묘하게 표현한 "해마다 해마다 꽃은 서로 같기도 하건만, 해마다 해마다 사람은 같지가 않다네"는 인구에 회자되는 명구名句다.

노인에 대한 인식 변화

노인에 대한 인식은 최근 수십 년 사이에 급격히 변하고 있다. 우리나라에서는 혁명에 가까운 여러 사회문화적 변동이 동시다발적으로, 그것도 신속하게 일어나고 있다. 전통사회의 붕괴와 유교적 가치관의 퇴조, 핵가족 제도의 일반화, 급속한 산업화와 도시화, 환경오염, 정보통신 기술의 혁신, 포스트모던 사회로의 진입, 배금주의와 인간 소외 현상, 윤리도덕의식 결핍, 이기적 개인주의의 만연과 공동체 의식의 빈약, 세계화와 스마트폰의 대중화, 노사 문제, 고령화와 노인 문제, 학교 폭력과 입시 위주의 교육 문제 등이 그것이다. 이밖에 남북 긴장과 북한 문제, 이데올로기와 지역 갈등, 일본·중국과의 국제정치 문제, 청년 실업과 빈부격차의 심화 등 해결하기 어려운 문제들이 중첩되어 있다. 이런 상황에서 각종 사회 변동과 갈등을 야기하는 이 난제들을 해결하는 데 특별한 역할을 하지 못하는 노인층에까지 관심을 쏟기 어렵다. 현대사회가 끌어안고 있는, 갑자기 쏟아지는 이 숱한 문제를 해결하는 묘방을 찾기는 어려운 상황이다. 그러나 지금부터는 이 시대 노인의 역할을 중심으로 그 대체적인 답을 구해보고자 한다.

옛날이나 지금이나 장수長壽는 누구나 바라는 좋은 일이다. 특히 고대에는 장수를 오복지수五福之首로 귀하게 여겼다. 알다시피 오복五福은 인간의 삶을 행복하게 하는 다섯 가지 요소로서 수壽·부富·귀貴·유호덕攸好德·고종명考終命으

「신선도」(복록수福祿壽 삼성도),
비단에 채색, 147.0×96.0cm,
청나라, 1688, 화정박물관.

로, 유교의 중요한 경전 『서경』의 명작인 「홍범洪範」에 나오는 개념이다. 오복을 간단히 설명하면 다음과 같다. 먼저 수壽라고 하면 당연히 오래 사는 것이요, 부富는 부자가 되는 것이며, 귀貴는 신분이 높아지는 것이다. 유호덕은 성품이 너그럽다는 뜻이니 좋은 성품을 가진 것을 말하고, 고종명은 일생을 마감할 때 가족에 둘러싸여 유언을 남기면서 편안히 눈을 감는 것이다. 이 다섯 가지는 모두 세상 사람들이 소중히 여기는 것들인데, 그 가운데 '오래 삶壽'이 제일 처음 나오는 것으로 보아 장수하여 인생의 열매를 천천히 수확하고 결산하는 원숙한 삶을 누리는 노년의 모습은 일종의 복이었음을 알 수 있다. 유교와 우리 전통문화에 나타나는 노인의 면모 및 위상은 사람들의 동정심을 불러일으키기 충분할 만큼 가련하기도 했지만, 많은 경우 오히려 지혜롭고 덕스러운 초월적인 존재로서 공경의 대상이 되었다. 이처럼 전통시대에 노인은 가정과 사회에서 위엄 있는 존재였으며, 정치·교육의 측면에서도 당당한 역할을 수행했다. 노인의 존재 그 자체가 가문과 국가의 상징이었고, 그분들의 말씀과 행동 하나하나가 표준이며 교육이었다. 그들은 사회적으로는 지도자나 위기관리자였고, 문화적으로는 한 시대의 문화를 다음 세대에 전달하는 문화전달자이며 교육자였다. 가정교육을 통하여 한 집안의 훌륭한 전통을 자손들에게 전수했으며 일국의 안위安危를 두 어깨에 걸머지기도 했다. 이 점에서 볼 때 인생 칠십 세가 드물었던 고대사회에서도 60~70세의 고령의 나이에 국가 경영의 기량을 발휘했는데, 이제 곧 100세 시대에 들어서는 현대사회에서 60세에 은퇴하는 제도는 문제가 있어 보인다. 노인은 사회에서 은퇴할 뿐만 아니라 필요 없는 존재가 되어가고 있다. 하지만 현대문명에서도 노인의 가치는 여전히 크다. 노인은 가정에 따뜻한 인정을 불어넣을 수 있고 특색 있는 가풍을 이어갈 수 있게 한다. 특히 희미해져가는 도덕성을 일깨워줄 수 있다. 모르긴 해도, 단순하고 날카로운 2세대 가정에 풍성하고 훈훈한 중간지대를 제공하는 할매, 할배의 기운을 살려주는 가정이 좋은 가정이요, 한창 무르익은 노인의 경륜을 활용하는 사회가 좋은 사회이리라. 물론 변화의 속도가 매우 느린 전통사회에서의 노인의 역할과 불과 몇 년 사이에 급격한 변화가 일어나는 지식정보사회에서의 노인의 역할은 다를 수밖에 없다. 앞으로 하나씩 검토해나가겠지만, 별로 뚜렷한 역할이 없을 것 같은 오늘날에도 노인이라는 존재는 상당한 의미와 가치를 지니고 있다.

오늘의 사회상은 근대화, 산업화란 미명 아래 경로효친의 전통 가치관과 미풍양속이 빠른 속도로 사라지고 있는 데다, 노인 인구의 상대적 증가가 초래하는 고령화 사회 구조에서 말미암은 여러 문제로 인하여 이제 한국사회의 노인은 더 이상 존경의 대상이 아니라 경시·무시 내지 부담의 대상이 되고 말았다. 늙은 부모를 폭행하거나 멀리 내다 버리고, 독거 상태로 방치한 채 돌보지 않는 등의 비윤리적인 일이 비일비재하며, 노인들이 거리에서 젊은이를 타이를 수 없게 된 지도 오래다. 필자가 중학교 3학년 때만 하더라도 길에서 노인이 젊은이를 불러 세워 덕담을 하거나, 청소년답지 못한 일을 저지를 때 훈계하는 광경이 흔했다. 그러나 이제 이 이야기들은 먼 옛날의 일이 되었다. 얼마 전, 길 가는 70대 노인에게 담배를 달라고 했다가 꾸지람을 듣자, 집단으로 노인을 구타한 중학생들이 경찰에 붙잡혔다는 보도가 있었다. 시민공원의 벤치에는 쓸쓸히 앉아 시간을 보내는 노인들이 가득하며, 고독을 이기지 못해 자살하는 이도 갈수록 늘고 있다. 독거노인은 또 얼마나 많은가. 홀로 살아가다 아무도 모르게 돌아가시는 노인도 상당히 많다.

사회뿐만이 아니다. 대부분 가정의 가족 개념에 할아버지, 할머니의 자리는 없다. 차라리 애완용 강아지가 더 중요한 가족이다. 물론 할아버지, 할머니와 동거하지 않는 아이들에게 할아버지, 할머니는 가족이 아닐 수도 있다. 그러나 부모의 부모로서, 현재 살아 계시는 조부모님이야말로 우리 가족의 뿌리요 근원이라고 가르쳐야 하지 않을까? 그런데 이보다 더 심각한 것은 노인의 가치가 부정되는 현상이다. 여기에는 많은 이유가 있겠지만, 영어를 모르고 인터넷에도 어두우며 국제 감각, 과학적 지식, 각종 기계를 다루는 능력, 신세대의 문화와 현대 스포츠를 알지도 즐기지도 못하는 답답하고 무식한 노인들이 무시되고 경시되는 것은 현대사회에서 어쩌면 당연하지 않겠는가? 전통과 역사의 가치를 배우지 않은 청소년에게 할아버지, 할머니의 행동이나 사상은 고리타분하게 비칠 게 뻔하다. 예절과 윤리, 고생했던 옛날이야기에는 흥미도 생기지 않고 이해도 잘 되지 않을 것이다. 간혹 만나는 늙은 할매, 할배보다는 드라마의 탤런트가 매력 있고, 젊은 가수나 좋아하는 야구선수가 더 보고 싶은 것이 현실일지도 모른다.

그러나 노인도 얼마든지 멋있을 수 있다. 아니, 노인일수록 멋있어야 한다. 멋있고 매력 있는 노인을 누가 무시하겠는가? 불타는 정열 위에 멋있는 모험을 즐기는 젊은이의 입장에서 보면, 노년은 쓸쓸하고 보람 없는 시기로 여겨질 것이다. 그러나 『달과 6펜스』의 작가 서머싯 몸은 『서밍업The Summing Up』이란 수필에서 '아라비아의 로렌스'와 같이 굵고 짧고 화려한 젊음보다 저녁노을처럼 아름다운 노년의 멋을 찬미했다. 최근 큰 인기를 끌었던 TV프로그램 가운데 '꽃보다 할배'와 '꽃보다 누나'가 있다. 이 프로그램의 성공은 노년의 모습이 꽃보다 아름다울 수 있다는 가능성에 사회가 합의할 수 있음을 보여주었다. 헤밍웨이의 명작인 『노인과 바다』에서 노인의 모습은 아주 멋지고 숭고하기까지 하다. 대자연의 위협에 조금도 굴복하지 않고 자신의 철학과 의지를 관철시키며 한 인간으로서 생명의 가치를 만끽하고 있기 때문이리라.

노인이
스승이다.

노인의
사회문화적 역할

이 장에서는 전통적인 대가족 제도 안에서 노인이 어떤 역할을 수행해왔는지를 이해하고 삶의 오랜 경험으로 축적된 문화와 지식을 전달하는 문화인과 교육자로서의 노인의 역할을 조망한다. 나아가 경험적 지식에 바탕을 두고 사회 다방면에서 지도자로서 활약하는 노인의 역할을 살펴본다.

교육 및 문화전달자로서의 노인

대부분의 가정에서 노인은 손주의 교육을 담당하는 위치에 있었다. 다시 말해 할매, 할배들은 가정교육의 주체였다. 사실 조손관계는 매우 특수하여 어떻게 보면 부자지간보다 더 친밀하다. 예부터 아들은 안아주지 말라 하고 손주는 안아주어도 좋다고 했다. 불가에서도 노승과 제자 사이는 엄격하여 감히 범접하지 못하지만, 어린 사미승은 노승 곁에 앉아 있는 것이 허용된다.[15] 김용의 소설 『영웅문』(의천도룡기)에는 도교의 유명한 문파인 무당파를 창시한 장삼봉 진인의 이야기가 나오는데, 백발이 휘날리는 노老지도자로서의 모습이 장엄하다. 특히 제자의 아들인 손주뻘 되는 고아(어린 장무기)를 데리고 다니며 보살피는 모습은 큰 감동을 준다. 역사적으로도 조손관계에 준하는 아름다운 사제지간의 만남이 간혹 있다. 그 가운데 먼저 74세 중국 노인과 24세 한국 청년의 극적인 만남을 떠올려보자. 추사 김정희가 연행사절단을 따라 청나라에 들어갔을 때, 당대 제일의 노학자인 옹방강翁方綱을 어렵사리 방문하고 일견지하에 그의 인정을 받아 사제지간이 된 일은 유명하다. 더구나 옹방강이 자신의 학통을 김정희에게 전한다고 공식화함으로써, 김정희는 당대 최고 수준의 학자로서 국제적 대접을 받았던 것이다. 한편 첼로 하나를 가지고 세계적으로 명성을 떨치고 있는 장한나는 12세의 어린 나이에 20세기 최고의 첼로리스트로 꼽히는 로스트로포비치를 계승하는 제자가 되었다. 그야말로 할아버지가 손녀를 제자로 삼는 것과 같은 일이 국제적으로 벌어진 것이다. 이처럼 노인과 소년 소녀는 『노인과 바다』의 주인공인 산티아고와 인정 많은 소년 마놀린처럼 서로를 위하고 아끼는 사이로 발전하곤 한다.

노인은 마을과 지역공동체, 나아가 국가에서도 교육의 주체이자 문화전달자였다. 노인들은 마을의 내력과 교훈, 조심해야 할 일들을 자세히 일러주었고 향토문화를 전달해주었다. 그리고 집안이나 마을, 나라의 훌륭한 인물이 남긴 일화와 격언을 전해주기도 했다. 얼마나 많은 곳에서 젊은이들이 노인들로부터 구수하며 교훈적인 옛이야기를 들었던가! 이들은 말이 아니라 행동으로써 후손을 가르쳤다. 농사일와 풍물 같은 일과 놀이를 손수 시연했고, 예의범절과 검소하고 친절한 삶의 모습을 보여주었다. 옛글에도 70세가 넘으면 관직에서 은퇴하여 자신이 아는 지식과 경험을 후진에게 가르치라고 하지 않았던가.

고대 동양의 순후한 도의사회道義社會였다는 하夏·은殷·주周 삼대三代 때는 학교에서 노인을 모시고 양로연養老宴을 열었는데, 이때 반드시 걸언돈사乞言敦史하는 풍속이 있었다 한다. 즉 노인들에게 좋은 말씀을 간청하여 이때 들려주는 내용을 그대로 돈사敦史에 기록했다는 것인데, 여기서 돈사란 아름다운 말씀과 후덕한 행실을 기록한 역사서를 뜻한다.

조선시대의 선비는 강직하게 나라를 위해 일했을 뿐 아니라 은퇴 이후에도 검소하고 우아한 문화생활을 선보여 향토사회를 교화했다. 관계를 은퇴한 농암 이현보李賢輔와 면앙정 송순宋純은 각기 영남가단嶺南歌團과 호남가단湖南歌團을 개척하여, 올곧고 꼿꼿한 선비들이 강호의 풍광 속에서 성정性情을 기르고 여가를 즐기는 풍류문화를 전수했으며, 이러한 분위기 속에서 송강 정철의 「관동별곡」과 고산 윤선도의 「어부사시사漁父四時詞」 같은 명작이 나왔다. 특히 이현보와 이황 두 노인이 분강汾江의 바위에 앉아 술잔을 주고받으며 강호한정江湖閑情을 담론하고 어부가漁父歌를 화답한 일은 참으로 멋있는 광경이 아닐 수 없다. 이 문화는 송암 권호문權好文의 「독락팔곡獨樂八曲」, 고산 윤선도의 「어부사시사」, 경산 이한진李漢鎭의 「속어부가」, 병와 이형상李衡祥의 「창부가倡父歌」로 계승되어 우리나라 국문학과 가악歌樂의 큰 줄기가 되었다. 한편 학술의 계승과 인재 양성에 있어서도 율곡 이이와 함께 조선시대를 대표하는 성리학자인 퇴계 이황과 남명 조식 양대 선생이 60세가 넘은 고령에 예안과 산청 두 깊은 산골에서 수많은 제자를 길러내어 나라의 앞날을 준비한 사실은 유명하다.

필자는 대학 시절, 경남 함양의 조그만 집에 거주하시던 인산 김일훈金一勳 선생께 가르침을 받으러 다닌 적이 있는데, 선생께서는 70세를 훌쩍 넘은 고령임에도 독립운동사, 유학과 민족사상, 만주와 중국의 풍속 및 민간의학 등 다

「이현보 초상」, 전 옥준상인, 비단에 채색, 126.0×105.0cm, 보물 제872호, 유교문화박물관.

방면에 걸친 우리 문화와 역사에 관한 산 경험 및 지식을 아무런 대가 없이 전수해주셨다. 그리고 직장생활을 하던 30대, 대구 앞산의 시조방을 출입하며 90여 세의 홍안백발이던 일관 이기릉李基綾 선생께 영제시조창을 배웠고, 80여세의 고령임에도 꼿꼿하고 유머가 넘쳤던 추강 고석태高碩泰 선생 댁을 방문하며 전통 가곡을 배웠다. 그리고 평생을 태중교육 보급에 전념하다 어언 노년에 들어선, 지만 이동민李東旼 선생의 사립문을 여닫으며 동양사상과 독창적인 태중교육을 전해 받았다. 이 모두 65세 이상의 노인들로부터 사례도 없이 우리 전통문화를 전수받은 셈이다. 그야말로 탈학교사회의 비공식적 교육이라, 누구나 마음만 먹으면 접근할 수 있고 따뜻한 인간관계까지 형성된다. 이처럼 필자의 경험만으로도 많은 노인이 우리의 소중한 전통문화를 다음 세대에 전수하는 교육자로서의 역할을 다했던 것을 알 수 있다. 빛나는 문화 전통은 몇 년 만에 당장 이루어지지 않는다. 우리가 미래를 준비하기 위해서라도 노인의 존재, 그 자체를 인정해야 할 것이다.

사회 지도자로서의 노인

요즘처럼 기술이나 정보보다는 국가 전체의 안정과 국민통합, 도덕질서의 유지가 중요했던 사회에는 노인의 사회적 위상과 역할이 지대했다. 실제로 노인들이 국가 경영과 사회 안정에 어떠한 역할을 했는지 실례를 몇 가지 살펴보자. 83세의 고령으로 은퇴하는 '오리대감' 이원익에게 인조는 "대로大老가 떠나면 앞으로 나라가 위태로울 것이라, 과인이 무도하고 성의가 부족해서 그러하도다. 만일 돌아온다면 개과천선하겠노라"라는 교시를 내린 바 있다.[16] 참고로 '대로'

란 『맹자』 「이루장구 상離婁章句上」에 나오는 말인데,[17] 도덕적으로 만인의 귀감이 되어 만백성이 부모처럼 따르는 노인을 말한다. '나라의 큰 노인' 또는 '나라의 큰 어르신'이라는 뜻으로, 연로하지만 만인을 품는 넓은 덕이 있고 세상을 바르게 이끌 수 있는 경륜을 지녔기 때문이다. 예를 들어 한말韓末, 국가의 운명이 풍전등화 같던 시절에 대원군은 많은 국민으로부터 국가의 대로로서 신뢰를 받은 적이 있다.

중국 고대 국가의 하나인 은나라 명재상 부열傅說은 늙은 몸으로 고종高宗 무정武丁을 보좌하여 은나라를 중흥시켰으며, 강태공은 80세에 서백西伯 창昌(후세에 문왕으로 추존)을 만나 그의 아들 무왕武王이 천하를 얻어 주나라 800년의 가업을 여는 데 결정적인 공을 세웠다. 또한 70세가 넘어 목공穆公의 부름을 받은 백리해와 건숙 두 노인은 춘추시대의 후진국이던 진秦나라의 부국강병을 이룩하여 장차 그 후손인 진시황제가 천하를 통일할 기초를 닦았다. 이처럼 뛰어난 노인들은 나라의 국운을 좌우했으며, 치국의 달인으로 존경받았다. 즉 국가를 위하여 일하는 데 나이의 많고 적음은 전혀 관계가 없었던 것이다.

한 고조 유방이 항우와 천하를 다투기 위해 한중漢中에서 진秦나라로 들어갈 때, 진나라의 서울인 함양咸陽의 삼로三老[18]가 의제義帝를 위하여 발상할 것을 건의한다. 유방과 항우는 어린 의제 밑에서 함께 일했는데 욕심 많은 항우가 의제를 죽이고 황제가 되었기 때문이다.[19] 이로써 유방은 항우를 공격하는 대의명분을 얻게 되었다. 삼로라는 직책은 한나라 이후에도 존재했는데, 주로 고을을 지도하는 노인들이었다. 조선시대에도 지방에 향청이나 향사당이 있어 그곳에 전직 관리 등 사림士林의 원로급들이 일종의 지방자치 임무를 수행했다. 한漢나라의 강직한 학자 원고생轅固生은 90세의 나이에 무제武帝에게 불려갔는데, 젊은 혈기가 넘치는 공손홍公孫弘에게 학문을 이용해 세상에 아부하지 말고

余年六十一周甲像 庚辰辟夏自題
畫士李漢喆李昌鈺 紅峴韓弘迪

「이하응 초상」(복건심의본), 이한철·이창옥, 비단에 채색, 113.7×66.2cm, 1880, 보물 제1499호, 서울역사박물관. 흥선대원군은 노년에 개혁정치를 펼쳐 일세를 진동시켰다.

올바른 학문에 힘쓰라고 충고했으며 이를 받아들인 공손홍은 훗날 명재상이 된다. 여기서 '곡학아세曲學阿世'란 고사성어가 생겼다. 조선 초기의 명신 황희黃喜(1363~1452)는 86세까지 영의정 자리에 있었는데, 그야말로 국왕부터 아전과 일반 백성까지 인정하고 추앙하던 국로國老로서, 관료사회를 이끌고 정책 수행을 원만히 조정하는 등 원숙한 지도 능력을 발휘하여 세종대왕과 함께 태평시대를 열었다.

조선시대의 김상헌, 허목 모두 백발노인의 몸으로 한 시대의 국가사회를 지도했고 국로國老로 추앙받은 흥선대원군의 개혁정치는 일세를 진동시켰다. 또한 일제강점기에 노인들이 일제에 항거하여 궐기하기 위해 만들었던 '노인동맹단'은 그 의의가 자못 크다. 특히 간부 중 한 사람인 강우규 의사는 당시 65세의 고령임에도 불구하고 나라를 위해서 1919년 9월, 신임 총독 사이토를 향해 폭탄을 투척하는 의거를 감행하여 수많은 애국지사를 격동시켰다. 한편 일본의 교활한 국채 떠맡기 작전으로 생긴 엄청난 양의 국가 채무를 우리 손으로 갚자는 국채보상운동도 대구 사회를 지도하던 서상돈, 김광제 등 노년의 우국지사들에 의해 그 포문이 열렸고, 드디어 신사들은 담배를 끊고 여성들은 패물과 금반지를 꺼내는 등 일반 국민까지 참여하는 전국적인 애국 열풍을 일으켜 일제의 간담을 서늘하게 했다.

노인이
스승이다.

미래사회와 노인

노인 문제의 해결,
가정과 사회 그리고 국가

|

몇 해 전 우리나라를 강타한 금융위기와 내수 부진, 수출 둔화, 노인 인구 증가 등으로 60세 이상의 실업률이 급등하고, 정부에서 아무리 노년층 일자리를 만들어도 공급이 수요를 따라가지 못하고 있다. 미처 노인 문제의 종합적 대책을 수립할 여유도 없이 급속히 고령화 사회에 진입했기 때문이다. 우리나라의 노인 빈곤지수는 OECD 가운데 가장 높고 민간 차원에서의 경로사상과 양로의 개념은 갈수록 쇠퇴하고 있다. 이 현상을 극복하기 위해서는 대개 네 가지 측면으로의 접근이 필요한데, 이 대책들이 융합하면 큰 힘을 발휘할 수 있을 것이다. 첫째, 노인 스스로의 자기 계발과 행복 추구요, 둘째, 경로의 미풍양속을 회복하는 일이요, 셋째, 국가와 사회의 도움이며, 넷째, 가정에서 노

인이 제자리를 찾는 것이다. 가정에서 노인이 제자리를 찾는 접근법으로는 할아버지, 할머니의 사랑과 지혜가 넘치는 '격대 조손 교육'이 포함된다. 두 번째 (경로정신) 접근은 이미 살펴보았으므로, 세 번째(국가사회)와 네 번째(가정) 접근을 차례대로 살펴보고자 한다. 특히 첫 번째 접근법인 노인의 자기 계발 문제는 이론적 탐구도 곁들일 필요가 있다.

먼저 국가·사회 차원에서의 노인 문제 해결책이다. 중앙의 관계 부처는 물론 대기업과 지방자치단체, 지역경제기관단체와 기업의 노인 문제 해결을 위한 적극적인 참여와 개입이 필요 불가결하다. 이 문제에 대한 각계각층의 인식이 최근 많이 높아졌지만, 아직도 초기 단계에 머무는 수준이다.[20] 기업의 정년 연장을 지원하고 노인 일자리를 체계적으로 제공하며, 노인들의 여가활동과 자기 계발을 위한 실버인재센터 등 다양한 프로그램을 운영하는 일본의 사례는 우리에게 상당히 좋은 모범이 된다. 우리나라도 노인복지법, 노인장기요양보험법, 고령친화산업진흥법 등 노인을 위한 사회보장제도가 시행되고 한국노인인력개발원과 시니어클럽 등에서 노인 문제 해결을 위한 다양한 활동을 전개하며, 기업에서도 노인 일자리 제공을 통하여 노인들의 의욕을 고취시키기 시작한 것은 매우 고무적이다. 한국노인인력개발원의 고령자 친화사업에는 수십 개의 기업이 호응하여 큰 성과를 올리고 있다.[21] 미국 스타벅스는 노인 일자리 창출로 유명한 기업인데, 최근 한국 맥도널드가 만 60세 이상의 노인들을 '시니어 인턴'으로 채용하고, AJ 렌터카가 자립형 노인 일자리 사업인 '시니어 인턴십' 제도에 호응하는 것은 바람직한 사례다.

노인은 무엇보다 가정에서 손주에 대한 인성 교육을 잘할 수 있다. 이러한 교육은 몸소 보이는 행동과 재미있는 이야기를 통해 일상생활 속에서 이루어질 수 있으므로, 조손관계도 좋아지고 아이들의 인성 함양에도 도움이 되는 이중 효과가 있다. "마땅히 가훈을 알려는가? 그것은 귓속에 있다應知家訓 耳中存"는 말처럼, 어린 시절 할매, 할배에게서 들은 수많은 이야기는 자손의 귓속에 남아 필요할 때마다 툭툭 튀어나온다. 그야말로 살아 있는 교육이다. 전통 시대, 아니 불과 몇십 년 전만 해도 아이들은 할아버지나 할머니, 증조부모님으로부터 세상을 살아가는 예절과 지혜, 가문의 전통을 배웠다. 부자지간이나 모녀지간에도 당연히 좋은 교육이 이루어질 수 있지만, 감정 문제 등 여러 이유로 꼭 좋은 결과가 나오지는 않는다. 김의철의 연구에 따르면, 2세대 가족(부모-자녀)의 자녀들에 비해 3세대 가족(조부모-부모-자녀)의 자녀들이 학습능력이나 타인에 대한 공감능력, 의사표현능력, 이야기 구성능력 등이 뛰어난 것으로 나타났다. 부모는 자녀에게 책읽기 수준의 이야기를 해주는 데 비해 조부모는 이야기를 충분히 소화한 데다 인간의 심리와 인생의 지혜까지 살려서 메시지를 전달한다고 한다. 대니얼 핑크는 그의 저서『새로운 미래가 온다』에서 현대 문명의 여섯 가지 특징 중 하나로 '공감empathy'을 꼽았는데, 다른 사람의 입장에서 그의 처지에 공감하며 보살펴주는 능력이야말로 이 시대의 덕목이라고 언급했다. 이는 경영과 성공에도 도움이 되고 주위 사람과 자신의 행복을 위해서도 필수라 할 만하다. 산전수전을 다 겪고 이순耳順에 이른 노인은 젊은 사람보다 경청과 공감을 잘할 가능성이 크다. 원래 할아버지, 할머니의 이야기는 구수하고 사람 냄새가 많이 난다. 아이들의 수준과 기분에 맞추어 이야기해줄 수 있고, 아이들 역시 공감 능력이 향상되리라 기대된다.

예전엔 대부분 가정에서 식사 시간이 가족 간의 대화 시간이었다. 식사 중에는 말하는 법이 아니라 하여 조용히 식사했지만, 식사 전후에는 이야기가 꽃을 피웠다. 식사 예절 역시 식사 시간에 가르쳤다. 숟가락 소리를 내지 않는 것, 입에 음식을 넣고 말하지 않는 것, 불결한 행동을 하지 않는 것 등 식사하는 일한 가지에서도 다양한 예절과 지혜를 어른들을 통해 배웠다. 가족의 공통사, 마을과 나라 소식, 가훈과 조상 이야기 등 중요한 주제들이 흔히 다루어지기도 했다. 이를 '밥상머리 교육'이라고도 하는데, 이는 현대사회에서도 교육적 효과가 큰 것으로 알려져 있다. 세계은행의 김용 총재가 학창 시절 부모님, 특히 인문학자인 어머니 전옥숙 여사로부터 밥상머리 교육을 받은 일은 화제가 되기도 했다. 밥상머리 교육은 부모-자녀가 구성원인 작은 가정에서도 이루어질 수 있지만, 조부모가 가세한 3세대 가정에서 훨씬 효과적이다. 당장 인간관계의 교류가 1:1의 단순한 관계에서, 1:1:1의 3자 관계가 된다. 당연히 교류와 소통이 활발해지고 아이들은 일종의 자그마한 사회관계를 체험할 수 있다. 할아버지, 할머니가 함께하는 가족관계와 밥상머리 교육은 풍부한 언어가 사용되고 다채로운 경험이 공유된다. 이로써 사고 범위도 넓어지고 대화 자체도 풍성해진다. 아이들은 자기 세대와 부모 세대, 조부모 세대의 언어 습관과 사고방식을 모두 이해할 수 있어, 인지 및 언어능력과 성격 발달에 좋은 바탕이 생긴다. 나눔에 대한 이해도 빨라질 뿐 아니라 가족과 함께 생활하며 정서가 그만큼 따뜻해지고 타인의 입장을 이해하는 공감능력도 발달한다. 또한 사회생활의 기본예절과 이웃 사랑까지 배울 수 있다.

이처럼 할아버지, 할머니를 모시는 3세대 가정은 복 많은 가정이다. 3세대 가정에서 중심이 되는 존재는 할매, 할배의 며느리요 아이들의 어머니인 가정의 주부主婦다. 주부의 위치와 역할의 중요성은 필설로 다하기 어려울 정도로 크다. 전통시대의 종부宗婦가 그랬듯이, 현대 가정의 주부 역시 중요하다. 가정에서 자녀 교육과 가정 경제를 책임지는 역할을 하므로 주부가 마음을 잘 쓰고 지혜로우면 그만큼 가정이 안정되고 자녀가 잘 성장할 수 있다. 자녀가 잘 성장한다는 것은 지혜롭고 용기 있고 예절 바른 아이로 자란다는 의미다. 또한

REPOSE OF COREAN　　憩休の婦夫　　（朝鮮風俗）

할머니와 며느리와 손자가 함께한 사진. 불과 몇십 년 전까지만 해도 3세대가 한가족을 이루는 것
은 흔한 일이었고, 이에 따라 조손 교육에 있어서도 긍정적인 영향을 끼쳤다.

남을 배려할 줄 알고 어려운 상황에 처했을 때 이에 대처할 능력을 갖춘 사람이 되는 것이다. 이때 할매, 할배의 역할 또한 상당히 중요한데, 할아버지, 할머니라는 가정의 어른이 있으면 그 가정은 제법 큰 가정이 된다. 그리고 앞서 말한 대로 다양한 교류와 소통 및 학습이 있는, 다채로운 인간관계가 형성된다. 더구나 조부모가 적극적이라면 얼마든지 좋은 교육이 이루어질 수 있다. 조부모가 가족의 어른인 가정은 질서 있고 화목하다. 2세대 가정에서 발생하기 쉬운 갈등이 저절로 해결될 수도 있고 가족 간에 체계가 서며 교육과 소통이 이루어지는 중심에 할아버지, 할머니가 있다. 이렇듯 할매, 할배의 역할은 다른 어느 곳에서보다 먼저 가정에서 찾아야 할 것이다.

만일 조부모를 모실 형편이 안 된다면, 서로 가까이에 거주하든가 혹은 비교적 자주 접촉하는 방법도 있다. 토요일마다 꽃을 들고 아이와 함께 할머니 댁을 찾아가는 프랑스 사람들을 본 적이 있다. 프랑스에서는 그것이 하나의 관행이라 한다. 매주 한 번, 아니면 한 달에 두 번씩, 그조차 어렵다면 경상북도에서 벌이는 캠페인처럼 매달 마지막 토요일을 '할매할배의 날'로 하여, 그날만은 할아버지, 할머니를 모시고 식사하면서 많은 대화를 나눠도 괜찮을 것이다.

어떤 유형의 일이든 노인이 사회에 참여하면 치매가 예방되고 건강이 좋아진다. 따라서 의료비도 절감되며 소외감이나 무기력, 고독감에서도 상당히 해방될 수 있다. 노인에게 노동은 반드시 생계 유지만을 위한 것이 아니며 일 자체가 삶의 보람이 될 수 있다. 노인의 위상은 일단 가정에서부터 찾아야 한다. 학부모 교육이나 각종 아카데미 등의 평생교육 과정에 노인 문제를 포함시켜야 한다. 노인 문제 해결을 위한 가장 좋은 방법은 사람들이 자기 가정의 어르신들뿐 아니라, 다른 집안의 노인들도 어르신으로 대접하고 공경하는 것이다. 많은 곳에서 경로위문과 경로잔치가 열리고 독거노인을 방문하는 등 사회 활동이 이

노인이
스승이다.

루어지고 있지만, 사실은 개인의 마음에서 우러나는 경로심이 제일이다. 그런데 이는 수천 년 전 유교에서 이미 제시되었다. 즉 공자의 글이라고 알려진 『예기』「예운禮運」의 '대동大同' 조항에는 인류의 이상향이 다음과 같이 그려져 있다.

세상이 지극히 태평한 시절에는 천하가 공공의 것이 되어天下爲公, 어진 사람을 뽑고 능력 있는 사람에게 일을 맡겼으며, 믿음을 가르치고 화목을 닦게 했다. 그러므로 그 시대에는 사람들이 자기 부모만을 부모로 여기지 아니하고 자기 자식만을 자식으로 여기지 않았다不獨親其親 不獨子其子. 늙은이는 평안하게 여생을 마칠 수 있고 젊은이는 쓰일 곳이 있었으며 어린이는 모두 양육될 수 있었다老有所終, 壯有所用, 幼有所長. 홀아비와 홀어미, 독거노인과 고아, 그리고 난치병에 걸린 자들을 모두 봉양했다矜寡孤獨廢疾者, 皆有所養. 남자들은 다 직업이 있었고 여자들은 가정이 있었다. 간사한 꾀가 일어나지 않고 도둑질과 난리가 지어지지 않았다. 그래서 사람들은 바깥문을 닫아걸지 않았다. 이것을 대동大同이라고 한다.

이 대동사회는 세계의 인류가 모두 한집안 식구와 같이 평등하게 살아가는 복지국가의 이상향이다. 그리고 어쩌면 정치뿐만 아니라 사회, 경제를 포함하는 진정한 민주주의가 실현되는 모습이기도 하다.

노인의 자기실현, 배움에는 끝이 없다

나이가 들면 두뇌가 퇴화하는가? 흔히 그렇게 오해하지만 실제는 그렇지 않

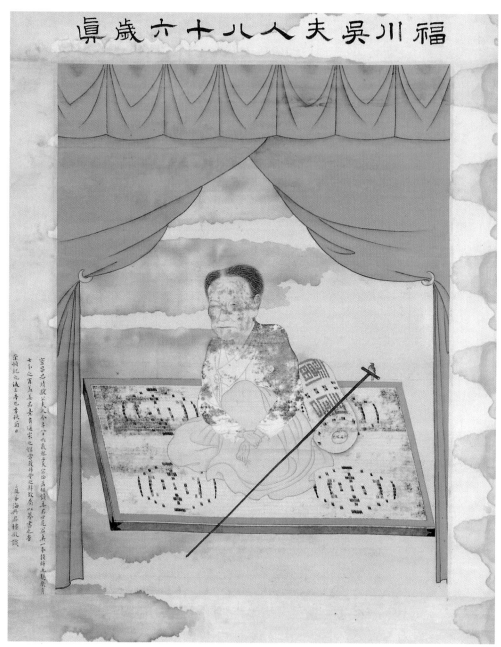

福川吳夫人八十六歲眞

「복천 오부인 초상」, 강세황, 비단에 채색, 78.3×60.1cm, 1761, 개인. 전주 이씨 밀창군 이직의 부인 오씨의 86세 초상이다. 초상화가 그려진 이유에는 장수를 기념하는 뜻도 있겠지만, 가문이 번창하고 자손들이 효행을 실천하여 부모가 장수하게 됨을 독려하는 뜻도 있었으리라 짐작되는 그림이다.

다. 보통 인간의 성격이나 능력의 발달은 청소년기에 이루어지고 노년기에는 모든 기능이 쇠퇴한다고 생각하기 쉽다. 특히 성인 후반기를 지나면서는 머리가 굳는다고들 한다. 그러나 심리학의 발달에 따라 인간의 지능은 꾸준히 발달하며, 성격도 초년기에 결정되는 게 아니라 전 생애에 걸쳐 발달한다는 사실이 입증되고 있다. 이같이 인간은 생명의 시작에서부터 죽음에 이르기까지의 일생을 통해 발달한다는 '전생애발달심리학Life-span Developmental Psychology'이 요즘 대세다. 이 심리 이론은 에릭슨의 '심리사회적 발달 이론'에 그 기초를 두고 있다. 전 세계적으로 열풍을 일으키는 평생교육과 평생학습이, 급속히 늘어나는 새로운 지식·정보를 활용하고 급격한 환경 변화에 적응하기 위함이기도 하지만, 에릭슨의 이론 역시 한몫했다. 그의 이론에 따라 '잘 늙어감'의 의미를 살펴보면, 자아는 인생의 단계마다 심리적·사회적 요인으로 인해 발생하는 위기를 잘 극복해야 한다. 한 개인의 자아 발달은 내면의 문제일 뿐만 아니라 개인이 처한 사회문화적인 요인이 크므로, 사회제도와 가치관의 변화는 개인의 자아 발달과 밀접한 관계를 지닌다. 인간은 생애의 단계마다 사회적으로 주어지는 과제와 심리적 위기를 잘 극복하여 성숙해야 한다. 유아기와 청소년기, 성년기, 노년기 등 인생은 어느 단계든지 모두 소중하며 전체적인 성격 발달에 영향을 미친다. 프로이트(심리발달)나 피아제(인지발달)의 발달 이론이 청소년기에서 정지되는 것과 달리, 에릭슨(성격발달)의 발달 이론의 가장 큰 특징은 인간이 전 생애에 걸쳐서 발달한다는 주장에 있다. 특히 초점이 성격발달에 맞추어 있다는 점은 동양적인 교육론과 부합되는 부분이 많다. 한마디로 말해 교육의 개념 안에 자기교육이 포함되어 있다. 즉 자기가 스스로를 가르치고 연마하여 본인의 성격을 좋게 바꾸어나간다는 뜻이다. 그런데 노인일수록 이 일을 잘해야 하며 또 잘할 수 있다. 철이 들대로 들었기 때문이다. 에릭슨에 의하면, 노년기에 이

16세기 베네치아 회화의 창시자로 불리는 이탈리아 화가 조르조네가 그린 3세대의 그림. 정면을 똑바로 응시하고 있는 노인은 젊은이와 중년 못지않게 자신감 있고 건강한 모습이다.

른 사람이 당면하는 상황은 절망감despair 혹은 통합성integrity 둘 중 하나다. 이젠 의미 없는 시간만 남았다고 스스로 자책하면서 인생의 무력감과 상실감에 빠져 절망하느냐, 아니면 자신의 일생이 헛되지 않았음을 돌이켜보면서 그의 전 생애가 '더 큰 질서larger order' 속에서 어떤 의미를 갖는다[22]는 통합성을 자각하느냐? 이 두 방향에서 어느 쪽이 건강한지는 불문가지不問可知이리라. 에릭슨은 인간의 자아는 '창조적 자아'이므로 스스로의 힘으로 위기를 돌파할 수 있다고 여겼다. "노인이 되면 마땅히 더욱 씩씩하라"는 '노당익장老當益壯'이라는 옛말도 있다. 노년기에 이르면 오히려 분발하여 지난 인생의 여러 단계가 모여 현재의 나를 성취시켰다고 자각하며, 함께했던 사람과 사물, 사회에게 의미를 부여하고 감사할 수 있는 자아 통합감과 지혜를 지녀야 한다. 힘들고 후회할 일도 많았지만 그래도 자신의 인생이 가치 있었다고 말이다. 이처럼 에릭슨에 의하면 노년의 미덕은 지혜다.

지혜를 통해 나의 내면을 여행하고 내가 나와 통합될 수 있다면 최고다. 이것이야말로 진정한 자기 계발이요 자기실현이다. 동서고금의 모든 철학과 심리학을 통합하고 있는 켄 윌버는 우리가 '합일의식'의 수준에 도달하면 모든 것의 의미를 알게 되며 인간의 실존은 우주와 함께한다고 설파하고 있다. 참된 행복은 자신이 우주적 존재로 확대되는 내면적 확인에 있다는 사실은 유교, 도교, 불교 등의 동양 사상에서 이미 갈파하고 있다. 행복은 나이와 전혀 관계가 없을 뿐만 아니라 에리히 프롬의 지적처럼 사회적 지위, 좋은 벗과 가족, 부와 명예에도 존재하지 않는다. 참된 행복은 인간 내면의 깊숙한 곳에 있으며, 참된 사랑은 내면의 자신을 사랑하는 것이다.

노년기가 되면 신체가 노쇠해지고 체력이 약해지며 건강에 이상이 생긴다. 출근할 직장이 없어지고 가정과 사회생활에서의 역할이 축소되며 무언가 소외

되는 기분이 든다. 이처럼 노년기는 회한과 절망이 일어날 수 있는 위기의 시기다. 노년임에도 여전히 활발하게 활동하는 자는 극소수다. 노인은 이 위기 상황을 잘 극복해야 한다. 인생의 의미를 되새기고 우주의 법칙에 대하여 사색하는 철학적 인간이 되어보는 것도 좋으리라. 젊음의 아름다움에 대한 미련을 떨치고 "아름다움은 지나가고 미덕은 남는다"는 독일 속담을 기억하자. 노인은 건강과 지위 같은 외형적인 아름다움보다 '오래됨'의 덕과 지혜에서 자신의 가치를 찾아야 한다. 이 점에서 볼 때, 노인이 되면 진리를 찾아 명상의 기행을 하는 인도의 풍속은 상당히 긍정적이다.

동양사회는 인생의 고락에서도 노년기의 복됨을 가장 중요시했다. 젊어서 하는 고생은 사서도 한다 했고 노년기에는 안락해야 좋다고 여겼다. 그러나 늙음을 억울하게 생각하면 이 자체가 괴로움이 된다. 재산과 명예와 건강을 아무리 잘 유지하더라도 해마다 짙어가는 늙음의 근심이 없을 수는 없다. 그러므로 시각과 청각부터 흐려지는 노년이 될수록 자신에 대한 믿음과 마음의 평화를 위한 자아 발견 및 자아 완성의 추구가 중요하다. 이 점에서, "도를 행하는 것은 몸이 늙으면 쇠하지만 도를 보존하는 것은 마음이 늙더라도 또한 떠날 수 없는 것이다"[23]라며 성정을 편안히 길러 심기를 보양하며 우주의 조화와 통하라는 여헌 장현광의 「노인사업」에 나오는 글은 명언이다.

여기서 노인이 자아의 발견과 자기실현을 위해 노력해야 할 이유를 몇 가지 들어보고자 한다. 첫째, 노인은 긴 인생의 역정을 통하여 외형적인 추구가 얼마나 부질없는 일인지 상당 수준 파악하고 있다. 인생무상을 절감할 수 있다는 이야기다. 그러므로 그림자처럼 실체가 없는 외부세계보다 내면으로 눈을 돌릴 수 있는 여지가 많고, 바깥보다 안을 들여다보라는 충고를 젊은이보다 쉽게 받아들일 수 있다. 에리히 프롬의 말을 빌리면, "소유로부터 존재의 가치로" 눈

노인이
스승이다.

을 돌릴 수 있는 것이다. 둘째, 노인이 되어 대외활동을 접거나 줄이고 자기 내면에 충실하는 모습은 걱정과 비난의 대상이 아니라 오히려 정상적이며 보기 좋다. 젊을 때는 열심히 일해야 하지만 노년에는 자신을 위해 시간을 투자해도 좋다. 셋째, 노인은 벗이 떠나고 가족과도 멀어지기 쉽다. 대개의 경우 노인은 외롭고 자기 자신에게 의지하게 된다. 그러므로 오히려 자신과의 대화를 자주, 깊게 하게 되며 자연히 철학적일 수 있다. 공부하기에 최적의 환경이 노인의 주변에 즐비하다. 곳곳에 도서관이 있고 강좌가 있으며 기도처가 있고 선방禪房이 있다. 넷째, 노인은 자신을 위해서 뿐만 아니라 세상을 위해서도 자기 계발에 나서야 한다. 나를 확인하고 나의 인생관을 정립하여 나의 손자, 세상의 청소년에게 인생을 가르치고 사회를 향해 당당히 자기주장을 펼쳐야 한다. 다섯째, 노인에게는 더 이상 기회가 없다. 인생에서 중요한 일은 자신을 아는 일이요 자아를 찾는 일이다. 이곳에 행복이 있고 기쁨이 있다. "너 자신을 알라!"고 소크라테스가 그토록 외쳤으나, 늘 바쁘게 살아가느라 시간이 많이 남은 시절에는 이를 뒤로 미루었다. 그러나 이제 더 이상 미룰 시간이 없다.

노인이 살아야 나라가 산다, 복지국가로의 길

|

노인은 지금 젊은이의 미래다. 노인이 힘차고 평안해야 청소년의 마음도 든든하고 장래의 희망을 가질 수 있다. 이를 위해서는 노인 스스로의 자각과 노력, 정부와 사회의 관심과 지원, 이 두 가지가 필수적이다. 먼저 노인은 노인답게 처신해야 한다. 인생을 정리하고 양생과 건강에 주의하면서 평생학습에 참

여하고 자아통찰과 통합에 공을 들여야 한다. 중국에 가면 이른 아침마다 노인들이 공원이나 광장에서 태극권 같은 체조를 하는 모습을 쉽게 볼 수 있다. 필자는 아직도 중국 단둥丹東의 아파트 창을 통해 본, 새벽의 압록강 둔치에서 어린 손녀를 데리고 청룡도를 휘두르던 백발노인을 잊을 수 없다. 청룡도는 관운장이나 쓰는 줄 알았는데, 21세기에 그런 광경을 구경하리라고 어찌 예측했겠는가!

다음은 국가사회의 지원이다. 에릭슨의 지적과 같이, 인간의 성격발달에는 사회심리적 요인이 크게 작용하므로 노인이 자신의 전 생애를 의미 있게 마무리할 수 있도록 사회가 협조해야 한다. 각 가정과 사회, 국가는 노인 스스로 자신을 '쓸모 있는' 존재로 인식하도록 자신감을 고취시켜주고, 노인의 장점을 활용할 수 있는 제도적 장치와 프로그램을 개발하는 노력을 경주해야 할 것이다. 정부는 노인 복지정책뿐 아니라 노인 일자리를 창출하는 데도 적극 나서야 한다. 또한 노인의 자기실현을 가능하게 하는 교육이 필요하며, 효 사상과 경로, 가정의 회복과 공동체 연대의식 등에 관한 연구가 활발히 이루어져야 한다. 심신이 건강한 노인은 가정은 물론 사회를 지도하는 데도 적극 나설 수 있다. 만일 건강한 노인이 사회 전체의 건강지수를 높여 건강한 사회가 앞당겨진다면, 그만큼 정부 예산도 절감되고, 그 몇 배로 사회가 건강해질 것이다. 왜냐하면 세계 어느 나라든 노인은 나라를 걱정하고 자라는 후손을 가르치려는 경향이 크기 때문이다. 또한 시간이 많으므로 활동량이 이에 비례한다. 건강한 사회의 기본은 서로를 존중하는 예의와 남을 배려하는 염치다. 예의가 반듯한 사회는 아름답고, 염치가 살아 있는 사회는 눈살 찌푸릴 일이 적다. 공동체 의식 역시 중요한 요소다. 그러나 현대 한국사회의 모습은 이와 같지 않다. 체면과 염치가 희박하여 남에게 폐를 주어도 나만 편하고 잘살면 된다. 공동체 의식은 낮고

공중도덕은 지켜지지 않는다. 우리가 동방예의지국에서 동방무례지국東方無禮之
國으로 전락한 지는 이미 오래되었다. 학교에서조차 폭력이 난무하고 도시 곳
곳에 염치없고 무례한 일이 하루가 멀다 하고 일어난다. 거리에는 방황하는 청
소년이 가득하며 각종 범죄가 꼬리를 물고 보도된다.

　건강한 노인들은 이 사회를 건강하게 하기 위해 힘쓰고 사회봉사활동도 열
성적으로 할 수 있다. 그러나 병약하고 소득이 없으며 의욕도 없는 노인은 자
신을 추스르기도 벅차다. 그러므로 노인은 무엇보다 건강을 최우선으로 여겨
야 한다. 더불어 아이들의 장래를 염려하고 가정의 번창을 바라는 가정의 주
부이자 아이의 어머니가 노인들과 힘을 합치면 각 가정과 사회에 엄청난 영향
력을 발휘할 수 있다고 생각한다. 노인과 젊은 학부모의 협력은 가정과 사회를
아름답고 건전하게 만들어가는 빛과 거름이 될 수 있다. 그런데 여기에 필요한
것이 있으니, 어머니들에게는 격려요 노인들에게는 공경이다. 노인을 공경하는
사회야말로 건강한 사회요, 여성이 고무되는 사회는 활기가 넘쳐난다. 노인이
바른 위치에 앉게 되면 미래사회가 민족의 얼을 계승하고, 여성이 사회운동에
나서면 조화로운 성공이 기다린다. 여성의 감성과 공감능력은 사회를 조화롭게
할 수 있으며 노인의 견문과 지혜는 문화 창조의 밑거름이기 때문이다. 이스라
엘에는 "노인을 모신 가정에는 좋은 일이 많이 생기니, 노인이 계시지 않거든
빌려서라도 모셔 오라"는 속담이 있다. 노인이 사회의 어른으로 자리잡을 때,
그 나라는 바로 선다. 노인을 노인답게 대우하는 집안은 어질다. 한 집안이라도
어진 가풍家風을 형성하면 그 풍도가 마을로, 나라로 확산된다. 유학의 기본 원
리가 고스란히 담겨 있는 『대학』도 "한 집안이 어질면 한 나라가 어질게 되고
한 집안이 겸양하면 한 나라에 겸양하는 미풍이 이루진다一家仁 一國興仁 一家讓 一
國興讓"고 했다.

다가오는 미래사회에서 노인의 사회문화적 의의는 크다. 앞서 우리가 노인을 공경할 수밖에 없는 아홉 가지 이유를 거론했거니와, 언제 어디서든 노인은 경시되어서는 안 되고 존중받아야 한다. 노인은 쓸모없는 존재로 치부될 게 아니라 청소년과 장년기의 사람들이 본받아야 할 모범이 되어야 한다. 그렇게 되지 않는다면 안 그래도 세계적으로 가난한 노인이 많고 자살률이 높은 한국의 미래는 불투명하다. 심지어 우리나라는 어린 학생들이 느끼는 행복감조차도 OECD 국가 중 최하위다. 가난하고 능력이 없는 대부분의 노인을 감싸 안으면서 희망을 주는 가족의 사랑과 사회정책이 끝없이 필요한 상황이다. 앞으로 한 집안과 마을 공동체, 또는 지역사회의 지도자와 교육자로서의 역할을 수행하는 노인의 모습을 흔히 볼 수 있으면 좋겠다. 이를 위해 노인은 스스로 배우고 수양하며 자기실현을 이루기 위한 변화를 시도해야 할 것이고, 이를 사회 전체가 나서서 도와주어야 한다. 노인이 행복하면 나라 전체가 행복하다. 한 국가가 복지국가인지 아닌지는 노인의 생활수준을 보면 알 수 있다. 벌써 2300여 년 전에 맹자는 주리고 추위에 떠는 백성이 없을 뿐만 아니라, 반백의 늙은이가 비단옷을 입고 도로에서 무거운 짐을 이거나 지고 가지 아니하며, 칠십 넘은 노인이 고기를 먹을 수 있는 상태가 바로 왕도정치王道政治가 이루어지는 좋은 세상의 시작이라 했다. 맹자의 이 말씀은 노인이 잘 살고 대우받는 세상을 말하는데, 노인의 행복지수가 바로 좋은 나라인지 아닌지를 결정하는 척도라는 주장이다. 노인이 비단옷을 입고 고기를 먹는다는 것은 후생복지를 말하고, 도로에서 무거운 짐을 지지 아니한다는 것은 좋은 교육을 통해 경로정신이 사회에 널리 통용됨을 말한다.[24] 진정한 복지국가를 실현하기 위해서는 노인들의 행복지수를 높이는 일에 앞장서야 할 것이다.

노인이
스승이다

제2장

조손관계,
그 친밀함의
오래된 전통

김미영
한국국학진흥원 수석연구위원

"군자라면 손자는 안아도
아들은 안지 않는다"

　공자는 슬하에 백어伯魚라는 아들과 딸 하나를 두었다. 어느 날 제자 진항陳亢이 백어에게 "그대는 특별한 가르침을 받는지요?"라고 물었다. 아마도 진항은 스승인 공자가 아들 백어에게 제자들과 다른 특별과외를 시키지 않을까 하고 생각했던 모양이다. 하지만 백어는 특별한 가르침을 받은 적이 없다며 다음과 같이 말한다.[1]

> 예전에 홀로 정원에 계실 때 제가 지나가고 있는데, "시를 배웠느냐"고 물으셔서 "아직 배우지 못했습니다"라고 답했습니다. 그랬더니 "시를 배우지 않으면 대화에 제대로 응할 수 없다"고 일러주셔서 물러나 시를 공부했습니다.
>
> 또 다른 날 정원에 홀로 계실 때 제가 지나가고 있는데 "예禮를 배웠느냐"고 물으셔서 "아직 배우지 못했습니다"라고 답했습니다. 그랬더니 "예를 배우지 않으면 제대로 처신할 수 없다"고 일러주셔서 물러나 예를 공부했습니다. 제

노인이
스승이다.

가 들은 것은 이 두 가지입니다.

진항은 백어의 이야기를 듣고 자리를 뜨면서 "한 가지를 묻고 세 가지를 알게 되었네. 시(의 가치)를 알게 되었고, 예(의 가치)를 알게 되었고, 군자가 자기 자식과 거리를 둔다는 것을 알게 되었네"라며 웃음을 머금었다고 한다.[2]

백어가 정원을 총총걸음으로 지나가다가 아버지 공자로부터 가르침을 받은 이야기를 그대로 묘사한 고사성어가 '과정지훈過庭之訓'이다. 또는 '정훈庭訓' '과정過庭'이라고도 하는데, 부모가 자연스러운 기회를 틈타 자식을 교육하는 방식을 뜻한다. 아울러 이는 '군자원기자君子遠其子', 곧 '군자는 자식과 거리를 둔다'는 관념에 근거한 것이라 할 수 있다.

공자의 일화와 마찬가지로 유가에서도 자신의 아들을 직접 가르치지 않는 것을 불문율로 삼아왔다. 맹자는 "아버지와 아들은 세勢가

공부자상, 207.0×100.0cm, 성균관대박물관.

통하지 않는 까닭에 올바름을 가르칠 때 통하지 않으면 화를 내고 이로써 서로 해치게 된다"는 이유로 아들을 바꿔서 가르치게 되었다고 설명한다.[3] 이처럼 아버지가 직접 자식을 가르치다보면 자식에 대한 애정과 기대가 지나쳐 화를 내고 부모 자식 간에 갈등이 불거지면서 오히려 독이 된다고 여겼다. 그래서 조선시대 유학자들은 집안의 친척이나 지인들에게 아들의 교육을 맡기곤 했는데, 이를 '역자교지易子敎之', 즉 '자식을 서로 바꿔서 가르친다'고 했다.

공자와 맹자의 '군자원기자' 일화는 『예기』의 "군자라면 손자를 안아도 아들은 안지 않는다君子抱孫不抱子"[4]는 관념과 동일한 맥락이다. 실제로 전통사회에서는 자기 자식을 안고 어르는 행위를 삼가왔다.

> 내가 첫아들 얻었을 때 백일 지날 무렵 방긋방긋 웃는 게 귀엽고 해서 사랑 대청에서 애를 품에 안고 어르고 있었어. 근데 우리 아배가 대문에 들어서다가 내하고 눈이 마주쳤어. 그래서 엉겁결에 애를 바닥에 던져버렸지. 그냥 마루에 눕힐 생각이었는데 어른이 갑자기 들이닥치니 급한 마음에 집어던졌지. 그 뒤로 나는 우리 애들 손목도 못 잡아봤어. 그래서인지 우리 애들이 아버지 정情이 그립다고 하더라. 근데 요새는 달라. 부모 앞에서 지 새끼 막 끌어안고 밖에 나갈 때도 안고 다니고…….[5]

이런 관습은 전통사회에서 조부모가 손자를 가르치는 격대교육과 매우 유사하다. 격대교육 역시 부모가 자식을 직접 가르치지 않는다는 전통 관념에 입각하여 조부모나 증조부모가 손자(증손자)의 교육을 담당하는 오래된 관행이다. 특히 대가족을 이루고 살았던 전통사회에서 육아와 관련된 일은 생업과 가사노동의 일선에서 한발 물러난 조부모에게 맡겨지는 것이 일반적이었다. 대개 젖

구한말 손자들과 기념촬영을 하고 있는 대관의 모습.

을 떼기 전에는 안방에서 어머니와 함께 지내고, 젖을 뗄 시기인 3세 무렵이 되면 건넌방에 계신 조모에게 보내진다. 다자녀 가정이 보편적이었던 당시에는 어머니의 거듭된 임신과 출산으로 인해 아이의 양육이 힘들었던 까닭에 젖을 떼면서부터는 자연히 조모의 보살핌을 받았다. 이런 이유로 아이는 조모로부터 배변 훈련을 비롯해 일상의 기본 습관 등을 익히면서 성장해나간다. 이후 6~7세쯤 되어 철이 들기 시작하면 여아는 안채에 그대로 남아 있고, 남아는 사랑채로 건너가 조부와 함께 지내게 된다. 특히 사랑채로 옮겨간 남아는 아버지가 아닌 조부나 증조부와 함께 기거하는데, 이 역시 아들과 일정한 거리를 두고자 하는 전통에 따른 것이다.

"손자를 귀여워하면 코 묻은 밥을 먹는다" "손자 귀여워하니 할아비 상투 잡는다" "손자 귀여워하니 할아비 수염 뽑는다" 등의 속담처럼 손자는 조부모에게서 깊은 애정을 받으면서 양육되는가 하면, 조부모로서는 무례함조차 너그럽게 웃어넘길 수 있는 유일한 대상이 손자였다. 예로부터 엄부嚴父 혹은 엄모嚴母라는 말은 있어도 엄조부나 엄조모라는 표현은 없듯이, 조부모와 손자는 그야말로 '너그러움과 재롱'으로 묘사되는 관계였다. 조손관계에서 친밀함의 근원은 격대隔代(격세대隔世代)가 지니고 있는 특성으로부터 기인한다. 즉, 부모는 자녀에 대한 높은 기대치로 인해 과도한 성취욕이 생겨나게 마련이며, 그런 탓에 자녀를 양육할 때 감정적인 대응과 질책이 앞서게 된다. 반면 조부모는 질책보다는 너그러움과 타이름으로 손자녀를 대하는 편이다. 물론 조부모 역시 장차 집안을 이어갈 손자에게 일정한 기대치를 갖고 있지만 한 세대를 건너뛰는 관계이니만큼 비교적 느긋하게 관망하는 편이고, 이에 따라 조급한 감정 표출이 아니라 다소 절제된 자세로 대응할 수 있는 것이다. 아울러 조부모들은 자녀 양육에 대한 풍부한 경험을 토대로 지혜로운 가르침을 줄 수 있다. 이런 배경에서 전통사회에서는 자녀들의 교육을 조부모에게 일임해왔다.

조부와 손자,
생과 사를 함께하다

조부 대신 제사상을 받는 손자

조부와 손자의 각별한 관계는 그 역사적 연원이 깊다. 대표적인 것으로 시동 尸童 습속이 있다. 시동은 신주神主의 원초적 형태로, '시尸'란 '주검이나 송장' 혹은 '조상을 제사지낼 때 신령을 대신하여 제사를 받는 사람' 등을 뜻한다.[6] 중국 고대사회에서는 망자의 손자 항렬에 해당되는 아이를 교의交椅에 앉혀두고 제사를 지낸 것으로 기록되어 있다. 『예기』를 보면 "『고례경古禮經』에서 말하기를 '군자라면 손자는 안아도 아들은 안지 않는다'고 했다. 이것은 손자는 조부의 시동이 될 수 있지만, 아들은 아버지의 시동이 될 수 없음을 말해둔 것이다"[7]라는 내용이 있다. 공자 역시 "시동은 반드시 손자를 세운다. 손자가 너무 어리면 다른 사람으로 하여금 안고 있게 한다. 만약 손자가 없으면 동성同姓의 손항孫行(손자 항렬)에서 택한다"[8]고 설명한다.

그렇다면 왜 실제 인간인 시동을 제사상에 앉혀두었을까? 이에 대해 "옛사람이 시尸를 쓴 데에는 아주 깊은 뜻이 있다. 대개 사람의 혼기魂氣가 이미 흩어졌으나 시尸가 없으면 먹일 수가 없고, 신주가 없으면 빙의하지 못한다"[9]고 했듯이, 조상이 음식을 드시는 모습을 시각적으로 나타내고 이를 직접 확인하기 위해 살아 있는 인간을 앉혀두었던 것이다. 『백호통白虎通』에서도 "귀신이란 들으려 해도 소리가 없고, 눈으로 보려 해도 형체가 없기에 조계阼階로 올라가 서까래를 우러러보고 엎드려 궤연几筵을 봐도 제기祭器는 있으나 사람은 없으니 허무하고 적막하여 사모함과 애통함을 그칠 수 없다. 이에 시동을 앉혀 먹게 했으니 시동이 음식을 다 먹은 것을 조상께서 배부르게 드신 것으로 여기고, 시동이 술에 취한 것을 신이 취한 것으로 여겼다"[10]고 설명한다. 『의례』와 『예기』 등에도 제사를 지내기 전에 주인이 문밖에서 기다리고 있다가 시동을 맞이하여 당堂으로 안내하고, 제사가 시작되면 술을 부어 시동에게 직접 건네고 절차에 따라 음식을 바치면 시동이 이를 받아먹는 등 마치 살아 있는 사람처럼 행동하는 것으로 묘사되어 있다.[11] 또 『시경』에서는 음식을 다 먹은 시동이 후손들의 정성에 답하여 축복嘏辭을 내려주는데, 이를 신의 축복으로 여겼다. 그런가 하면, 죽은 사람의 옷을 시동에게 입혔다고도 한다.[12] 이로써 시동은 신이 현현顯顯한 것으로 인식되면서 조상과 동일시되었다. 그런 까닭에 시동은 상대가 누구이든 극진한 예우를 받았는데, 특히 임금의 시동이 된 자를 대부와 사士가 발견하면 수레에서 즉시 내리고, 임금 역시 조상(선대 임금)의 시동이 된 자라는 사실을 알면 스스로 수레에서 내릴 정도였다.[13] 비록 임금일지라도 조상을 대신하는 시동 앞에서는 깍듯한 예를 차렸던 것이다.

제례의 주된 목적은 '신의 강림降神'과 흠향歆饗이다. 이런 이유로 제례가 거행되는 장소에 신을 모신 뒤 정성스럽게 마련한 음식을 드시길 기대하는데, 그 과정에서 실제 인간인 시동을 세웠으며 시동이 술을 마시고 음식을 먹는 모습을 조상의 흠향으로 여겼다. 그리고 이때 조부와 손자는 혈기血氣가 상통한다는 이른바 동기감응설同氣感應說에 근거하여 조부의 제사상에 손자를 시동으로 앉혔던 것이다. 그렇다면 조부와 손자의 동기감응은 어디에 기인하고 있을까? 이에 대한 단서를 중국 고대 사당의 신주 배열에서 찾아보자.

저승길을 함께하는 조부와 손자

조부와 손자의 각별한 관계는 중국 고대 사당의 신주 배열 원칙인 소목昭穆 제도에서 찾아볼 수 있다. [그림 1]에서 보듯이 중앙에 자리한 태조를 중심으로 '좌소우목左昭右穆'의 원칙에 근거하여 '소昭'[동東]의 열에 두 분의 신위를 모시고, '목穆'[서西]의 열에 두 분을 모신다.

[그림 1] 소목에 따른 신주 배치

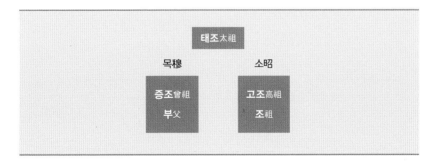

신주 배열에는 '부소자목父昭子穆', 곧 아버지는 소昭가 되고 아들은 목穆이 되

경북 안동의 학봉 종가에서 부제祔祭를 지내는 모습.

어야 한다는 원칙도 있다.[14] 실제로 [그림 1]과 같이 부자관계인 고조부와 증조부, 조부와 부 역시 서로 다른 열에 속해 있음을 알 수 있다. 이처럼 '부소자목'의 원칙에 따르면 아버지와 아들은 동일한 열에 소속될 수 없고 조부와 손자가 같은 열에 놓이게 된다. 이와 관련해 "조손祖孫 겸상은 있어도, 부자父子 겸상은 없다"는 언설이 전해오는데, 가족 서열로 볼 때 아버지보다는 조부의 권위가 훨씬 더 높다. 그럼에도 최고 권위자인 조부와 손자의 겸상은 허용되지만, 아버지와 아들의 겸상을 꺼리는 까닭은 부자간을 구별하려는 소목의 질서 때문이라 할 수 있다.

신주 배열에서 동일한 집단에 소속된 조손관계의 각별함은 부제祔祭라는 의례를 통해서도 잘 나타난다. 상례 절차에서 졸곡을 치른 뒤 부제를 거행한다. 부제의 '부祔(합칠 부)'가 뜻하듯이 사당에 계신 조상들에게 망자의 신주를 함께

노인이
스승이다.

모시게 되었음을 알리는 이른바 '입묘의례入廟儀禮'다. 사당과 신주가 없다면 지방紙榜을 마련해서 지낸다.

조부의 신주를 모셔올 때出主告辭

지금 아버지의 부사를 지내려고 하오니, 증조할아버지께서는 청사廳事로 나오시기를 감히 청합니다今以躋祔先考 顯 曾祖考處士府君 敢請 神主出就廳事.

조부의 신주 앞에서元位祝

모년 모일에 증손자가 애통하게 부사를 올리오니, 증조할아버지께서는 부디 손자를 맞아들이서서 흠향하소서維歲次 某年某日月建朔 某日日辰 孝曾孫○○ 哀薦祔祀于 顯 曾祖考 處士府君 適于 躋祔孫 處士府君尙 饗.

아버지 신주 앞에서下位祝

고애자孤哀子가 애통하게 부사를 올리오니, 아버님께서는 부디 증조할아버지와 함께 흠향하소서維歲次 某年某日月建朔 某日日辰 孤哀子○○ 哀薦祔事于 顯考處士府君 適于 顯曾祖考 處士府君尙 饗.

이때 망자를 맞이하는 사람은 조부이며 만약 조부가 생존해 있으면 증조부가 대신하고, 여성 망자라면 시조모가 맞이한다.[15] 부제를 거행할 때는 'ㄱ'자형(곡자형曲字形)으로 제사상을 차려 '조부모의 신주元位'를 중앙에 자리한 제사상에 안치하고 '망자의 신주下位'는 동남쪽에 차려진 제사상에 모신다. 그런 다음 조부모의 신주 앞에서 죽은 손자를 거두어달라는 내용의 축문을 읽은 뒤손자의 신주 앞으로 와서 조부의 안내를 받아 따라갈 것을 당부하는 축문을 읽는다. 이처럼 망자를 사당에 모실 때 아버지가 아닌 한 세대 위인 조부가 맞이하는 까닭은 소목에 따른 신주 배열에서 조손이 동일한 집단에 속하기 때문이다.

손자 때문에 기뻐하고 슬퍼하다

조부와 손자의 각별한 관계는 문헌 기록을 통해서도 확인된다. 대표적인 것이 손자를 위해 쓴 시詩와 편지다. 다만 편지는 손자에게 직접 전달하는 것이기에 일상적 가르침이나 훈계 등을 담고 있는 반면, 시는 손자를 향한 애틋한 심정이 비교적 진솔하게 묘사되어 있는 편이다.

조선시대에 채수蔡壽(1449~1515, 호는 난재懶齋)라는 학자가 있었다. 경북 상주 출신으로, 조선 최초의 한글소설인 『설공찬전薛公瓚傳』을 저술하기도 했다. 채수와 손자 채무일蔡無逸(1496~1556, 호는 일계逸溪)이 주고받은 시가 구전으로 전해오고 있다.[16]

손자는 밤마다 글을 읽지 않네   孫子夜夜讀書不

할아버지는 아침마다 약주가 과하시네   祖父朝朝飮酒猛

내용으로 볼 때 글공부를 하지 않는 손자를 나무라는 듯하지만, 조부의 속내는 손자의 시작詩作 능력을 시험해보려는 것이었을 터이다. 조부의 이런 심정은 일곱 자의 시구에 짝 맞추기 편한 글자만을 사용한 것에서도 나타난다. 손자 역시 조부의 기대에 어긋나지 않게 손자孫와 할아버지祖, 밤마다夜夜와 아침

노인이
스승이다.

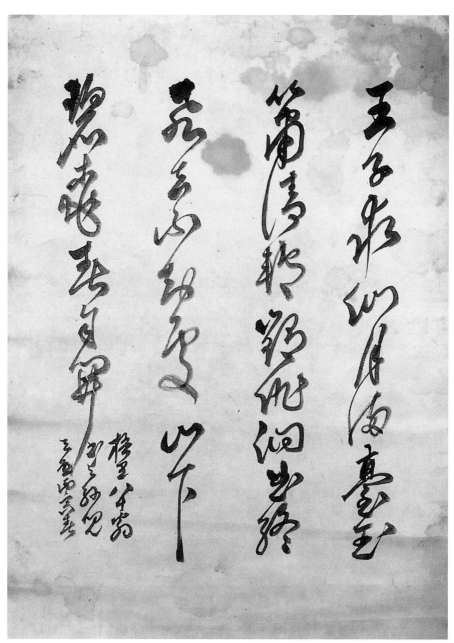

이원익이 손자에게 써준 시, 56.0×78.0cm, 충현박물관. "왕자가 달 밝은 누각에서 신선을 만날 제/ 옥피리 청아하여 학이 배회한다/ 곡이 멎자 날아가 행방 묘연하고/ 산 아래 벽도화만 절로 피었다"(오리 팔십 노인이 손자에게 써줌. 천계병인년 봄)

마다朝朝, 독서讀書와 음주酒猛라는 식으로 짝을 맞춰 시를 지었다. 이 시는 채무일이 여섯 살 무렵에 지은 것이라 하는데, 할아버지 채수가 늦은 밤 잠자리에서 손자 채무일을 품에 안고 시를 한 구절 읊고는 손자에게 대구對句를 붙이게 했던 것이다.

개가 달려가니 매화꽃이 떨어지네   大走梅花落

닭이 지나가니 댓잎이 생겨나네   鷄行竹葉成

위의 시는 채수가 손자 채무일을 등에 업고 눈길을 걸어가다가 주고받은 시다. 눈 쌓인 길을 달리는 개가 매화꽃 모양의 발자국을 찍어둔 것을 보고 할아버지가 시를 읊자 손자는 눈 위를 돌아다니는 닭이 대나무 잎 모양의 발자국을 남긴다는 내용의 시로 응대한다. 그야말로 할아버지와 손자의 훈훈한 정이 느껴지는 광경이다.

손자의 탄생을 기뻐하다

퇴계 이황(1501~1570)은 증손자가 태어났을 때 "우리 집 경사 중에서 이보다 더할 경사는 없다"면서 기쁨을 감추지 못하고 손수 이름까지 지어주었다. 이처럼 삶의 끝자락에 놓인 조부에게 집안의 대를 이어갈 손자나 증손자의 출생은 아버지가 아들을 얻었을 때보다 더 큰 기쁨과 안도감으로 다가왔을 것이다.

노인이
스승이다.

첫돌을 맞은 남자아이의 모습이다. 손자나 증손자의 출생은 아들을 얻었을 때보다 더 큰 기쁨으로 다가온다.

손자 첫돌에 재미삼아 읊다

내가 부모 앞에서 재롱부릴 때 자식이 아이 낳아	吾方嬰戱子生兒
삼백육십 일이 한 번 돌아왔네	三十六旬一度移
예용을 익히기 위해 제기를 차려놓고서	爲習禮容俎豆設
호시[18]를 가지고 뜻을 높임을 보아야 하네	要觀志尙矢弧持
집안의 대조大祖[19]는 유래가 있고	門庭大祖由來矣
복록은 하늘이 저절로 돕네	福祿仁天自佑之
새가 수없이 날갯짓하듯 걸음을 떼고 말을 배워	學步解言如鳥數
총명과 지혜가 나날이 알려지길 원하네	願將聰慧日聞知

경북 안동 출신의 이중철李中轍(1848~1937, 호는 효암曉庵)이 손자의 첫돌을 맞아 그 기쁨을 시로 남겼다. 이중철은 향산響山 이만도李晚燾(1842~1910)의 조카로, 1913년 도산서원장을 역임하면서 『도산급문제현록陶山及門諸賢錄』을 편찬하기도 했다. 시 제목을 '희음戱吟' 곧 '재미삼아 짓다'라고 했듯이, 돌잔치를 하는 광경을 흥겨운 마음으로 지켜보면서 지었을 것이다. 내용에서 보듯이 예법을 익히라는 뜻에서 격식에 맞춰 음식을 차리고 웅대한 꿈을 펼치라며 '활과 화살弧矢'을 마련해두었다. 또 새가 하늘을 날기 위해 부단한 날갯짓을 하는 것처럼 하나둘 차근차근 익혀나가 이름을 널리 떨치기를 기대하는 마음도 담고 있다.

손자 생일에 기뻐서 읊다

한가위 좋은 달은 점점 가득 차오르고	中秋好月月將盈

노인이
스승이다.

붉은 계수나무 새로운 가지 울창하게 뻗네	丹桂新枝鬱鬱生
좋은 기운 문 앞에 흩어지지 않고 가득하여	佳氣門闌充不散
영특한 인물 집안 명성 크게 함을 알리라	定知英物大家聲
옥 같은 두골 솟아오르고 눈빛은 벼락처럼 밝고	頭玉峨峨眼電明
울음소리는 마치 봉황 새끼 소리 같네	啼聲恰似鳳雛鳴
재앙 없고 병도 없이 재예를 듬뿍 지녀	無災無疾多才藝
백 살의 수명에다 재상 지위에 오르리	壽到期頤位到卿

허훈許薰(1836~1907, 호는 방산舫山)이 손자의 생일을 축하하면서 지은 시다. 무탈하게 성장하여 큰 인물이 되어 집안의 명성을 크게 떨치기를 바라는 마음을 담고 있다. 허훈은 왕산旺山 허위許蔿의 형으로, 경북 구미에서 태어나 1894년 동학농민운동을 피해 경북 청송 진보면으로 이거한 뒤 맹렬한 의병활동을 펼쳤다. 이 시의 주인공 허종許鐘(1883~1949, 호는 중산重山)은 조부 허훈과 마찬가지로 신민회와 조선독립운동후원의용단 등에서 독립운동에 가담했다. 또 훗날 청송에서 대서업代書業과 운송업에 종사하여 사업을 크게 번창시켰는데, 이것 역시 조부의 실학적 정신을 이어받은 기질이라 할 수 있다.

손자 잃은 애통함을 시로 달래다

증손자가 태어났을 때 "우리 집안에 이보다 더한 경사가 없다"고 기뻐했던 퇴계 이황은, 병약했던 증손자가 두 돌을 갓 넘긴 어린 나이에 세상을 뜨자 한없는 시름에 잠겼다. 가족에게는 내색하지 않았지만, 가까운 지인들에게 수차례

괴로운 심정을 토로했다. "부모가 죽으면 땅에 묻고 자식이 죽으면 가슴에 묻는다"고 하듯이, 손자를 잃은 조부의 애통함은 이루 말할 수 없었을 것이다.

손자를 곡하다 哭孫兒[21]

만년에 이르러 손자 셋을 얻었는데	晩歲得覩三小兒
너는 그중 둘째고 여섯 살이 되었지	汝生居仲六回芽
어찌 알았으랴 늙은 나는 아직 살아 있고	豈知老我猶延世
어린 네가 도리어 저승으로 갈 줄을	反見稚兒化作屍
큰애는 본래 약골이라 지팡이처럼 야위었고	長本弱身羸似杖
막내는 머리털 물기도 안 말라 목숨이 실낱같네	少玆以燥髮命如絲
슬픔에 애간장 다 녹아 없어져	悲腸爲是尤銷盡
두 눈에 흐르는 눈물 멈추지 않는구나	兩眼難禁淚自垂

김정국金正國(1485~1541, 호는 사재思齋)이 손자를 잃은 애달픔을 시로 남겼다. 김정국은 모재慕齋 김안국金安國의 아우로, 기묘사화 때 벼슬에서 물러나 스스로 팔여거사八餘居士라 부르며 안빈낙도의 삶을 보냈다. 김정국은 둘째 손자가 여섯 살의 어린 나이로 세상을 뜨자 "늙은 나는 이렇게 살아 있는데 어린 네가 먼저 가느냐"며 애간장이 타들어가는 비통함을 표현하고 있다.

손자 단백을 애도하는 제문 祭孫兒端伯文[22]

생명을 내려준 것은 정영한 기운 덕분이요   其降也精英所鍾

생명을 빼앗은 것은 귀신들 탓이구나   其奪也鬼神所惡

네가 하늘에서 받은 것을 누리지 못함은 네 탓이 아니니   非爾天賦之未享

우리 가문의 운세가 기박함을 만났구나   抑我家運之遭薄

한번 가면 아득하여 뒤쫓기 어렵고   一去渺渺兮難追

부모의 참담한 심정 누구에게 하소연하나   兩情慘慘兮誰訴

인연이 다하지 않을 것이니   倘業緣之不盡

골육지정은 예전과 같으리라   庶骨肉之如故

장사지낼 날이 다가와   卽遠有期

한 잔 술로 혼을 부르나니   一觴招魂

영령이 어둡지 않다면   精靈不昧

내 말을 들으리라其有聞也

이준李埈(1560~1635, 호는 창석蒼石)이 손자의 장사를 치르며 쓴 시다. 이준은 경북 상주 출신으로, 임진왜란 당시 병으로 움직이지 못하는 자신을 형인 월간月磵 이전李㙉이 등에 업고 피신했던 덕분에 목숨을 건졌다. 이를 그림으로 묘사해둔 「월간창석형제급난도月磵蒼石兄弟急難圖」가 전한다. 이준은 손자를 땅에 묻으면서 "비록 생명을 다해 우리 곁을 떠나지만, 이승에서 맺은 인연業緣은 영원히 이어지리라"며 애통함을 위로하고 있다.

손자를 애도하다   悼孫兒[23]

시든 풀 어지러이 흩어지고 귀뚜라미 우는데   衰草離披蟋蟀喧

비 그치고 뜬 달이 황량한 마을 비추네   雨餘新月照荒村

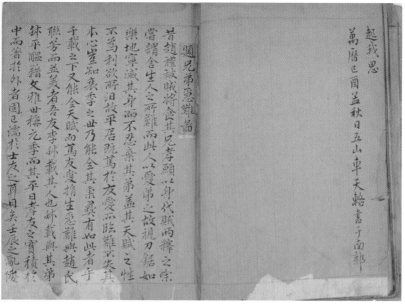

起我思
萬曆己酉孟秋日五山車天輅書于南部

題兄弟急難圖

首趙禮被賊將食其兄孝顒以身代賊而擠之宗
當謂舍生人之所難而此人愛弟之故視刀鋸如
樂地寧滅其身而不忍棄其弟蓋其天賦之性
不爲利欲所汨故平居萬有友愛而臨難不失其
本心豈知親李之世乃能全其秉彝有如此者于
于載之下又能全天賦以篤友愛指生惡難與趙氏
聯芳而並美有吾友李孫載其人也抹載興其弟
抹平嘔籍文雅世孫元李而其平日孝友之實積於
中而著於外者固已濡於士友之耳目矣壬辰之亂倭

| 영특한 손자 날 버리고 어디로 돌아갔나 | 英姿捨我歸何處 |
| 적막한 가을 산에서 홀로 밤을 지새우겠지 | 寂寞秋山獨夜魂 |

이경석李景奭(1595~1671, 호는 백헌白軒)은 정종定宗의 손자인 신종군神宗君 이효백李孝佰의 5대손이다. 천연두를 앓고 있던 손자를 일곱 살 어린 나이에 떠나보낸 심정을 읊은 시로, 공교롭게도 그의 아들 역시 일곱 살 되던 해에 천연두를 앓다가 세상을 떴다. 이경석은 손자를 잃은 당시의 심정을 "천연두를 앓아 고통스러울 때도 모습과 안색이 또렷하여 어른처럼 의젓했다. 병이 조금 나아 스스로 걸을 수 있게 되었는데 하루아침에 갑자기 세상을 뜨니, 애통하고 찢어지는 마음을 형용하기 어렵다"고 토로했다. 그러고는 "해거름에 홀로 서서 스스로 견딜 수 없어 날마다 울부짖고 회포를 쏟아냈다"며 비통한 마음을 털어놓았다.

조부를 그리워하는 손자

조부가 먼저 떠난 손자를 떠올리며 애잔함을 삼키듯, 손자 또한 생전에 다정했던 조부를 그리워하며 시를 남겼다.

꿈속에 노닐다가 돌아가신 조부의 고택에 들어가다 夢中遊入先祖故宅[24]

| 꿈속에서 고택에 들어갔는데 | 夢中入故宅 |
| 둘러보아도 빠진 물건 없어라 | 巡視遍無遺 |

건물은 옛날의 그 모습이고 　　　　　棟宇如平昔

창문도 완연히 예전 그대로 　　　　　窓櫺宛舊時

예전처럼 할아버지께 절하니 　　　　　依然拜先祖

문득 손자를 쓰다듬어주시네 　　　　　忽若撫孫兒

꿈 깨어 초가집에 앉았노라니 　　　　　覺臥蓬廬下

슬픈 감회 스스로 못 견디겠어라 　　　　悲懷不自持

　이응희李應禧(1579~1651, 호는 옥담玉潭)가 쓴 시다. 그는 성종의 셋째 아들이자 연산군의 이복동생인 안양군安陽君의 현손玄孫이다. 연산군이 즉위하고 생모 윤씨가 폐출되어 죽게 된 것이 귀인貴人 정씨와 엄씨 때문이라고 여겨 두 사람을 장살했는데, 이때 정씨 소생인 안양군도 죽임을 당했다. 그 뒤 중종반정 때 복권되었지만, 후손들은 벼슬길에 나아가지 못하고 경기도 산본에 위치한 수리산 자락에 터를 잡고 세거했다. 이응희 역시 열네 살에 부친을 여의고 홀어머니를 모시며 그곳에서 평범한 사족으로서 살았다.

중국에 가신 할아버지를 그리며 　　　　憶王父西行**25**

할아버님 중국으로 가신 후 　　　　　王父西行後

해가 벌써 세 번이나 바뀌었네 　　　　星霜已變三

하늘 끝닿는 이별이 괴롭고 　　　　　天涯離別苦

슬하에서 받던 사랑 그리워지네 　　　　膝下憶分甘

꿈속에선 늘 북으로 가고 　　　　　夜夢長歸北

가을 기러기 또 남으로 날아오건만 　　　秋鴻又向南

경북 안동 풍산읍 소산리의 청원루. 청음 김상헌이 건립했으며, '청나라를 멀리한다'고 해서 붙여진 이름이다.

까마귀[26] 머리 아직 희지 않았으니　　　　　　　　　　烏頭猶未白

그 어느 날 말 타고 돌아오실까　　　　　　　　　　　幾日返征驂

　김수항金壽恒(1629~1689, 호는 문곡文谷)이 1640년 청나라와의 화친에 반대했다는 이유로 심양에 잡혀간 조부 김상헌金尙憲(1570~1652, 호는 청음淸陰)을 그리워하며 지은 시다. 김수항이 열다섯 살 되던 해인 1643년의 작품이다. 원래 김상헌에게는 후사가 없어 둘째 형인 김상관金尙寬의 아들 김광찬金光燦을 양자로 삼았다. 따라서 김수항의 본생本生 조부는 김상관이 되는 셈이다. 하지만 김수항은 양조부 김상헌으로부터 그야말로 '슬하분감膝下分甘' 곧 '무릎사랑'을 듬뿍 받으며 성장했다. 그러하기에 매일 밤 조부가 계신 북쪽으로 향하는 꿈을 꾸고, 남쪽으로 날아오는 기러기를 바라보며 조부를 그리워했던 것이다.

지례 종손은 조부가 일찍 돌아가신 탓에 증조부와 함께 큰 사랑방에서 거처했는데, 증조부께서는 엄격한 아버지와는 달리 항상 인자하게 대해주셨다. 종손은 증조부가 돌아가신 후 가끔 묘소를 찾곤 했는데 무덤 자락에 비스듬히 기대어 누워 있으면 마치 생전 증조부님의 따뜻한 품처럼 느껴졌다. 그럴 때마다 무덤을 보듬고 쓰다듬다가 해가 지고 나서야 산을 내려왔던 적이 많았다.[27]

나는 우리 할배가 돌아가실 때 열다섯이었는데, 그렇게 마음이 극極할 수가 없어. 말을 못 하도록. 목이 메어가지고 말을 못 하도록. "할배요!"라고 한정 없이 불렀어.[28]

손자의 시에 묘사된 조부는 "머리를 쓰다듬어주시고撫孫兒" "무릎에 앉혀 귀여워해주시는膝下分甘" 그야말로 인자하고 다정한 모습을 하고 있다. 이런 이유에서인지 지례 종손이 회고하듯 조부의 무덤에 기대어 있으면 마치 생전의 그 따뜻한 품과 같은 기운을 느꼈을 것이다.

노인이
스승이다

격대교육,
연륜으로 쌓은 생활 밀착형 가르침

안채의 '무릎학교',
조모가 손자녀를 돌보다

조부가 거처하는 사랑채와 달리 조모가 기거하는 안채는 아이들의 주된 생활공간으로 이용되었다. 어린 손자녀들은 집안일로 바쁜 어머니 대신 조모에게 이런저런 요구를 하게 되고, 이로써 손자녀들의 보살핌은 자연스럽게 조모의 몫이 되었던 것이다. 한편 민간에서는 어머니가 임신한 상태에서 아이를 돌보면 아이가 허약해진다고 여겼는데, 이를 '아우 탄다'고 한다. 실제로 『동의보감』에서도 임신한 어머니가 아이에게 모유를 계속 먹이면 아이가 질병에 시달릴 우려가 있다고 설명한다.[29] 이런 이유로 어머니가 임신하면 비교적 이른 시기에 어머니의 품을 떠나는 일도 드물지 않았다. 이때 조모는 어머니 품을 떠나 정서적으로 불안정해진 아이에게 빈 젖을 물리면서 심리적 안정감을 안겨주었다. 조모의 '빈 젖 빨리기'는 구강기口腔期의 아이에게 대리충족감을 안겨줌으로써 아이의 성격 형성에 긍정적인 기능을 하는 것으로 알려져 있다.

손자녀에게 일상의 습관을 익히게 하는 것도 조모의 주된 일이었다. 특히 아이의 배변 훈련에서 옷 입기, 밥 먹기, 말버릇뿐만 아니라 각종 놀이와 동요 등을 가르치는 교사로서의 역할도 수행했다. 유안진은 이러한 행위들이 조모의 무릎 위에서(품에 안겨서) 혹은 집안의 손자녀들이 조모의 무릎을 중심으로 모여 앉은 채 이루어진다고 해서, 이를 '무릎학교'라고 불렀다.[30] '무릎학교'에서 펼쳐지는 조모의 역할은 그야말로 무궁무진했다. "자식 하나 키우면 반 의사 된다"는 속담이 있듯이, 병원이 흔치 않던 예전에는 아이들의 크고 작은 질병을 조모들이 손수 해결했다. 아이가 배탈 나면 무릎 위에 눕혀 "니 배는 똥배, 내 손은 약손, ○○(손자녀) 배는 개배, 할미 손은 약손"이라는 노래를 부르면서 배를 아래위로 쓸어내리고, 체기가 있는 아이의 손가락을 바늘로 찔러 피를 내는 등의 응급처치를 해주었다.[31] 조모의 이런 행위는 약이나 수술 요법 등의 의료 수단을 이용하여 문제가 발생한 곳만을 국부적으로 집중 치료하는 서양 의학과는 달리 모든 질병의 원인을 기氣의 흐름에서 찾는 동양 의학과 유사하다. 실제로 최근 유행하는 대체의학에 따르면, 손手은 신체의 축소판으로 이를 통해 질병의 원인을 찾거나 치료를 행한다. 예를 들어 소화불량과 같은 배앓이는 손바닥으로 배를 쓸어줌으로써 기가 장기로 전달되어 치료 효과를 거둘 수 있으며, 체기가 있을 때는 손가락 끝 부분을 뚫어줌으로써 기를 소통시키는 효과를 기대할 수 있다. 이처럼 조모들의 치료 행위는 풍부한 삶의 경험에 바탕한 것으로, 노인 세대만이 지니고 있는 '경험방經驗方'이라 할 수 있다.

조모는 놀이와 동요 교사로서의 역할도 수행했다. 아이가 잠들 때 이런저런 자장가를 들려줌으로써 청각을 자극시키고 리듬 감각과 언어 학습을 위한 음

노인이
스승이다.

소嘯素를 익히도록 해주었다.[32] 조모의 자장가는 가사 내용이나 곡조가 상황에 따라 자유자재로 바뀌곤 했는데, "자장자장 우리 아가, 멍멍 개야 짖지 마라, 우리 아가 잘도 잔다"라는 기본 내용을 중심으로 만약 뒷집의 강아지가 '검둥이'라면 "자장자장 우리 ○○(손자녀), 뒷집 검둥아 짖지 마라, 우리 ○○ 잘도 잔다"라는 식으로 손자녀의 이름은 물론이고 아이가 인지하고 있는 이웃의 강아지들을 모두 동원하여 재미를 더해주는 것이다.[33] 게다가 "자장자장 우리 귀둥이(혹은 공주)"라는 식으로 손자녀들에 대한 깊은 애정을 드러내면서 심리적 안도감을 더해주기도 했다.

조모의 무릎은 옛날이야기가 구연되는 장場이기도 했다. 어린 손자녀를 무릎에 앉히고, 때로는 잠자리에서 이런저런 재미난 이야기들을 들려주었다. 조모가 들려주는 옛날이야기는 권선징악적 성격이었다는 점도 주목할 만하다.[34] 부모에게 효도하면 하늘이 도와 복을 내려 받고, 동물에게 따뜻한 사랑을 베풀면 보은報恩을 받는다는 내용이나 그른 일을 하면 반드시 벌을 받을 거라는 이야기를 들려줌으로써 선악善惡에 대한 판단력을 길러주었던 것이다.

이처럼 조모는 어머니를 대신하는 대리모로서의 역할, 아이들의 신체적 질병을 치료하는 의사로서의 역할, 심리적 불안감을 해소시켜주는 심리치료사로서의 역할, 올곧은 인격 형성을 도와주는 훈육자로서의 역할, 일상적 지식을 전달해주는 지식 정보 제공자로서의 역할, 각종 놀이와 동요를 비롯해 옛날이야기를 전수하는 레크리에이션 강사로서의 역할 등을 완벽히 수행했다. 이 모든 것은 풍부한 육아 경험을 토대로 이루어진 것으로, 노인 세대가 지니고 있는 공통된 특징이기도 하다. 따라서 조모들의 대리육아 역할은 비록 집안의 잉여노동력이라는 측면에서 부여된 것이지만, 결과적으로는 아이들의 성장과 인격 형성에 적지 않은 기여를 했다고 볼 수 있다.

개화기에 촬영한 한 할머니의 모습. 전통적으로 조모는 어머니를 대신하는 대리모로서의 역할을
완벽하게 수행해냈다.

「경직도」중 '베짜기'. 20세기 초, 국립민속박물관. 전통시대 안채에서 조모가 손녀에게 가르친 것은 특히 며느리로서 지녀야 할 자질과 마땅히 해야 할 일들이었다. 즉 요리·길쌈·바느질 등을 가르쳤다.

아이들이 사리분별을 하기 전까지는 남녀 구분 없이 안채에서 조모의 보살핌을 받지만, 6~7세 정도에 이르면 여아는 안채에 그대로 남아 있는 반면 남아는 조부와 아버지가 계시는 사랑채로 옮겨간다. 그런 다음 성별에 따른 교육이 이루어지는 것이다. 이런 경향은 유교 이념을 강조하는 유가일수록 더욱 두드러지게 나타난다. 안채의 여아에게는 딸로서, 며느리로서, 아내로서, 어머니로서의 역할을 수행하는 데 필요한 덕목들을 주로 가르친다. 그중에서 며느리로서의 교육을 중시했는데, 요리·길쌈·바느질 등과 같은 기능적 훈련(여공女工)을 비롯해 일상적 범절과 시부모에게 효도하고 친족 간에 화목을 다지는 방법 등도 전수되었다.

사랑채의 '견문교육', 조부가 손자를 가르치다

사리분별을 하기 시작하는 6~7세 무렵 사랑채로 옮겨간 남아는 아버지가 아닌 조부와 함께 기거하면서 이런저런 시중을 들며 가르침을 받는다. '군자는 손자를 안아도 아들은 안지 않는다'는 말처럼, 아버지와 아들이 같은 방을 쓰는 일은 매우 드물다. 앞서 언급했듯이 아버지는 자녀에 대한 높은 기대치로 인해 과도한 성취욕이 앞서기에 자녀의 실수를 너그럽게 타이르기보다는 곧바로 질책하고, 이로써 갈등이 초래될 우려가 있기 때문이다. 반면 조부모는 한 세대를 건너뛰는 이른바 격대隔代관계에 놓이는 까닭에 조급한 대응이 아니라 좀더 절제된 감정으로 손자를 가르칠 수 있다는 장점을 지니고 있다. 이와 관련해 퇴계 종손 역시 "부형이 아들을 가르칠 때는 욕심이 과해서 자식을 때리

노인이
스승이다

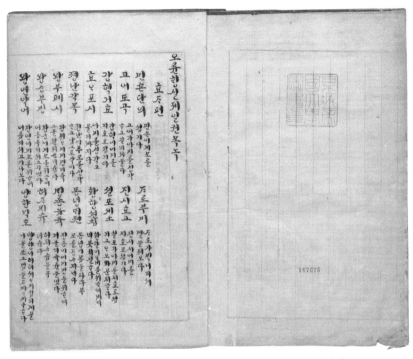

『오륜행실도』 중 '1권 목록', 규장각한국학연구원. 전통시대에 남자 아이들은 여아들과 달리 조부에게서 '군자로서 갖춰야 할 것들과 오륜행실에 근거한 체계적인 가르침을 받았다.

는 일이 생겨 아이가 반감을 갖게 된다. 그래서 친구끼리 자식을 바꿔 가르쳤던 것이다. 그런데 조부는 아들보다 더 귀여운 손자를 사랑으로 대한다. 그러니 심한 야단을 치지 않게 되고 엄격한 가운데 사랑을 가지고 가르치니 교육이 제대로 된다. 이 때문에 손자 교육이 조부에게 맡겨진다"[35]며, 격대교육의 긍정적인 효과를 설명한다.

　안채의 여아가 집안일을 거들면서 자연스럽게 가사를 익히듯이, 남아 역시 조부를 비롯한 사랑채 남성들의 일상을 통해 자신에게 필요한 역할 행위를 배워나간다. 다만 여아에게 행해지는 교육이 딸로서, 며느리로서, 아내로서, 어머

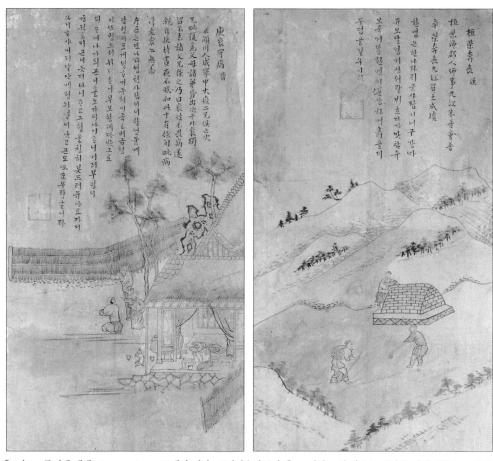

「고사도」, 종이에 채색, 52.0×29.0cm, 20세기 전반, 국립민속박물관. 『오륜행실도』에 나오는 본받을 만한 인물들의 이야기를 그림과 글로써 함께 표현한 것이다.

니로서의 역할 곧 가족관계에 한정된다면, 남아는 군자君子로서의 역할 수행에 궁극적인 목적을 두었다. 물론 남아에게도 아들로서, 남편으로서, 아버지로서의 역할이 부여되지만 이를 수행하기 위한 기능적 훈련이 아니라 자세나 마음가짐과 같은 덕목 위주의 교육이라는 점이 다르다. 즉 이들 교육은 어디까지나 수기치인修己治人의 목적에서 행해졌고, 궁극적인 도달점은 군자로서의 삶에 있었던 것이다.

이처럼 교육의 최종 목적이 다른 만큼 교육 내용에서도 차별화를 꾀했다. 이를테면 일상적인 관계 형성을 위한 교육에서는 여아에게처럼 막연한 내용이 아니라 부자유친父子有親, 군신유의君臣有義, 부부유별夫婦有別, 장유유서長幼有序, 붕우유신朋友有信과 같이 오륜에 근거한 체계적인 가르침을 받았다. 교육 방식에서도 본격적인 이론보다는 일상을 통해 자연스럽게 터득하도록 이끌었다. 아이에게 이부자리 펴고 개기, 요강 비우기, 방 청소 등과 같이 조부의 시중을 들게 하면서 효孝의 실천 방법을 깨닫도록 했으며, 조부 앞에서 아버지의 말투와 행동 등을 지켜보면서 장유유서의 올바른 도리를 체득하도록 유도했다. 또 손님이 방문하면 밖에서 놀던 손자를 불러들여 인사를 시키고는 곁에 두었는데, 손님을 맞이하는 자세 등을 보면서 응대(접빈객接賓客)의 방법을 배우도록 하기 위함이었다.[36]

> 나는 네 살에 사랑채로 건너갔어. 그전까지는 안방에 있다가 동생이 태어나서 안방을 뺏겼지. 근데 사랑채에 방이 하나밖에 없어서 조부하고, 아버지하고, 내하고 삼대가 한방에 잤어. 그러면서 저녁에는 조부 이부자리 깔아드리고 아침에는 이불을 개고 세숫물을 떠왔어. 근데 어린애가 힘이 없으니 대야를 배에 붙여가지고 들고 오다가 옷이 다 젖고는 했지.[37]

위에서 보듯이 사랑채에서의 교육은 그야말로 현장 체험이었다. 즉 "이렇게 해라!"라는 지시 일변도의 교육이 아니라 사랑채를 중심으로 전개되는 일상을 지켜보면서 자연스럽게 체득하도록 하는 자율형 교육이었던 것이다. 이처럼 수기치인에 필요한 덕목은 문자에 의한 교육이 아니라 일상에서 스스로 깨우치도록 했는데, 그런 까닭에 조부는 늘 손자를 가까이 두었다. 사랑채에서 펼쳐지는 삶을 통해 견문을 넓힘으로써 장차 군자로서 갖춰야 할 덕목을 체득하기를 기대했던 것이다. 이를 '견문교육見聞教育'이라고 한다.[38] 책에서 도리와 이치를 찾는 것이 아니라 보고 들음으로써 저절로 익히도록 하기 위함이다. 이와 관련해 종손들은 다음과 같이 회고한다.

> 다섯 살 가까이 되면 증조부나 조부 방으로 나간다. 증조부나 조부 방으로 나가지 않겠다고 말해도 안될 일이다. 나는 증조부와 조부 방에서 기거하는 것이 불편했다. 어른 옆에서 노인어른과 함께 한 이불을 덮고 잔다는 것이 불편한 일이다. 아이들 이불이 따로 없어서 조부와 한 이불을 덮고 자는데 내가 이불을 끌어당겨서 늘 조심스러웠다. 5, 6세밖에 안 되었어도, 아침마다 조부 방의 요강을 치우고 이불을 펴고 갰다. 밤에 잠자리에 들어서는 조부에게 이야기를 듣곤 했다. 그렇다고 조상에 대해서 또는 종손이 되는 법에 대해서 교육하는 프로그램이 있었던 것은 아니다. 잠자리에서 또는 문중 어른들과 집안 어른들의 대화 속에서 ○○할머니는 어떻게 하고, 누구 할아버지는 어떻게 하고 하는 말을 들어왔다. 또 제삿날마다 조상의 이야기를 듣고 부모들이 생활 속에서 하는 행동을 보고 그리고 몸으로 겪어서 보는 견문이 곧 교훈이 되는 것이다.[39]

노인이
스승이다

견문교육과 병행되었던 것은 '심부름 교육'이다. 아이가 어느 정도 성장하면 바깥심부름을 시키기 시작한다. 이를테면 친척이나 이웃집에 물건을 빌리고 돌려주는 심부름을 보냄으로써 사회적 관계에서의 응대 방법을 터득케 하고 책임감을 길러주는 것이다. 제사가 드는 날이나 손님이 방문했을 때도 이런저런 심부름을 시키면서 봉제사와 접빈객의 예법을 배우도록 한다. 그러다가 손자가 글을 익히면 글과 관련된 심부름 교육이 행해지는데, 조부는 소소한 편지 등의 대필代筆을 통해 글자 공부를 시켰다. 또 입춘立春이 되어 춘첩자春帖字(입춘축)를 써서 집 안 이곳저곳에 붙이는 일도 손자 몫으로 돌렸다. 물론 조부나 아버지에 비해 서투른 글씨였지만, 손자의 글공부를 위한 최선의 방법이었던 것이다. 이때 춘첩자로 사용된 글귀의 의미와 먹을 가는 요령이나 붓을 잡는 방법 등을 가르쳐주는가 하면, 손자의 손놀림을 주시하면서 글자 획의 굵기나 강약의 기술 등도 일러주었다.[40]

조손관계의 친밀함, 격대에서 답을 찾다

|

가족과 친족 간에 이루어지는 행동 양식은 해당 지역의 사회문화적 배경에 따라 다양한 형태로 나타난다. 그 가운데 '농담관계joking relationship'라는 것이 있다.[41] 관습적으로 어느 한 사람이 다른 사람을 희롱하는 행위가 허용되거나 혹은 의무적으로 요구되기도 하고, 또 희롱당한 사람은 절대 화를 내지 않도록 규정된 관계다. 예를 들어 부계사회에서는 아버지에게 존경을 나타내야 하고 어머니에게는 친밀함이 허용되는가 하면, 모계사회에서는 외삼촌에게 존경심

을 표해야 하고 아버지에게는 친밀한 농담이 허용되는 관행이 그렇다. 이러한 행동 양식은 권리와 지위 계승의 측면에서 설명되는데, 즉 부계사회에서는 대부분의 권리와 지위를 장악하고 있는 아버지가 자녀들에게 우월적 권력을 행사하는 존경의 대상이 되며, 어머니 쪽으로 혈통 계승이 이뤄지는 모계사회에서는 외삼촌이 이러한 지위에 놓이는 것이다. 이와 반대로 이들 권리와 지위에 대한 계승권이 없는 부계사회의 어머니와 모계사회의 아버지는 자녀들과 긴장관계가 아니라 친밀한 관계를 유지하게 된다는 이치다.

'농담관계'는 세대 간에도 적용되는데, 대표적인 예가 부자관계와 조손관계다. 즉, 아버지는 아들에게 권리와 의무를 직접 물려주는 까닭에 더 우월적인 입장에 놓이고, 한 세대를 건너뛰는 조부와 손자는 직접적인 계승관계가 아니기에 우호적인 관계를 형성한다는 것이다. 그런 까닭에 아버지와 아들은 '회피관계avoidance relationship'를 이루는 반면 조부와 손자는 '농담관계'로 분류되는데, 다만 사회문화적 배경에 따라 부자간의 '회피' 및 조손간 '농담'의 범주와 형태가 상이하게 나타날 뿐이다.

'농담관계'와 '회피관계'는 우리 사회의 가족관계에서도 드러난다. 예를 들어 "손자 귀여워하니 할아비 상투 잡는다" "손자 귀여워하니 할아비 수염 뽑는다"는 언설에서 나타나는 할아버지와 손자의 모습은 농담관계와 매우 흡사하다. 이와 마찬가지로 조부가 손자를 무릎에 앉혀 밥을 떠먹이면서 식사를 하는 광경은 쉽게 접할 수 있지만, 아버지와 아들 사이에서는 좀처럼 볼 수 없는 장면이다.

밥 먹을 때는 조부하고 내하고 겸상했어. 아버지는 혼자 자셨지. 남의 집에서도 다 그렇게 했어. 그때는 그게 이상하다 싶었어. 어른들끼리 자시면 될 텐

노인이
스승이다.

데 하고 말이야. 근데 지금도 그 이유를 잘 모르겠네.**42**

할아버지와 어린 손자가 겸상을 하고 아버지가 외상獨床을 받는 것은 연령을 기준으로 설정된 일반적인 서열 체계에서 보면 쉽게 납득되지 않는다. 즉, 집안에서 가장 웃어른인 할아버지가 외상을 받고 아버지와 아들의 겸상이 통념인 것이다. 따라서 이것 역시 권위 계승 구조에서 갈등과 긴장이 배제된 조손관계, 곧 격대의 친밀함을 잘 보여주는 사례라고 할 수 있다.

그런가 하면, 오늘날 우리 사회의 할아버지와 손자는 독립된 개체로서만 존재할 뿐 관계를 형성하는 일이 드물다. 즉 '조손祖孫'이라는 말은 있지만, '조손간祖孫間'이라는 용어는 자취를 감춰버린 것이다. '간間'(관계)의 부재는 소통의 부재와 다름없다. 즉, '간'이 형성되지 않으면 소통이 불가능한 것이다. 물론 이것은 핵가족화에 따른 조부모와 손자의 별거가 초래한 결과라고 볼 수 있지만, 지금으로부터 약 500년 전 도산 산기슭의 조부 퇴계와 객지를 떠돌던 손자 안도는 16년에 걸쳐 무려 153통의 편지를 주고받으며 조손관계를 지속해왔다. 객지의 손자는 조부의 건강을 염려하는 편지를 보내고, 도산 기슭의 조부는 손자의 학업과 올곧은 품성을 위한 충고와 가르침이 담긴 편지를 썼다. 교통수단이 변변치 않았던 당시의 상황을 감안할 때 그야말로 감동적인 조손관계라고 할 수 있다.

제3장

퇴계,
손자에게
편지를 쓰다

장윤수

대구교대 윤리교육과 교수

편지는 안부를 묻거나 소식을 알리기 위한 글로서, 읽을 대상이 정해져 있다는 것이 다른 글과의 가장 큰 차이점이다. 요즘은 이메일과 문자 메시지가 이를 대신하고 있지만, 불과 20~30년 전만 하더라도 종이 편지는 우리의 일상이자 애환을 표시하는 매개체였다. 특히 교통수단과 통신이 불편했던 전통시대에 편지는 멀리 떨어진 친지나 벗들과 교류하는 데 필수적인 수단이었다.

퇴계退溪 이황李滉(1501~1570)은 평생 수많은 편지를 썼다. 그 가운데 문집에 수록되어 있는 것만 해도 1000여 통이나 된다. 그런데 문집에 있는 편지는 주로 제자들과 학문적 논의를 주고받은 것이다. 이 편지들 속에는 기대승奇大升(1527~1572)과의 저 유명한 사단칠정 논쟁을 비롯해 퇴계 학문의 근간을 이루는 내용이 상당 부분 포함되어 있다. 그래서 후대 학자들은 퇴계의 서신 중에서도 핵심이 되는 내용을 가려 뽑아 별도의 서책으로 편집하고 이를 퇴계학의 기본 텍스트로 삼고자 했다.

물론 퇴계의 편지가 모두 학문적 논의로만 이뤄진 것은 아니다. 제자들이 아닌 아들, 손자 및 친지들에게 보낸 편지는 대부분 집안 생활사를 주제로 해 문집을 편집할 때 제외되었다. 한편 권오봉 교수는 1997년에 『퇴계서집성退溪書集成』을 간행하면서 기존 문집에 포함되지 않은 서신 2000여 통을 발굴하여 총 3154통의 퇴계 편지를 소개한 바 있다.

우리는 이제 퇴계가 손자 안도安道(호는 몽재蒙齋, 1541~1584)에게 보낸 편지를 살펴보고자 한다. 편지의 구체적인 내용을 통해 퇴계의 교육 이념과 가학 전통 그리고 격대교육의 구체적인 현장을 확인해보고자 하는 것이다. 퇴계는 맏손자 안도에게 특별히 많은 편지를 보냈다.[1] 현재 남아 있는 퇴계의 편지는 을묘년(1555, 퇴계 55세, 안도 15세) 2월 16일부터 경오년(1570, 퇴계 70세, 안도 30세) 11월 7일까지다. 퇴계는 1570년 11월 9일 종가 제사에 참여했다가 병이 생겨 자리에

누운 뒤, 그해 12월 8일에 작고하게 된다. 즉 그는 15년 이상 줄곧 편지로 손자와 교류했으며, 병으로 자리에 눕기 이틀 전까지도 편지를 보냈다. 필자는 이 글에서 독자들에게 퇴계의 목소리를 직접적으로 전달하고자 한다. 즉 일반적인 교육 이론과 사변적인 추론보다는 편지에 드러난 말과 생각을 통해 퇴계의 손자 교육을 생동감 있게 재구성하고자 한다.

삶 속에 뿌리 내린 가학

퇴계, "옛 성현 따르기 어렵다 말라"

"사람은 사람다워야 한다"는 말이 있다. 그렇다면 사람다운 사람이란 어떤 사람인가? 유학에서는 한마디로 '성인聖人'이라고 한다. 유학의 모든 이념은 사람다운 사람, 즉 성인이 되는 데 목표를 둔다. 그리고 성인이 되려는 삶의 과정은 '도道'라고 할 수 있다. 퇴계의 교학 이념을 논할 때도 사람다운 사람이 되려는 것에 대해 언급해야만 한다.

일찍이 퇴계는 아들 준에게 보내는 편지에서 맏손자의 이름을 '안도安道'라 짓고 그 의미를 풀이해주었다. 그는 맏손자가 사람다운 사람, 즉 성인이 되기를 바라는 의미에서 그 이름을 '안도'라 지어주었던 것이다. 말 그대로 '도에 편안히 거하다'라는 뜻이다. 그러면 퇴계가 말하는 '도'란 무엇인가? 퇴계는 "도道는 사람이 살아가는 데 있어 먹는 음식과 같고 입는 옷과도 같아서 잠시라도 없을 수 없는 것이니, 일상의 도리가 아닐 수 없다"고 했다.[2] 퇴계의 이러한 생각은 유학의 핵심을 정확하게 간파한 것으로서 퇴계학파의 학자들에게 깊은 영향을 주었다. 소퇴계小退溪라 불리던 대산大山 이상정李象靖(1711~1781)은 병이 위급해 지자 문하의 제자들을 불러들여 그들에게 전하는 마지막 말로 "여러분이 착실하게 공부하기를 바랄 뿐이다. 유학의 일은 다만 평범한 것이다. 평범한 가운데 오묘한 이치가 있다"[3]고 했다. 이러한 일상의 도리는『중용』의 말처럼 쉬운 것은 어리석은 사람이라도 실천할 수 있지만 고차원적인 것은 성인이라도 이루기 어려운 이중성이 있다. 그렇지만 공부법으로 쉬운 것에서 어려운 것으로 나아가는 하학이상달下學而上達을 강조하는 유학에서는 어려운 이치보다는 누구라도 실천할 수 있는 일용 일상의 도리를 강조했다.[4]

유학의 이상적 인간상은 '성인'이다. 맹자 이전에는 성인이 우리 현실과 동떨어진 이상적 존재로만 여겨졌다. 그런데 맹자는 이러한 성인의 경지가 노력을 통해 다다를 수 있는 것이라 여겼다. 그는 노력하기만 하면 누구나 순 임금과 같은 성인이 될 수 있다고 보았다.[5] 성인에 대한 맹자의 이러한 이해는 신유학의 시대에 와서 많은 영향을 끼쳤다. 신유학의 선구로 평가받는 주돈이周敦頤(1017~1073)는『통서通書』에서 "성인은 배워서 도달할 수 있다聖可學"고 했고, 정이程頤(1033~1107) 또한 「안자소호하학론顔子所好何學論」에서 "성인은 배워서(노력해서) 될 수 있다"고 했다. 퇴계도 배워서 성인이 될 수 있다는 확신을 가지고 칠십 평생을 지경持敬의 삶으로 일관했다. 퇴계는 손자의 이름을 지어주면서 시 두 수를 함께 지어 보냈는데, 그중 제2수를 읽어보자.

읽고 외우는 공부야 어릴 때 할 것이고
이제부턴 깊은 도리를 탐구해야지

廿

聖蹟

嘉清甲子六流月初八日 去漢

永書之

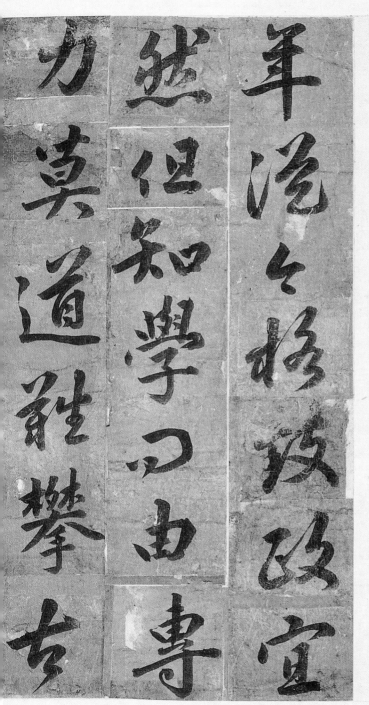

帝舜有虞氏姚姓名重　帝舜

華火德王父頑母嚚象傲
常欲殺之克諧以孝蒸蒸
又不格姦孝聞于堯堯欲遜
位四岳咸薦釐降二女以試
命綜百揆時序慎徽
五典五典克從賓于四門四
門穆已納于大麓烈風雷雨
不迷仁以恤五刑之用義以
斷四罪之誅而天下咸取矣
賓曰玄德升聞重華協
帝舜瑁貳室降女嬀汭
歷試三載終陟元后時
咨照載股肱元首罪威
服流放竄延民無能名
巍巍聖德

『역대도상歷代圖像』에 실린 순 임금. 순 임금은 유학의 이상적 인간상인 '성인聖人'의 전범이었다. 퇴계 역시 손자의 이름을 손수 지으면서 '성가학聖可學'의 이념을 드러냈다.

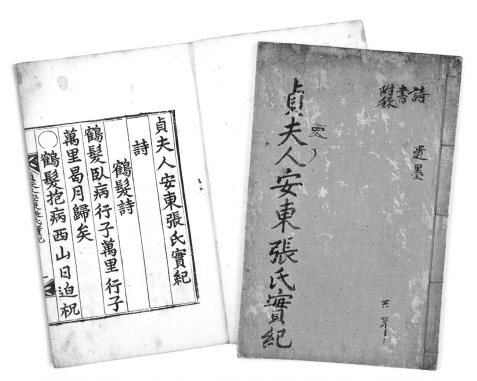

『정부인안동장씨실기』, 32.5×21.5cm, 연대미상, 재령 이씨 우계종택 기탁, 유교문화박물관. 안동 장씨의 시문과 실기 등을 모아놓은 것이다.

온 힘을 다 쏟아서 학문에 매진할 뿐

옛 성현 따르기가 어렵다 하지 말라(1554년 12월 8일)[6]

여기서 "옛 성현 따르기가 어렵다 하지 말라"는 구절이 바로 '성가학聖可學', 즉 "성인은 배워서 도달할 수 있다"는 이념과 일치한다. 퇴계의 이러한 생각은 후학들에게서도 일관성 있게 확인된다. 특히 조선시대에 여중군자女中君子로 불린 정부인 안동 장씨(본명 장계향張桂香, 1598~1680)는 비록 여성이지만 평생토록 성인의 삶을 따라가고자 노력했던 사람이다. 그녀는 퇴계 학맥의 정통을 계승한 아버지 경당敬堂 장흥효張興孝(1564~1634)의 가르침을 받아 일평생 지경持敬의 삶을 살았다. 부인은 성인의 용모와 언어가 근본적으로는 보통 사람과 다른 것이 없으며, 그 행동도 모두 인륜人倫의 날마다 행하는 일로 보았고, 그러므로 우리가 근심할 것은 오로지 성인의 도를 배우지 않는 것일 뿐이라고 했다.

> 만약 성인이 보통 사람의 부류가 아니고 보통 사람의 수준을 훨씬 뛰어넘는 존재라고 한다면 진실로 따라갈 수 없을 것이다. 그렇지만 그 용모와 언어가 처음부터 보통 사람과 견줄 때 다른 것이 없으며, 그 행동 또한 날마다 하는 인륜의 일이라면 사람들은 오직 성인의 도를 배우지 않는 것을 근심해야 한다. 진실로 성인의 도를 배우게 된다면 무슨 어려운 일이 있겠는가?[7]

성인의 도리와 삶을 배우고자 하는 장씨 부인의 의지는 어릴 적부터 강하게 드러났다. 열 살 전후에 쓴 것으로 알려진 「성인음聖人吟」이라는 시에서도 성인의 얼굴은 비록 볼 수 없지만 그 말씀(경전)을 들을 수 있으니 결국 그 마음(도리)도 볼 수 있을 것이라고 읊조렸다.

> 내가 성인이 살던 시대에 나지 않았으니
> 성인의 얼굴 볼 수 없네
> 그러나 성인의 말씀 들을 수 있으니
> 성인의 마음도 볼 수 있겠네[8]

성인을 지향하는 장씨 부인의 이러한 삶은 개인적인 성찰과 수양에서 그러했을 뿐만 아니라, 타인을 가르치고 권면할 때도 마찬가지였다. 장씨 부인은 자

노인이
스승이다

녀를 훈육할 때도 다른 어머니들처럼 자애로움과 사랑만 보인 것이 아니라, 그 학문적 성취를 격려하고 성인을 닮고자 하는 참공부를 하도록 이끌었다.[9] 바로 이런 면에서 후대 사람들은 장씨 부인의 삶을 가장 압축적으로 요약하여 '여중 군자'로 칭했던 것이다. 우리는 이런 장씨 부인의 사상적 배경에서 퇴계학파가 내세운 성인학聖人學의 교육 이념을 충분히 확인할 수 있다.

퇴계는 사람다운 사람, 즉 성인이 되는 데 공부의 목표를 두었고, 성인이 되는 유학의 도를 고차원적인 이념이 아니라 구체적이고도 매일 되풀이되는 일상에서 찾았다. 이러한 퇴계의 교학 이념은 유학의 교학 이념과 일치하며, 이 전통은 퇴계 후학들의 생각과 삶 속에서 뿌리 깊게 이어졌다.

퇴계의 가학,
이理를 꿰뚫는 공부

'가학家學'이란 '집안에서 익힌 학문'이라는 뜻이다. 그러므로 '가학을 잇는다'는 말은 주로 가까운 친지들을 통해 가문의 전통과 학통이 녹아 있는 학문 체계를 전수받는다는 뜻이다. 유학자의 삶에 있어서 가학의 배경이 강조되는 것은 외부의 특별한 사승師承 관계 없이 집안 어른들로부터 학문의 기초를 연마하고 가문의 정신을 계승하게 될 때다.

퇴계의 강학활동은 가학적 성향을 강하게 띠고 있다. 우선 그 자신의 학문 형성에 뚜렷한 영향을 끼친 스승을 찾아보기 힘들다. 퇴계의 학문은 스스로 성취한 측면이 크다. 굳이 영향을 끼친 이를 언급하자면 퇴계의 숙부인 송재松齋 이우李堣(1469~1517)가 있다. 송재의 학문 역시 가문의 터전을 닦은 여러 선조의 의식과 태도, 학문적 성취가 배경이 되었다. 퇴계의 학문은 조부(이계양李繼陽)와 숙부로부터 전해진 가학에서 큰 영향을 받았는데, 무엇보다도 진성 이씨 일가의 가학 전통은 퇴계에 의해 구체적인 모습으로 체계를 갖추며, 이후 퇴계학은 영남학파의 '학파적 특징'으로서만이 아니라 한국 성리학의 큰 물줄기를 형성하게 된다.

퇴계의 초기 문인은 대부분 집안사람들이었다. 퇴계는 위로 다섯 명의 형이 있었는데, 다섯째 형을 제외하고는 모두 일찍 타계해 조카와 조카사위, 종손자, 생질, 종질과 심지어 누나의 사위, 형제의 외손자, 질녀의 외손자까지 모두 퇴계 문하에 나와 연찬했으며, 퇴계는 이들의 학문적 성취뿐만 아니라 일상생활사까지 힘닿는 대로 도와주었다. 퇴계가 손자 안도에게 보낸 편지에는 안도의 종형제를 비롯한 일가친척의 안부가 곧잘 나오며, 심지어 서조모庶祖母와 서숙庶叔, 서숙모庶叔母의 안부도 자주 등장한다. 이를 통해 우리는 퇴계가 친친애親親愛의 유학 이념을 실행하는 데 최선을 다했음을 짐작할 수 있다. 그런데 친친애와 관련한 여러 행위 중에서도 퇴계가 가장 주력했던 것은 바로 '가학'의 전수였다. 그는 가문의 젊은이들에게 끊임없이 면학을 권유했고, 또한 가문의 아름다운 전통을 이어가기를 책려했다. 그렇다면 퇴계 가문의 가학은 무엇인가?

퇴계는 자신이 특히 사랑하던 맏손자 안도를 위해서는 가학의 전통을 일일이 언급해가며 직접 시를 지어 훌륭한 인간이 되는 학문을 권면했다. 병인년 (1566) 퇴계가 66세(안도 26세) 되던 해 11월에 당시 안도는 친구 몇 명과 더불어 선조들이 공부하던 용수사龍壽寺에서 글을 읽고 있었다. 이때 퇴계는 편지와 시를 보내 손자를 격려했다.

손자 안도가 최근 용수사에 가서 글을 읽고 있다. 이로 인해 우리 선대에서

노인이
스승이다.

「이우 영정」, 비단에 채색, 170.0×104.0cm, 16세기, 송당 종가. 퇴계는 숙부인 이우로부터 학문적인 영향을 받았다.

자질子姪들을 위해 훈계한 시를 생각해보니, 깨우쳐 이끌어주고 기대하는 것이 참으로 자상하고 간절하여 되풀이해서 외우고 음미할수록 감격의 눈물이 절로 흘러내린다. 부득이 후손들에게 들려주어야 하겠기에 삼가 원시原詩에 차운한 시를 지어 안도에게 보내 집안 가르침의 유래를 알게 해서 스스로 힘쓰기를 바라는 바다.

돌아가신 아버지(이식李植)께서 젊어서 숙부(이우)와 함께 용수사에서 글을 읽을 적에 할아버지(이계양李繼陽)께서 다음과 같은 시 한 수를 지어 보내주셨다 (1566년 11월 11~29일).

세월은 하도 빨라 어느덧 섣달이라
눈 덮인 산 깊이깊이 절 문을 에워쌌네
쓸쓸한 창문 아래 애쓰는 너희 모습
때때로 맑은 꿈이 책상가에 이르노라

돌아가신 셋째 형님(이의李漪)과 넷째 형님(이해李瀣)이 젊어서 용수사에서 글을 읽을 적에 숙부(이우)께서도 다음과 같은 시 한 수를 지어서 보내주셨다.

푸른 산은 병풍 되고 누각에는 눈 뿌릴 때
법당이라 깊은 곳엔 등 밝히기 마땅하이
새해라 겨울 동안 글 많이 읽고, 많이 짓고, 생각 많이 해서
모든 일을 관통하는 도리를 찾아야지
벼슬자리 경전 속에 갖춰져 있다 하지 말고
훌륭한 인간이 되려는 학문을 닦아야지

책갑, 성균관대박물관. 퇴계는 손자 안도에게 끊임없이 학문에 힘쓸 것을 일렀다.

예로부터 좋은 일 일찍 이뤄내야 하니
과거시험 앞에 두고 세월은 빨리 간다

퇴계는 손자에게 우선 자신의 조부와 숙부의 시를 소개했다. 퇴계의 조부인 이계양李繼陽의 시에는 고요한 산문山門에서 공부에 힘쓰는 두 자녀를 애틋하게 바라보는 부모의 마음이 잘 표현되어 있다. 그런데 이때 "때때로 맑은 꿈이 책상가에 이르노라"라는 구절은 무엇을 의미할까? 시의 의미가 다의적이어서 작자의 의도를 정확하게 간파하기는 힘들지만, 굳이 유추한다면 때때로 아버지의 꿈에 열심히 공부하는 자녀들의 모습이 보인다고 해석할 수도 있겠고, 또한 열심히 공부하는 자녀들에게 참된 인간, 즉 성인의 모습이 비친다는 해석도 가능

할 것이다.

　조부의 시에 비해 숙부인 송재 이우의 시는 좀더 직접적으로 공부를 권면하고 있다. 송재는 우선 모든 일을 관통하는 도리를 찾고, 훌륭한 인간이 되려는 학문에 힘쓸 것을 강조했다. 모든 일을 관통하는 도리란 당연히 도道와 이理를 의미한다. 그런데 이理와 관련하여 송재와 퇴계 사이에 주목할 만한 일화가 전해오고 있다. 임신년壬申年(1512), 퇴계가 열두 살 되던 해에 퇴계는 송재 문하에서 『논어』를 배우고 있었다. 어느 날 퇴계는 송재에게 이理에 대해서 "모든 일에 있어서 옳은 것이 이입니까?"라고 물었다. 이 말을 들은 송재는 기뻐하며 "네가 벌써 글의 뜻을 깨쳤구나"라고 했다.[10] 모든 일을 꿰뚫는 도리를 찾으라고 조카들에게 권면했던 송재의 모습과, 모든 일에 있어서 옳은 것이 이理냐고 묻는 퇴계의 말에 기뻐하던 송재의 모습이 동일한 맥락에서 읽힌다. 즉 송재는 많이 읽고, 많이 작문하고, 많이 생각하는 기초 공부를 통해 최종적으로는 모든 일을 관통하는 도리를 찾아보라고 권유했던 것이다. 또한 그는 경전을 통해 벼슬자리를 탐해서는 안 되고, 훌륭한 인간이 되려는 진정한 학문을 닦아야 한다고 말했다. 이러한 송재의 생각은 퇴계에 의해 더욱 굳건하게 가학으로 형성된다.

　퇴계는 조부와 숙부의 시를 소개한 뒤 스스로 지은 시 두 수를 안도에게 보내며 손자의 학문을 면려했다(1566년 11월 11~29일).

　　설달이라 눈보라 속 산방山房에 깃든 너는
　　선대先代 일을 생각해서 열심히 공부해라
　　되풀이해 음미하는 두 분 시의 무궁한 뜻
　　꿈꾸고 깨는 사이 밤도 이미 깊었구나

소년 시절 용수사를 서재로 생각하며

기름 대신 관솔불을 얼마나 밝혔던고

집안의 가르침 그날 경계 잊으랴만

이理의 근원 알지 못해 지금도 찾고 있네

늙은 마음 네게 빈다 조상 은덕 이어받고

충고하는 벗 힘입어 큰 계획을 도모하라

눈 덮인 산 절 문 인적이 고요하니

한 치의 괴음도 허송 말기 바라노라.

여기서 퇴계는 우선 손자에게 "선대 일을 생각해서 열심히 공부해라"라고 말한다. 그리고 나서 용수사에서 학문을 익히던 자신의 소년 시절을 회상하며, 집안의 가르침과 경계를 잊지 않고 있지만 아직도 이理의 근원을 알지 못해 찾고 있다고 겸손히 말한다. 우리는 여기에서 퇴계의 '이' 철학의 연원을 보게 된다. 즉 퇴계 가학의 배경에서 이미 모든 일을 관통하는 도리이자, 모든 일의 근원으로서의 이를 확인할 수 있다. 마지막 부분에서 퇴계는 손자에게 "조상의 은덕을 이어받고, 충고해주는 벗과 더불어 큰 계획 즉 안仁을 도모하라"고 권유했다.

아쉽게도 이안도가 퇴계에게 직접 보낸 서신은 현재 단 한 편도 전해지지 않는다. 그러므로 할아버지 퇴계의 가르침에 반응하는 손자 이안도의 모습을 그의 서신을 통해 직접 확인할 수 없는 것이다. 이런 아쉬움을 대신하기 위해 안도의 다른 글을 통해 간접적으로나마 그의 학문적 각오와 풍취를 확인해봐야 한다. 안도는 자신이 지은 시에서 말했다.

한밤중 문득 생각나는 내 평생의 뜻

공경대부公卿大夫에 있지 않고 수신제가修身齊家에 있네[11]

이 구절은 그의 평소 신념을 가장 잘 보여주는 것으로서 학문의 목적이 벼슬에 있지 않고 수신제가를 통해 참된 인간, 즉 성인이 되는 것에 있다는 의미다. 이것은 바로 조부(퇴계)의 가르침이자 가학의 전통이기도 하다. 안도의 관심사는 신민新民보다는 명명덕明明德에 있었다. 그렇기에 그는 친구들과 더불어 지은 시에서도 "일상의 생활에서 깊이 성찰해야 하니/ 이럭저럭 세월 보내는 사람 되지는 마세"[12]라고 하며, 스스로의 성찰을 강조했다.

퇴계 집안의 권학시를 살펴보면 몇 가지 공통점이 있다. 우선 후손들에 대한 선조의 믿음과 자애로움이 돋보이고, 절(용수사)을 이용해서 집중적으로 학업을 연마하며, 혼자만의 공부가 아니라 형제 또는 친구들과 더불어 글을 배우고 좋은 뜻을 함께 다짐한다. 이때 무엇보다도 중요한 것은 모든 일을 관통하는 도리로서의 이理를 공부하는 것이며, 훌륭한 인간 즉 성인이 되기 위한 학문이다. 퇴계 집안의 가학의 정체와 특징은 바로 이러한 점에서 찾아야 한다.

노인이
스승이다

권유·격려·안타까움·책망이 담긴
할아버지의 편지

좋은 벗과 더불어 공부하라

일찍이 증자는 "글로써 친구를 모으고以文會友, 벗과 더불어 '인'을 도모한다以
友輔仁"[13]고 했다. 이것은 좋은 벗과의 교제를 강조하고, 협동 학습을 장려하는
말이다. 퇴계는 손자에게 보낸 편지 곳곳에서 이 점을 강조했다. 그는 손자가
누구와 더불어 공부하는지에 대해 궁금해했고, 또한 벗들과 더불어 공부한다
는 소식을 들으면 참 잘한 일이라고 칭찬했다.

너는 겨울 동안 누구와 어느 곳에서 공부를 할 것이냐?(1569년 10월 28일)

여러 사람과 더불어 문회文會를 갖는다고 하니 즐겁겠구나. 네 동생 순도純道
도 보낸다만, 이 아이는 글 읽는 것에 가장 게으르니, 함께 공부하는 사람들

에게 방해가 될까 두렵다.(1566년 12월 1~8일)

네가 벗들과 모임을 만들어서 공부를 했다니 참 잘한 일이다.(1568년 4월 5일)

자수子修(이희李憙의 자, 1532~1592)와 함께 공부한다니 매우 다행스런 일이다.(1569년 11월 20일)

그는 좋은 선비가 있으면 손자에게 직접 찾아가서 만나보라 했고, 또한 교제하며 좋은 점을 배우라고 권면했다.

김근공金謹恭(생몰년 미상)은 학식이 빼어나니 필시 훌륭한 선비일 것이다. 찾아가서 만나보았느냐?(1562년 12월 17일)

수재秀才 김근공은 편지를 보니 그 사람됨을 알 수 있겠구나. 네가 그와 사귀면서 배울 수 있으면 좋겠구나.(1563년 2월 하순)

심지어 퇴계는 산중에서 『주역』을 읽고 있는 손자에게 편지를 보내 학문에 뜻을 둔 훌륭한 제자들이 『역학계몽』을 읽고 있으니 읽던 책을 중단하고 곧바로 내려와 이들과 합류하라며 강력하게 권유했다.

김성일金誠一(1538~1593)과 우성전禹性傳(1542~1593)은 지금 『역학계몽』을 읽으려고 한다. 네가 이미 『주역』을 읽었다 하더라도 『역학계몽』을 읽지 않을 수 없다. 그러므로 이 기회를 놓치지 말아야 할 것이다. 비록 『주역』을 다

노인이
스승이다.

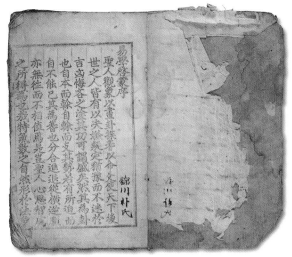

『역학계몽』, 20.9×32.2cm, 경상북도 유형문화재 제370-10호, 소수박물관.

읽지 못했더라도, 일단 그 책을 읽는 것을 중단하고 곧바로 산에서 내려와 이들과 함께 『역학계몽』을 읽는다면 참 좋겠다.(1565년 8월 3일)

곧이어 퇴계는 김성일과 우성전 두 제자를 칭찬한 뒤에 이들을 본받으려 하지 않는 손자를 크게 책망했다. 우리는 여기에서 혹여 내 자손이 다른 집 아이들에 비해 뒤떨어지지나 않을까 노심초사하는 범부凡夫로서의 할아버지 모습을 확인할 수 있다.

요사이 김성일과 우성전 두 사람을 살펴보니, 목표하는 것이 매우 좋아서 오로지 올바른 학문에 전념하고 있다. 이처럼 뜻을 세운 것이 진실되고 간절하다면, 무엇을 구한들 얻지 못할 것이며, 무슨 공부를 한들 이루지 못하겠느냐. 이와 같은 벗들이 현재 서재에 있는데도 너는 크게 도움받을 생각을 하지 않고, 한결같이 네 멋대로 해서 끝내 정자程子께서 너무 멀리 사냥을 나가 돌아올 줄 모른다고 한 잘못을 범하고 있으니, 진정 이래서야 되겠느냐. 지금 시 한 수를 지어서 말로 다할 수 없는 내 뜻을 보이니, 너는 깊이 생각하거라.(1565년 8월 3일)

퇴계는 손자에게 보내는 편지에서 자주 손자 친구들의 동향을 전해주었는데, 특히 친구들의 학업 과정에 대해 세밀하게 말해주면서 손자의 학습 동기를 고취시켰다. 예를 들면 그는 을축년(1565) 65세(안도 25세)가 되던 해 7월에 보낸 편지에서 "김전金墺이 찾아와서 김성일과 함께 계재溪齋에서 『통감』을 읽고 있다"(1565년 7월 21일)고 했으며, 이해 11월에도 다음과 같은 편지를 보냈다.

그곳 덕원(함경도, 장인의 임지)에 도착한 뒤에는 다른 일을 모두 제쳐두고 부지런히 글을 읽는다면 참 좋겠다. 김성일과 우성전은 계재에 묵으면서 다시 『역학계몽』을 읽기 시작해서 이미 다 마쳤다. 그 사이 새로 깨우친 곳이 더러 있지만, 네가 이것을 함께하지 못하는 것이 아쉽구나. 김명일, 이봉춘, 정사성 등은 도산서당에 거처하면서 때때로 찾아와서 『논어』와 『맹자』 등을 배우고 있다.(1565년 11월 하순)

손자 안도는 퇴계의 이러한 가르침을 받아 퇴계 사후에도 함께 모여 공부하는 장場을 대단히 소중하게 여겼으며, 또한 할아버지로 인해 함께 학문을 연찬하는 벗으로 맺어진 이들과의 교유를 평생토록 이어나갔다. 그래서 그는 동학들이 도산서원에 함께 모여 『대학』을 통독했다는 소식을 듣고서는 병으로 인해 참여하지 못한 자신의 안타까운 심정을 표현하기도 했다.

노인이 스승이다.

여러분이 도산서원에 모여서 『대학』을 통독했다는 소식을 들었습니다. 이는 10여 년 동안 마음에만 담아두고 이루지 못했던 일이기에 '병으로 인해' 뒷자리에서나마 종유從遊하지 못하여 아쉽기만 합니다.[14]

안도와 벗들의 좋은 관계는 여러 사람의 문집에서 확인되는데, 가장 대표적인 것이 안도와 학봉 김성일의 교제다. 이들은 퇴계가 주선하여 이루어진 동문수학의 관계였는데, 퇴계 사후에도 서로를 위하고 염려하는 마음은 더 깊어져만 갔다. 안도는 학봉의 영남 근친覲親 길을 전송하면서 직접 시를 쓰기도 했고, 특히 학봉은 안도 사후에 그의 죽음을 기념하여 지은 만시輓詩에서 양자의 관계를 애절하게 회상했다.

계문에 있던 날들을 추억하니
모시고 배우며 10년을 넘겼네
천품 타고난 자네 중후하고
말학의 나는 경솔했네
옥석처럼 서로 도우길 바랐고
쑥과 마麻처럼 함께 자람을 기뻐했네
암서헌에서 정결한 안석案席 모시고
농운정사에서 문방사우 가까이했네
도를 강론할 때면 늘 나란히 앉고
마음 나누면서 꼭 마주했네.[15]

생각건대 나와 그대는

교분이 얼마나 깊었나

7년 동안 선생님 모실 적에

자네와 한 이불 덮었네

자리 꼭 나란히 하고

학업 늘 함께 했네

맑은 바람 속 집과 뜨락

밝은 달빛 아래 연못과 누재

선생님 모시고 따르며

우러러 가르침 받들었네.**16**

퇴계는 생애 말년까지도 손자의 교우관계에 대해 깊은 관심을 드러냈고, 손자가 좋은 벗들과 더불어 학문하고 좋은 일을 도모하기를 진심으로 염원했다. 할아버지의 열망과 기대에 부응하여 손자는 퇴계 문하의 많은 어진 벗과 좋은 교우관계를 형성했고, 이들의 선한 점을 통해 자신의 인격과 학문을 성숙케 하고자 노력했다. 다만 아쉬운 것은 그에게 주어진 삶이 길지 않았다는 점이다. 만약 충분한 시간이 허락되었더라면, 그는 할아버지 학문의 집대성 작업을 주도했을 뿐만 아니라 또한 자신의 영역을 구축하여 일가一家를 형성할 수 있었을 것이다.

노인이
스승이다.

기본 도리에 충실하라

|

· 인간애의 실천

어떠한 사상과 종교라 해도 박애적 인간애를 바탕으로 하지 않으면 그 정당성을 인정받지 못할 뿐 아니라 생명력이 오래갈 수 없다. 인문학의 본질은 '사랑'이며, 유학의 본질은 '인간 사랑'이다. 바로 이러한 면에서 퇴계는 철저하게 유학의 정신을 실현코자 했다. 퇴계의 인간 사랑 일화는 공식과 비공식 통로 모두를 통해 인구에 회자하고 있다. 그러한 일화의 상당수는 사실에 근거하지 않은 꾸며낸 설화이지만, 분명한 점은 이런 모든 일화가 신분과 계층을 염두에 두지 않고 인간 일반에 대해 사랑하는 마음을 가졌던 퇴계의 인격을 드러낸다는 것이다. 개별 일화의 진실성 여부를 떠나, 퇴계라는 전체 인격의 큰 특징이 박애적 인간애에 있다는 점은 부인할 수 없다. 그중 가장 대표적인 예가 증손자 '창양昌陽'과 관련된 일이다.

무진년(1568) 3월에 퇴계는 증손자를 얻게 된다. 맏손자 안도가 득남을 했던 것이다. 퇴계는 이로부터 한 달 뒤 타지에 머물던 손자에게 편지를 보내 "네 아내가 아들을 낳았다니 집안의 경사가 이보다 더 큰 것이 없겠다. 이루 말로 다 할 수 없을 정도로 기쁘다"고 하며 자신의 심사를 아낌없이 표현했다. 그리고 증손자의 이름을 직접 작명하여 보내기도 했다. 퇴계는 어린 증손자에 대해 관심과 사랑을 지속적으로 표현했다.

> 창양이 설사병을 앓고 난 뒤로 몸이 대단히 야위었다고 하더구나. 지금은 다소 충실해졌으리라 생각되지만, 오래도록 소식을 듣지 못해 몹시 걱정된다.(1568년 7월 9일)

창아昌兒가 회복되었다니 너무도 기쁘다. (…) 새로 태어난 아이가 젖이 부족하다니 참으로 걱정이다. 창아는 지금 세 살이니 젖을 먹지 않아도 될 것이다. 다른 집의 보통 아이들처럼 미음이나 부드러운 음식을 먹어서 키우더라도 뭐 안 될 것이 있겠느냐.(1570년 1월 24일)

문제는 손부孫婦가 선천적으로 모유가 부족했고 증손자는 건강이 좋지 않았다는 점이다. 태어날 때부터 건강이 염려스럽던 증손자 창양은 세 살이 되도록 모유에 의존하고 있었다. 더욱이 손부 권씨 또한 건강하지 못했고 모유마저 달려 시골에 있던 여종(학덕)을 창양이 살고 있던 처가(서울)로 올려 보내고자 했다. 당시 여종은 아이를 출산한 지 채 몇 달이 지나지 않은 터였다. 이러한 사정을 들은 퇴계는 여종을 서울로 보내는 일에 대해 반대 의견을 표한다.

여종 학덕이를 보내지 않으려고 하는 것은 아니다. 생후 몇 개월밖에 되지 않은 자기 아이를 버려두고 올라가게 할 수는 없는 것이 아니냐. 그렇다고 데려가게 할 수도 없고, 더욱이 학덕이는 병으로 젖이 부족해서 자기 아이도 제대로 키우지 못할 형편이라고 하더구나. 이 때문에 너무 곤란해서 이러지도 저러지도 못하고 있는 것이다.(1570년 3월 4일)

한마디로 여종이 서울로 올라가게 되면 자신이 낳은 자식을 포기할 수밖에 없는데 차마 그렇게 하지 못하여 망설이고 있다는 말이다. 증손자를 생각하면 여종을 올려 보내고 싶고, 여종과 그가 낳은 아이를 생각하면 차마 가게 할 수 없는 퇴계 자신의 딱한 입장을 피력한 것이다. 그렇지만 퇴계의 내심은 여종을 올려 보낼 수 없다는 것이 분명하다. 그럼에도 이 편지를 보내고는 한 달 뒤 손자가 군이 여종을 서울로 데려가려고 하자 할아버지는 준엄하게 손자를 꾸짖었다.

> 듣자 하니 젖을 먹일 여종 학덕이가 태어난 지 서너 달 된 자기 아이를 버려
> 두고 서울로 올라가야 한다더구나. 이는 그녀 아이를 죽이는 것과 다름없다.
> 『근사록』에서는 이러한 일을 두고 말하기를, "남의 자식을 죽여서 자기 자
> 식을 살리는 것은 매우 옳지 않다"고 했다. 지금 네가 하는 일이 이와 같으니
> 어쩌면 좋으냐. 서울 집에도 반드시 젖 먹일 여종이 있을 것이니, 대여섯 달
> 동안 함께 키우게 하다가 8~9월이 되기를 기다려 올려 보낸다면, 이 여종의
> 아이도 죽을 먹여서 키울 수 있을 것이다. 이렇게 한다면 두 아이를 모두 살
> 릴 수 있을 것이니 매우 좋은 일이 아니겠느냐. 만약 그렇게 할 수 없어서 꼭
> 지금 서울로 올려 보내야 한다면, 차라리 자기 아이를 데리고 올라가서 두 아
> 이를 함께 키우게 하는 게 나을 것이다. 자기 아이를 버려두고 가게 하는 것
> 은 사람으로서 차마 못 할 노릇이니 너무나 잘못된 일이다.(1570년 4월 5일)

퇴계는 여기서 "남의 자식을 죽여서 자기 자식을 살리는 것은 매우 옳지 않
다"는 『근사록』의 구절까지 인용해가며 손자를 꾸짖었다. 그러면서도 여종의 아
이가 죽을 먹고 자립할 수 있을 때까지라도 여종의 서울행을 연기하는 방안을
제시하고, 군이 당장 서울로 데려가고자 한다면 여종의 아이까지 함께 올려 보
내는 것이 마땅하다고 했다. "자기 아이를 버려두고 가게 하는 것은 사람으로
서 차마 못 할 노릇이니 너무 잘못된 일이다"라고 하는 퇴계의 말에서 박애적
사랑을 실천한 그의 인격이 잘 드러난다. 그런데 모든 일이 뜻한 대로 이루어지
는 것은 아니다. 안타깝게도 손자 창양은 죽고 만다. 퇴계는 이 사실을 손자가
아닌 사돈(안도의 장인)으로부터 듣게 된다. 당시 퇴계의 심정은 어떠했을까?

尊化

前兄万興去此又前書知水陸等
子來乃深以如喜法去汝等好
日乃来別持其め寿寿寿苦と遠人
附書此万諸不乙
庚三廿六大文

『선조유묵』권9, 1570년 3월 4일, 유교문화박물관. '자기 자식을 살리려고 여종의 아이를 죽게 하지 말라'며 손자에게 보낸 편지.

지금 네 장인의 편지를 받아보니, 창아가 병을 앓던 과정을 소상히 적어놓았더구나. 마치 눈으로 직접 보는 듯해서 너무도 가슴 아프다. 의원과 약으로도 치료할 수 없었다면 실로 천명이라 해야 할 것이다. 어찌하겠느냐. 아무쪼록 너는 이렇게 생각하고 마음을 편안히 가지거라. (…) 네가 젖을 먹일 여종이라도 서울로 급히 보내려 한 것은 어쩔 수 없어서 그렇게 한 것이겠구나. 그러나 젖을 먹일 여종을 자기 아이를 버려두고 서울로 올라가게 하는 것은 사람으로서 차마 못 할 노릇이다. 또 여러 날 젖을 먹이지 않으면 올라가는 도중에 젖이 나오지 않을 수도 있다고 하니, 이렇게 되면 괜히 올라갔다가 그냥 돌아오게 되지 않겠느냐. 어찌 해야 하겠느냐?(1570년 6월 14일)

"어찌 해야 하겠느냐如何處之耶?"라고 하는 퇴계의 말에서 그의 심사를 충분히 읽을 수 있다. 한편으로는 끝내 여종을 보내주지 못한 것에 대한 미안한 마음이 있고, 그러면서도 자신이 그렇게 할 수밖에 없었던 것에 대한 안타까운 심정을 절실하게 표현했다. 퇴계의 입장은 한마디로 자기 아이를 버려두고 젖 먹일 여종을 '서울로' 올라가게 하는 것은 '사람으로서 차마 못 할 노릇'이라는 것이다. '차마 하지 못하는 마음不忍人之心'은 인仁의 단초다. 즉 여종을 서울로 올려보내지 못한 퇴계의 마음은 유학의 최고 가치인 어진 마음의 실천이다. 증손자에 대한 사랑과 '차마 하지 못하는 마음' 사이에서 고민하고 갈등하던 자신의 심정을 퇴계는 "어찌 해야 하겠느냐?"라는 말로 표현했다. 이 말은 곧 "네가 내 입장이라면 어떻게 하겠느냐?"라는 의미이며, 한발 더 나아가 과연 이러한 상황에서 "어떻게 하는 것이 옳은 행동이겠느냐?"는 의미를 지니기도 한다.

노인이
스승이다.

· 예절의 강조

지나치게 번다한 예송禮訟을 떠올리면 예학·예절이라는 것에 대해 부정적인
입장을 취하게 된다. 그렇지만 자신의 사욕을 극복하고 타인을 존중하며 배려
하는 것이 '예'의 본래 정신이라는 점을 염두에 두면 예절은 자신을 절제하고
타인과의 관계를 원만하게 형성할 수 있는 좋은 매개다.

퇴계는 일생을 통해 경敬을 실천하고자 노력했다. 『예기』 첫머리에서 '무불경
毋不敬'이라 했듯이, 경은 다름 아닌 예의 본질이다. 그는 특히 손자에게 보내는
서신에서 지경持敬의 삶을 강조하고, 구체적인 생활 예절을 가르쳤다. 그는 손자
가 혼례를 치른 이튿날 편지를 보내 부부간의 예를 강조했다.

> 부부란 인륜의 시작이고 만복의 근원이므로 지극히 친밀한 사이이기는 하지
> 만, 또한 지극히 바르게 하고 지극히 조심해야 한다. 그러므로 '군자의 도는
> 부부에서부터 시작된다'고 했다. 그러나 세상 사람들은 부부간에 서로 예를
> 갖춰 공경해야 함을 잊어버리고 너무 가깝게만 지내다가 마침내는 서로 깔보
> 고 업신여기는 곳에까지 이르고 만다. 이 모두 부부간에 서로 예를 갖춰 공
> 경하지 않았기 때문에 생겨나는 일이다. 그래서 자기 가정을 바르게 하려면
> 마땅히 그 시작부터 조심해야 하는 것이다. 거듭 경계하길 바란다.(1560년 9월
> 20일)

퇴계는 부부간에 마치 '손님처럼 서로 공경하기相敬如賓'를 가르쳤다. 그는 가
정을 바르게 하려면 시작부터 조심해야 한다고 거듭 강조했다. "너무 가깝게만
지내다가 마침내는 서로 깔보고 업신여기는 곳에까지 이르고 만다"는 내용은
요즘의 부부관계에서 특히 유념해야 할 것이다.

(307)　HUSBAND AND WIFE　妻　夫　（俗風鮮朝）

근대 시기 부부의 모습. 퇴계는 손자가 혼례를 치를 때 '군자의 도는 부부에게서 시작된다'는 가르
침을 강조했다.

또한 퇴계는 어른들 앞에서 무례하게 행동한 손자의 처신을 나무라고 예의
있는 올바른 행동을 가르쳤다.

> 너는 어른들 앞에서는 나서지 말고 차분히 마음을 비운 채 서로 차이가 있
> 는 여러 의견을 찬찬히 듣고 자세히 살펴서 그중 나은 것을 따라 좋은 점을
> 취하면 된다. 그런데 이제 먼저 자신의 거칠고 엉성한 식견으로 그 생각을 주
> 장하느라 입에서 나오는 대로 큰 소리로 마구 떠들어 어른들의 말을 누르고
> 야 말았으니, 설사 네 말이 이치에 어긋나지 않았다고 하더라도 이미 네 생
> 각만을 큰 소리로 마구 떠들어댄 무례를 저지르고야 만 것이다. 이것은 배
> 우는 사람이 자신에게 보탬이 되는 것을 구하는 태도가 아니다. 더구나 제
> 멋대로 보고 잘못 들었는데도 이와 같이 하면 되겠느냐. 속히 고치도록 하거
> 라.(1570년 1월 16~30일)

손자에게 예절을 강조한 퇴계는 그 스스로가 평소 정제엄숙整齊嚴肅의 반듯
한 삶을 실천했고, 이를 본 그의 문인들 또한 평생토록 선생의 태도와 모습을
본받고자 했다. 그러한 차원에서 퇴계는 특히 손자의 단정치 못한 글씨를 강하
게 나무랐다.

> 너는 매사에 의당 조심해야 할 것인데도 지금 김취려金就礪에게 보낸 편지를
> 보니, 큰 글씨로 마구 날려서 써놓았더구나. 이 무슨 짓이냐. 거칠고 분별없는
> 행동을 즐겨하지 말기를 바란다.(1560년 12월 2일)

퇴계는 "평소 글을 읽을 때 바로 앉아서 단정하게 낭송했는데, 글자마다 뜻

을 새기고 구절마다 의미를 생각하여, 아무렇게나 거칠게 책을 읽은 적이 없었다. 비록 한 글자, 한 획의 미세한 것도 그냥 지나치지 않았다."[17] 예절을 강조하는 퇴계의 입장은 손자의 편지 어법을 지도하는 데까지 이어진다. 그는 예법에 맞지 않는 문법에 대해 일일이 가르쳤다.

> 네 편지를 보니 문장이 끝나는 곳에 '~할 따름입니다耳'라는 글자를 자주 쓰더구나. 그러나 어른들께 올리는 편지에서는 이 글자를 써서는 안 되니 그리 알거라.(1561년 1월 21일)

> 네 편지에 '아버지는 10일에 길을 떠나십니까父定發於十日耶?'라고 하는 내용이 있는데, 이때 '야耶'자는 '부否'자로 써야 한다. 여기서는 '야耶'자를 쓸 수 없다.(1562년 12월)

'~할 따름입니다耳'라는 말은 단정투여서 공손하지 않기 때문에 어른들께 쓰는 말로는 적절치 못하다는 의미이며, '야耶'와 '부否'가 모두 의문을 표시하는 조사이기는 하나 어른들께 여쭐 때는 공손한 의미가 담긴 '부'를 써야 한다는 뜻이다. 둘 모두 일상생활의 예법을 가르친 것이다.

· 신중한 처신을 당부함
퇴계의 삶에서 가장 특징적인 외적 모습은 바로 신중한 처신과 겸손한 태도다. 그는 손자에게도 "언제나 모든 언행을 지극히 조심하면 참 좋겠다"(1562년 11월 16일)고 하며, "매사에 서로 상의해서 치밀하게 하고 또 조심해서 다른 사람들의 비웃음을 사지 않기를 간절히 바란다"(1561년 8월 1~30일)고 당부했다.

노인이
스승이다

이러한 태도는 그의 천성에서 비롯된 것이기도 하지만 당시의 혼란한 시대상으로 인해 더욱 증폭되었다. 그래서 퇴계는 손자에게 "지금은 처신하기가 지극히 어려운 때이니, 여느 때처럼 처신해서는 안 될 것이다"(1566년 1월 26일 추신)라고 했다. 당시는 명종 만년으로, 문정왕후와 외척의 전횡을 거치고 조정의 정국이 대단히 혼란스러웠다. 그는 특히 성균관에서의 신중한 처신과 말조심을 당부했다.

성균관은 처신하기 어려운 곳인데, 너에게 있어서는 더욱 어려운 점이 있을 것이다. 언행은 언제나 겸손하고 조심해서 알지 못하는 것을 안다고 하지 말며, 반드시 몸가짐을 바르게 하거라. 방종하거나 오만한 행동도 하지 말고, 말도 많이 하지 말아라. 거듭 경계하여라.(1562년 12월 17일)

퇴계는 손자를 비판하는 사람의 구체적인 실명을 들어가면서까지 손자의 행동을 경계했다.

들자 하니 권호문은 "이안도는 사람이 너무 좋기만 한 것이 아쉬운 점이다"라고 했다는구나. 그리고 참의参議 김난상金鸞祥은 "이안도가 아무개의 손자라서 견문이 있는 괜찮은 사람일 것으로 생각했더니, 이제 보니 사리분별도 할 줄 모르는 사람이었다"고 했다는구나. 너는 무엇 때문에 이러한 비방을 듣는 것이냐? (⋯) 사람들은 네가 조정의 관리를 많이 알고 있다고 우쭐댄다고 한다는구나. 이것은 사람들이 가장 미워하고 질투하는 일이다. 부디 잘 알아서 경계하거라.(1569년 10월 28일)

宜乎但以後雨雪不絶恐多艱苦慮
深渺無携法呪而無綿川　女法受之爲
當皆見之韓形亦申覽亦受報出脩
吉田傳教而也今謹恭學識精詳必是
僅女未知之法見居陶山記不意傳播至
此甚悔不終秘而輕告於人也其率雖是
過當觸忌之言猶恐人之不以爲當物
大抵津中要之甚難而渺路先難之川

『선조유묵』권6, 1562년 12월 17일, 유교문화박물관. '성균관에서 생활하는 데 언행을 조심하라'며 손자에게 보낸 편지.

그러고는 퇴계 자신에 대한 칭찬이나 비방을 듣더라도 손자가 이에 동요되지 말고 신중하게 처신할 것을 당부했다.

> 너는 이제부터 사람들을 만날 때, 나를 치켜세우는 경우나 나를 헐뜯는 경우를 막론하고 마음을 차분히 가라앉히고 혀를 깨문 채 입을 굳게 다물고 있거라. 절대로 말하지도 다투지도 말고, 조심조심 처신하는 것이 좋을 것이다.(1569년 10월 28일)

퇴계의 당부는 대단히 구체적인 데까지 이른다. 즉 명종의 장례가 채 끝나기도 전에 고향으로 돌아간 퇴계에 대해 당시 비방이 일어나자 이에 대한 손자의 구체적인 답변까지 말해주고 있다.

> 네가 만약 서울에 와서 사람을 만날 때 나를 비방하고 의심하거나 나에 대해 물으면, '제 할아버지께서는 그때 참으로 병이 위중했기 때문에 하는 일 없이 봉급이나 받아먹으면서 객지에서 죽고 싶지 않아 곧바로 고향으로 돌아간 것이지, 만약 지금까지 살아 있을 줄 일찍이 알았더라면 어찌 이와 같이 하셨겠습니까' 하고 대답해주면 될 것이다.(1567년 10월)

이것은 손자의 처신을 염려한 것이기도 하지만, 다른 한편으로는 손자를 통해 자신의 입장을 대변한 것이기도 하다. "마음을 차분히 가라앉히고 혀를 깨문 채 입을 굳게 다물고 있거라. 절대로 말하지도 다투지도 말고, 조심조심 처신하는 게 좋을 것이다"라고 하는 퇴계의 당부는 지나치게 소극적인 처신으로 읽힐 수도 있고, 손자의 행동을 과도하게 억제하는 것으로 비칠 수도 있다. 그

노인이
스승이다.

렇지만 시대상을 고려하고 퇴계 자신의 성품을 생각한다면 손자를 염려하는 할아버지의 마음으로 볼 수 있을 것이다.

· 근원에 대한 공부를 하라

무엇보다도 퇴계는 손자의 학업에 대해 많은 관심을 가졌다. 그래서 그는 "너는 요즘 하릴없이 분주하기만 한데, 어째서 마음을 다잡고 공부하지 않는 것이냐"(1561년 11월 5~29일)라며 손자를 질책하기도 하고, 또 한편으로는 향학열에 불타는 다른 제자들을 거론하며 손자의 분발을 유도하기도 했다.

> 요즘 너는 이렇게 하릴없이 세월만 보내고 있으니, 학업이 진보되지 못함이 전보다 배나 더할까 걱정스런 마음이 놓이질 않는다. 너도 전에 만나본 적이 있는 서울에 사는 김취려가 오늘 다른 한 선비와 가르침을 받기 위해 서울에서 이곳까지 찾아왔다. (…) 다른 사람들은 이처럼 뜻을 굳건히 가지고 있는데, 너는 부끄럽지도 않느냐.(1560년 12월 2일)

심지어 퇴계는 손자의 연찬을 돕기 위해 송대宋代 유학자들의 글 39편을 가려 뽑아 그것을 직접 손으로 쓰고 발문을 붙이기도 했다.

> 학문하는 요령은 여기에 남김없이 갖춰져 있다. 그러나 진실로 깊이 체득해서 힘써 실행하지 않으면, 비록 격언格言과 지론至論을 날마다 앞에 펼쳐놓는다 하더라도 아무런 도움이 되지 않을 것이다. 하물며 글 한 편을 다 읽기도 전에 졸려서 하품하며 책을 서가에 얹어두고 먼지가 쌓이며 좀이 슬게 하는 경우야 더 말할 나위가 있겠느냐. 너는 잘 생각해서 노력하여라.(1565년 4월)

경서통, 8.5×8.5×19.0cm, 조선 후기, 영천 이씨 농암종택 기탁, 유교문화박물관.
서생書柱 혹은 서첨書籤이라고도 한다. 경서를 외울 때 사용하던 도구다.

퇴계에게는 어떤 책을 읽었느냐 읽지 않았느냐가 중요한 게 아니라, 학문에 대한 열정을 가지고 있느냐 그렇지 않느냐가 중요했다. 그런 까닭에 그는 "학문에 대한 열정도 없으면서 (…) 비록 모든 경전을 한 글자도 착오 없이 다 외운다고 하더라도 실제 무슨 도움이 되겠느냐"(1565년 8월 3일)고 했다. 이러한 입장에서 보면 관직에 나아가기 위한 과거시험 준비는 참된 공부라 할 수 없다. 진정한 공부는 참된 인간, 즉 성인이 되기 위한 자기 수양의 공부인 것이다.

그렇지만 퇴계는 과거시험에 대해 전적으로 부정하지는 않았다. 즉 과거시험을 위한 공부가 학문의 본질이라고 볼 수는 없지만, 그렇다고 하여 이것 또한 학문이 아니라고 볼 수는 없다는 것이다. 그리하여 정사성鄭士誠이 "경학에 힘써 과거 공부를 하는 것은 학문을 하는 데 해롭지 않습니까?"라고 묻자, "나라에서 과거를 설치하는 것이 어찌 선비들이 학문을 못 하게 하고자 함이겠는 가? '안修己'과 '밖治人', 경輕(과거)과 중重(학문 수양)을 스스로 분변해야 할 것이 니, 만일 이러한 판단이 분명하다면 성인의 경전을 꿰뚫어 외우는 과거 공부가 학문이 아니라고 할 수 있겠는가?"라고 답했다.[18]

그는 동향인과 제자들의 합격 소식을 들으면 기뻐했고, 특히 손자의 합격 여 부에 대해 굉장히 궁금해했다. 그는 손자의 합격 소식을 들으면 기쁨을 드러내 면서도 실력 이상의 결과라며 겸손하기를 바랐고, 낙방 소식을 듣게 되면 아직 실력이 부족하니 당연히 그러한 것이라며 손자를 위로했다.

> 비로소 너와 다른 많은 사람이 합격했음을 알게 되니 너무너무 기쁘다. (…) 네가 과거시험에 응시했을 때 제출했던 논문, 과부科賦, 책문은 모두 살펴보 았다. 논문과 책문은 합당한 점수를 받았지만, 과부는 이보다 못한 점수를 받는 것이 합당할 듯하다.(1569년 9월 10일)

> 어제와 오늘 잇달아 두 통의 편지를 받아보고, 네가 경전의 의미를 풀이하 는 시험에 응시하지 못했음을 알게 되었다. 당초에 네가 높은 점수를 받은 것 을 요행으로 생각했으니, 이제 또한 무슨 아쉬움이 있겠느냐?(1566년 윤10월 23일)

퇴계는 경전을 공부함에 있어 그 이치와 근원은 탐구하지 않고 과거시험에 대비하기 위한 암기 공부만 하는 것을 안타깝게 여겼다.

> 네가 『주역』을 공부하는 데 있어 그 깨끗하고 정밀한 이치, 그리고 도서圖書

와 괘卦의 그림의 근원은 알지 못한 채, 강론하는 자리에서 대답할 거리만 얻기 위해 읽고 있으니 애석할 뿐이다.(1565년 6월 24일)

과거 공부에 대한 퇴계의 입장은 절충적이다. 즉 남명 조식처럼 과거시험을 무조건 부정적으로 생각하지 않았으며, 또한 자제와 제자들을 과거 공부에만 전념토록 하지도 않았다. 그는 입신양명을 위해 암기 위주의 과거 공부에만 전념하는 것에 대해서는 비판적 태도를 취했지만, 과거 공부라 하더라도 안팎과 경중을 스스로 분변해가며 성인의 경전을 꿰뚫는다면 이것 또한 학문이 아니라고 할 수는 없다고 했다. 다만 그는 어떠한 학문을 하든 배움에 대한 열정을 가지고, 근원에 대한 공부를 해야 한다는 점을 강조했다.

· 독서록과 독서법의 특징

전통 유학자들의 사상을 제대로 이해하기 위한 기본 자료 중 하나가 바로 독서록讀書錄이다. 즉 어떤 책을 어떤 순서와 방법으로 읽었는지에 대해 면밀하게 검토하면 그 사람의 사상적 특징을 간취하는 데 많은 도움을 얻을 수 있다.

퇴계는 맏손자 안도에게 각별한 관심과 사랑을 보였다. 그래서 안도가 다섯 살 되던 해에 손수『천자문』을 써서 가르치기 시작한 이후 작고하기 전까지 여러 경전을 직접 가르쳤다. 그는 안도의 학습 진도를 챙겨가며 체계적으로 지도했다. 그러므로 안도의 독서록은 곧 퇴계가 생각한 독서법과 교학 과정을 알려준다. 우선 기록에 의거해 안도의 주요 독서록을 연대별로 살펴보자.

5세:『천자문』
10세:『추구抄句』『효경』

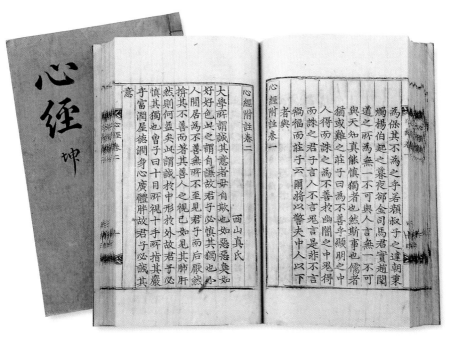

『심경』, 23.0×35.0cm, 18세기 말, 유교문화박물관. 송나라의 학자 진덕수가 마음 공부에 관해 쓴 책으로, 이황의 사상에 큰 영향을 미쳤으며, 이황 역시 손자에게 이 책 공부에 힘쓸 것을 권했다.

12세: 『고문진보』

13세: 『십팔사략』

14세: 『시경』『서경』

15세: 『논어』

16세: 『풍소風騷』『부초賦抄』『소학』『중용』『대학』

18세: 『후한서』『맹자』『시전』

21세: 『주역』

24세: 『춘추』『태극도설』『서명』

25세: 『주역』『계몽』

30세: 『계몽전의』『심경』

퇴계는 독서에 있어서 숙독熟讀과 복습을 강조했다. 그는 아들 준에게 손자의 독서법을 언급하며, "아몽이 읽은 책은 반드시 하루 이틀 이어서 차례차례 연이어 암송하게 하고, 한 권을 마칠 때마다 또한 앞서 읽은 책을 복습하게 하는 것이 매우 좋겠다"[19]고 했다. 또한 그는 제자들에게도 "익숙한 데까지 가야 한다. 무릇 글을 읽는 사람이 글의 뜻을 알았다 하더라도, 익숙해지지 않으면 읽고 나서 금방 잊어버려 마음에 간직할 수 없기 십상이다. 배우고 나서 익숙해질 때까지 노력한 다음에야 바야흐로 마음에 간직할 수 있어서 흠뻑 그 맛에 젖어들 수 있다"[20]고 했다.

그는 문장을 익히는 서책의 공부란 유년 시절의 것이며, 격물치지格物致知의 거경궁리居敬窮理 공부가 참공부라고 생각해 "기송記誦의 공부는 유년에 하는 것이라. 지금부터는 격물치지의 공부가 참으로 마땅하네"[21]라고 했다. 그는 열네 살이 된 손자가 『고문진보』와 『십팔사략』을 읽자 "이 아이가 여러 해 동안 『고문진보』와 『십팔사략』만 읽은 것은 모두 잘못된 계획이다. 이제 책 읽기를 마치면 반드시 즉시 『시경』과 『서경』을 공부하게 하되, 아주 익숙히 익히도록 해라"[22]라고 했다. 퇴계는 열네 살이 다 된 손자에게 『고문진보』와 『십팔사략』 같은 책은 도움이 되지 않으며, 이 책들을 읽는 것은 세월을 허송하는 것이라고 탄식했다.[23] 퇴계는 왜 『고문진보』와 『십팔사략』에 대해 그런 관점을 견지했던 것일까? 퇴계의 생각을 이해하기 위해 그가 지은 시 한 수를 살펴보자.

문장으로 명예 겨루다 이미 참을 잃으니
어이 견디랴 과거 공부 또한 남보다 못함을
가련타 세월은 말 달리듯 하는데
미래의 공부 어이 새롭게 하지 않겠는가

노인이
스승이다.

경상, 64.0×31.0×34.5cm, 조선 후기, 유교문화박물관.

과거시험 공부 어찌 사람을 얽어맬 수 있으랴
배워서 여러 이치 통하면 모두 펴진다네
어찌하여 온 세상 훌륭한 영재들
한 번 떨어지면 돌이킬 줄 모르는가[24]

퇴계는 『고문진보』와 『십팔사략』이 문장을 익히기 위한 공부라고 보았으며, 나이가 들어서도 이러한 책만 읽는 것은 참공부를 위해 방해가 된다고 여겼다. 앞서 언급했듯이, 그는 문장을 익히고 암송하는 공부는 유년 시절의 것이며, 나이가 들어서는 배워서 여러 이치에 통하는 공부, 즉 격물치지의 공부를 해야 한다고 생각했다. 그는 손자에게 '시'와 '부'의 작문법을 읽힌 뒤에 유가 경전과 성리서性理書를 독서하도록 권유했다. 퇴계는 문학서의 독서만으로는 온전한 글

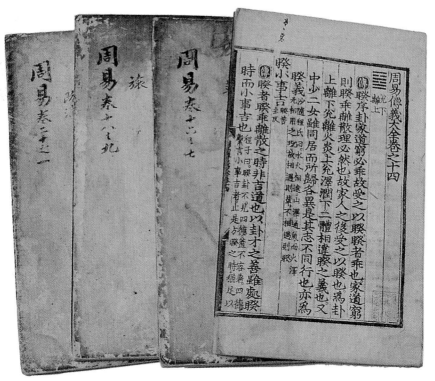

『주역』, 도산서원운영위원회 기탁, 한국국학진흥원.

을 지을 수 없다고 생각했다. 그래서 그는 "안도가 최근에『중용』을 암송하더니
이제『대학』을 읽는다. 이제야 글을 짓는 데 약간의 변화가 있는 듯하다"[25]고
했던 것이다. 즉『중용』과『대학』 같은 유가의 기본 경전을 읽은 뒤에 손자의 작
문이 발전하게 되었다는 말이다.

퇴계는 손자에게 특히『주역』을 강조했다.『주역』은 유가 철학의 핵심을 담고
있는 것으로서, 퇴계 자신도 젊은 시절부터 그 이치를 이해하고자 병이 생길
정도로 탐닉했던 서책이다. 그래서 그는 "『주역』은 쉽게 읽을 책이 아니니, 삼
가 대충대충 지나치지 마라"고 했다. 또한『주역』의 이치와 근원은 탐구하지 않
은 채 과거시험에 대비하기 위한 암기에만 몰두하는 손자의 태도를 나무라며,

노인이
스승이다

"네가 『주역』을 공부하는 데 있어 그 깨끗하고 정밀한 이치, 그리고 도서圖書와 괘 그림의 근원은 알지 못한 채, 강론하는 자리에서 대답할 거리만 얻기 위해 읽고 있으니 애석할 뿐이다"라고 했다.[26]

이제 퇴계가 손자에게 권유한 독서법을 정리해보면, 순서로는 경전보다 문학서를 앞에 두었고, 비중으로는 문학서보다 경전을 강조했다. 기초 한문 교재를 통해 한문의 기본을 익히게 하고, 명문장 모음서와 역사책을 통해 작문법을 익히게 했으며, 궁극적으로는 유가 경전과 성리서를 통해 철리哲理를 연마케 했다. 그렇지만 그는 독서법의 원칙과 체계성보다는 협동 학습을 강조했고, 함께 공부하는 사람들을 중요하게 생각했다. 일찍이 공자는 "배우고 수시로 익히면 또한 기쁘지 아니한가, 벗이 멀리서부터 찾아오면 또한 즐겁지 아니한가"라고 했다. 그런데 이때의 벗은 어떤 벗인가? 퇴계의 생각을 빌리자면 함께 책 읽고 토론하며 좋은 일을 도모하는 벗이다.[27] 퇴계는 이러한 벗과 더불어 공부하는 것을 가장 중요하게 생각했다.

그 할아버지에 그 손자

조손 교육은 일반적으로 부모 교육보다 훨씬 더 부드럽고, 사랑과 자애가 두드러진다. 그런데 퇴계는 오히려 부모의 자애로움을 경계하고 엄격함과 원칙으로 손자 교육에 임했다.

자손이 훌륭하게 되는 것이 사람들의 지극한 소원인데, 도리어 대부분의 사람이 정과 사랑에만 빠져서 자식을 훈계하고 단속하는 것을 소홀히 한다. 이것은 김매기를 하지도 않고 벼가 익기를 바라는 것과 같으니, 어찌 이런 이치가 있겠느냐? 전에 네가 아이에 대해서 엄하게 대하지 못하고 사랑이 지나친 것을 보았기 때문에 이 말을 하는 것이다.[28]

퇴계는 나이 어린 제자들에게도 쉽게 하대하지 않았을뿐더러 그들을 직접적으로 책망하는 언사를 잘 쓰지 않았다. 그렇지만 손자 교육에 있어서는 내면

노인이
스승이다.

의 사랑과 애정을 적절하게 절제하고 원칙에 따른 엄격함이 두드러진다. 이러한 교육에는 숙부인 송재 이우의 영향이 컸다. 송재는 조카들을 가르칠 때 대단히 엄격하게 대했다. 퇴계는 자신이 송재 문하에서 배우던 어린 시절을 회상하며 『논어』를 처음부터 끝까지 한 글자도 틀리지 않고 외웠지만 숙부로부터 칭찬하거나 인정하는 말 한마디 듣지 못했음을 제자들에게 전해주었다. 그러고 나서 "내가 학문을 게을리하지 않은 것은 모두 숙부의 가르치고 이끄신 덕분이다"[29]라고 했다. 송재와 퇴계의 후손 교육은 전형적으로 다른 사람(다른 사람의 자녀)에게는 온화하되 자신(자신의 자녀)에게는 엄격해야 한다는 '대인춘풍待人春風, 지기추상持己秋霜'의 선비정신을 잘 보여준다. 그렇지만 퇴계 역시 어쩔 수 없는 할아버지인지라, 편지 곳곳에서 육친의 정을 깊이 드러내고 있다.

> 무슨 연고로 너는 이렇게 오래도록 편지 한 장 보내지 않고 있는 것이냐? 덕원에 있을 때는 그렇다 하더라도, 이미 서울에 왔다면 함창과 안동 등으로 내려오는 사람이 없지 않을 텐데, 어찌해서 이곳으로 편지 한 장 보내 부모의 근심을 풀어주지 않는 것이냐? (⋯) 혹 진짜 병이 나서 성균관에 나가 있기가 어렵다면, 억지로 나가 있다가 병을 더하지 말아야 할 것이다.(1566년 6월 18일)

오랫동안 편지가 없는 손자에게 왜 그동안 편지가 없었느냐며 소식을 재촉했다. 그러면서도 혹여 손자가 병중일까 걱정하여, 만약 병을 앓고 있다면 성균관에도 억지로 나갈 필요가 없다고 했다. 그는 작고하던 해에도 손자에게 편지를 보내 "오래도록 소식을 들을 수 없으니 너무 보고 싶구나"(1570년 1월 15일)라고 하며, 손자에 대한 애정을 직접적으로 표현했다. 다만 퇴계는 자신의 애정 표현을 자제하는 경우가 많았고, 무조건적 사랑보다는 적절한 훈계와 교육을 병행했다.

> 지금 안동부에서 보내온 방목을 보고 네가 입격入格했다는 것을 알았다. 비록 요행인 줄은 아나 나도 모르게 나막신 굽이 부러진 줄도 모르고 크게 기뻐했다.[30]

퇴계는 손자의 합격 소식을 듣고 요행이라며 겸손하지만, 그 기쁨을 완전히 숨기지는 못했다. 그의 속마음을 가장 잘 표현하는 말이 바로 "나도 모르게 나막신 굽이 부러진 줄도 모르고 크게 기뻐했다"는 것이다. 이 말은 중국의 역사서에 나오는 고사를 인용한 것이다. 진晉나라 사안謝安이 진병秦兵을 막기 위해 자신의 조카를 전쟁터에 보냈는데, 8000명의 군사가 진秦나라의 100만 대군을 격파했다. 마침 사안이 바둑을 두고 있을 때 이 소식을 듣게 되었다. 그는 손님 앞에서는 기뻐하는 내색을 않다가 손님을 배웅하고 대문을 들어오면서 나막신 굽이 문턱에 걸려 부러지는 것도 모를 정도로 기뻐했다고 한다.[31] 손자의 합격이 얼마나 기뻤으면 "나도 모르게 나막신 굽이 부러진 줄도 모르고 크게 기뻐했다"라는 고사를 인용했을까?

그렇다면 당대 최고의 석학이자 스승으로 존경받았던 퇴계를 할아버지로 둔 손자의 입장은 어떠했을까? 퇴계의 관심과 사랑 속에서 엄격한 훈도를 받던 손자는 분명 갑갑함도 느꼈을 것이고, 또 어떤 때는 원칙에 철저한 할아버지에 대해 섭섭한 마음도 있었을 것이다. 그렇지만 손자는 자라면서 할아버지에 대한 자부심으로 가득했으며, 할아버지의 사업을 계승하고 심지어 학문관과 인간 평, 취향까지도 닮아갔다. 퇴계는 자신을 자랑스럽게 여기는 손자의 태도가

「모당 홍이상 평생도」 중 '응
방식應榜式', 김홍도, 종이
에 엷은색, 122.7×47.9cm,
1781, 국립중앙박물관. 과
거에 급제해 말을 타고 어
사화를 꽂고는 유가遊街하
는 모습이다.

지나치지 않기를 경계했다.

> 너는 편지에, 임금님께서 할아버지를 생각하심이 보통이 아니고, 기회 또한 크다는 등의 말을 했더구나. 너무도 어리석다. 내가 이제까지 벼슬길에 나가기를 그렇게 어려워한 것은 바로 임금님의 기대가 너무 과중해서 스스로 감당할 수 없다고 생각했기 때문이다. 기회가 없어서였겠느냐?(1567년 12월 16~30일)

그렇지만 퇴계는 손자의 역량을 충분히 인정했다. 그는 정치적으로 중요한 사안들에 대해 손자에게 자신의 입장을 밝혔고, 중요한 사업들을 아들보다는 손자에게 맡겼다. 문정왕후의 상중喪中에 보우普雨의 처벌을 주장하는 통문이 돌자 그는 이에 대한 자신의 입장을 밝혔으며(1565년 7월 23일), 필생의 역작인 「성학십도」(「심학도」)의 내용을 정리하는 일을 손자에게 맡겼다.[32] 이것은 손자의 학문적 역량을 인정하고 그를 신뢰했다는 증거다. 또한 퇴계는 자신의 장례 절차의 주관을 손자에게 맡기기도 했다.[33] 제자들도 퇴계의 상례를 치르면서 상주喪主인 준보다 오히려 손자인 안도와 논의할 때가 더 많았다.

손자는 퇴계의 제자들과 더불어 예장禮葬 때의 의절儀節을 논의했다. 퇴계가 작고한 뒤로 문인들 사이에서 "비석을 세우지 마라"는 유언으로 인해 논란이 일어나게 되었다. 이때 손자는 퇴계의 뜻을 따라 비석을 세우지 말도록 하는 일에 앞장섰다.[34] 만약 할아버지의 평소 가르침이 없었다면 할아버지의 유훈보다는 그럴듯한 격식과 형식에 얽매였을지 모른다. 그렇지만 평소의 가르침을 통해 할아버지의 참뜻이 어디에 있었는가를 알고 있던 손자는 관례에 따른 예장禮葬을 좇지 않고 할아버지의 유언을 관철시켰다. 이로써 퇴계의 손자 이안도

노인이
스승이다.

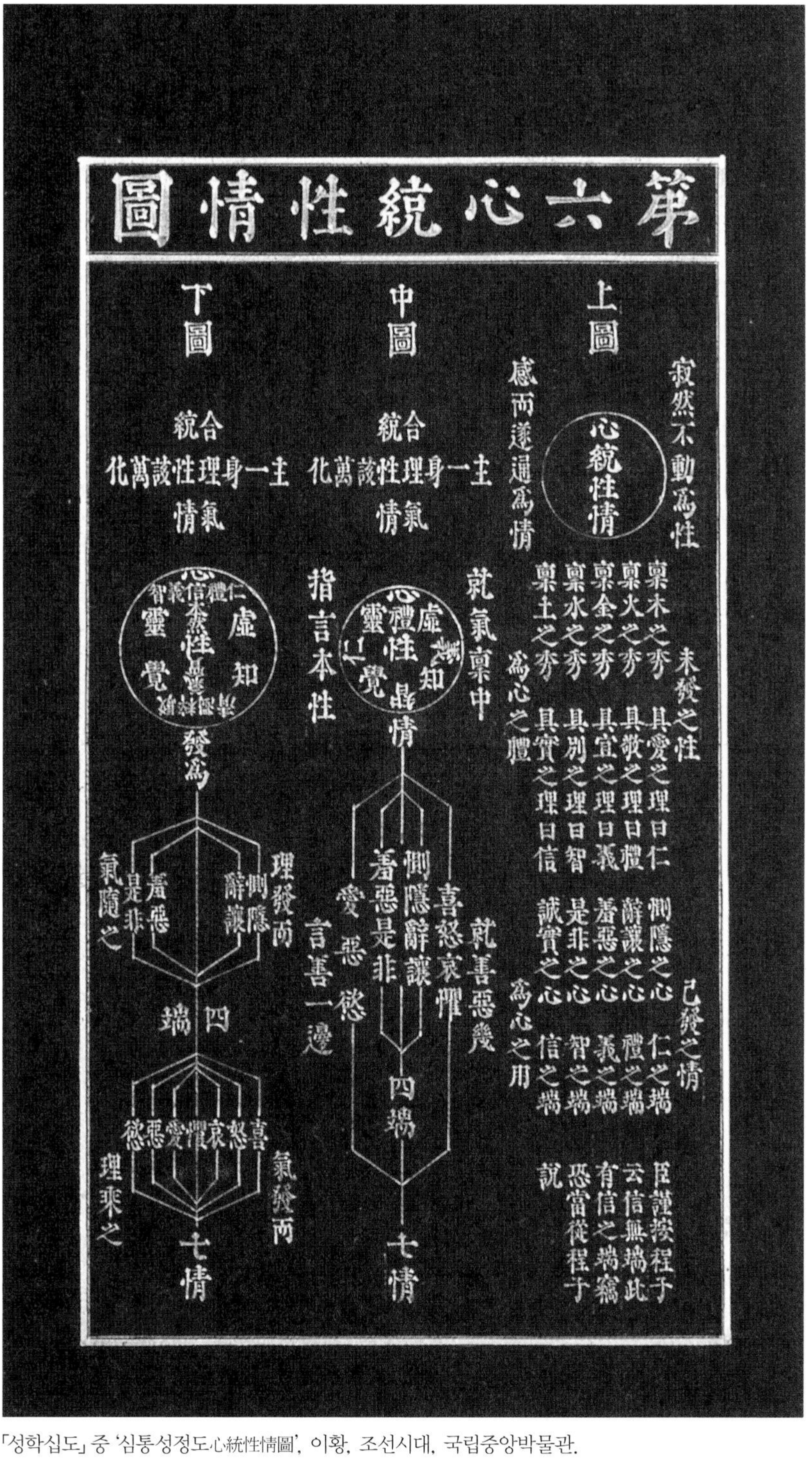

第六心統性情圖

上圖　中圖　下圖

「성학십도」 중 '심통성정도心統性情圖', 이황, 조선시대, 국립중앙박물관.

가 퇴계학파에서 차지하는 비중과 그의 인격을 짐작할 수 있다.

손자는 퇴계 사후 동문들과 함께 퇴계의 연보를 품정했고, 퇴계의 「언행차록言行箚錄」과 「가정잡록家庭雜錄」을 기록했으며, 할아버지의 마지막 순간을 고증한 「고종기考終記」를 남겼다. 그리고 권호문權好文을 비롯한 여러 제자와 함께 『이학통록理學通錄』을 교정하고, 『주서절요주해朱書節要註解』를 추가로 기록했다. 퇴계의 제자들은 스승의 글을 모으면 반드시 손자인 안도와 의논했다.[35] 당시 퇴계의 글을 정리하던 제자들 상당수가 안도에 비해 나이가 많았음에도 불구하고 모든 이가 퇴계를 선양하고 기리는 작업의 중심에 안도를 두었다. 이것은 단순히 그가 퇴계의 손자여서가 아니라 누구보다도 퇴계의 가르침을 많이 받았고, 또한 누구보다도 퇴계의 참뜻을 잘 알고 있었기 때문이다.

퇴계는 작고하기 직전까지도 손자와 깊은 교감을 지속했다. 그에게 있어서 손자 안도는 소중한 혈육이자 자신의 뜻을 가장 잘 계승한 제자이기도 하며, 또 민감한 정치사를 함께 논의하고 자신을 대신해서 입장을 피력하는 대변인이기도 했다. 그렇지만 무엇보다도 두 사람 사이에는 참된 인간이 되고자 하는 성인 지향의 학문관이 공통분모를 이루고 있었으며, 서로에 대한 깊은 신뢰와 사랑이 오갔다. 그러한 면에서 퇴계의 손자 교육은 성공했다고 할 수 있다.

평생토록 매화를 사랑했던 퇴계의 취향 또한 손자에게 이어져 '분매시盆梅詩' 한 수를 남겨두었다.

천지의 비와 이슬로 길러지지 않고	不是乾坤雨露培
외로운 뿌리 작은 화분에 의탁하여 꽃을 피우네	孤根曾托小盆開
그윽한 향기 술의 향기와도 같아 사람을 젖어들게 하니	暗香和酒薰人骨
달빛 맞으며 돌길 돌아온들 무어 나쁘랴	石路何妨帶月廻[36]

제4장

노인에게
가르침을 청하는
사회

정재걸
대구교대 교육학과 교수

'무릎학교'와
'견문학교'가 필요한 시대

우리 사회도 압축적 근대화를 겪으면서 핵가족이 일반화된 지 이미 오래다. 핵가족이 되면서 부모의 자식 사랑에는 어떤 제한도 사라졌다. 과거 전통사회에서는 부모의 자식 사랑에 대한 엄격한 제한이 있었다. 공자의 아들 교육에 대한 '과정過庭' 그리고 맹자의 '역자교지易子敎之'와 같이 유교문화권에서는 절제되지 않은 부모의 자식 사랑이 갖는 위험성을 경계했다.

그러나 현대사회가 되면서 그 제한이 없어졌고, 부모의 절제되지 않은 자식 사랑은 여러 부작용을 낳고 있다. 특히 정보화로 인한 노동의 감소에 따른 취업 경쟁은 두 가지 극단적인 형태의 자식 사랑으로 표현되고 있다. 그 한 가지는 자식의 미래에 대한 두려움으로 산후우울증에 걸리거나 심하면 아이를 안고 아파트 창밖으로 뛰어내리는 것이다. 자식이 앞으로 겪어야 할 경쟁과 이를 위한 부모의 지원을 도저히 감당할 자신이 없기 때문이다. 또 한 가지는 자녀로 하여금 미래의 취업 경쟁에서 한발이라도 우위를 점하기 위해 부모가 자식

노인이
스승이다.

회갑연 기념사진, 21.8×27.3cm, 1920년대, 한미사진미술관. 근대 시기 3세대가 함께한 대가족의 모습이다.

을 시간적·공간적으로 철저하게 통제하는 것이다. 소위 '헬리콥터 맘'이라고 부르는 엄마의 존재다. 요즈음 자조적으로 쓰이는 '조부모의 재력과 아버지의 무관심 그리고 엄마의 정보력이 아이의 학력을 결정한다'는 말은 현대 자녀 교육의 병폐를 그대로 보여주고 있다.

우리 전통사회의 가정교육에서는 조부모의 역할이 매우 컸다. 할머니가 손자, 손녀의 배변 습관에서 옷 입기, 밥 먹기, 말버릇, 놀이, 동요 등을 가르치는 교사 노릇을 담당했다.[1] 아이들이 할머니의 무릎 위에 안기거나 그 둘레에 모여 앉아서 받는 이러한 교육을 '무릎학교'라고 일컬었다.[2] 또 손자가 할아버지와 함께 기거하면서 각종 심부름을 통해 실질적인 가르침을 받는 것을 '견문교육'이라고도 했다.[3] 한마디로 아이들의 육아와 교육이 조부모 중심으로 이루어진다[4]는 것이다.

그러나 근대화가 진행되면서 이러한 격대교육의 전통은 거의 사라졌다. 대부분의 엄마는 아이가 어렸을 때 유아용 동화를 읽어주고 애니메이션을 보여주는가 하면, 조기 영어 교육을 시도하다가 3~4세만 되면 아예 아이를 유아원에 맡겨버린다. 유아원에서도 전통 육아보다 '구몬학습' '몬테소리' '뱅크 스트리트' '헤드스타트' '디스타DISTAR' 프로그램 등 서구에서 들어온 유아 교육 프로그램에 따라 가르친다. 조부모들은 물론 신세대 부모들조차 잘 알지 못하는 교육 내용과 방식이 유아 교육을 책임지고 있다. 따라서 대부분의 부모는 오히려 조부모가 있으면 아이들 교육에 장애가 된다고 여긴다. 조부모의 전통 지식은 곧 전근대 지식으로서 요즘 아이들을 기르는 데 장애가 된다고 여기는 까닭이다.[5]

이처럼 우리에게 오랫동안 잊힌 격대교육의 전통이 최근 관심을 끌고 있다. 격대교육이 최근에 주목받는 까닭은 크게 세 가지 측면에서 살펴볼 수 있다. 그 한 가지는 젊은 부부들, 소위 88만원 세대의 경제적 어려움이다. 소비 증가에 따라 맞벌이가 선택 사항이 아니라 필수가 되면서 젊은 부부들은 어쩔 수 없이 손자 손녀의 양육을 조부모에게 맡기는 경향이 늘어나게 되었다. 이를 '신핵가족'이라 부르는데, 이들은 본가나 처가 근처에 따로 집을 사거나 전셋집을 얻어 아이의 양육을 친가나 처가 부모에게 맡기고 있다. 또한 일자리 부족에 따른 젊은 세대의 경제적 어려움으로 부모의 집으로 들어와 사는 젊은 부부도 점차 늘어나고 있다. 이들을 '캥거루족'이라 부른다.

격대교육에 관심이 커진 두 번째 요인은 우후죽순처럼 늘어난 보육시설의 열악함 때문이다. 1990년 1919개였던 어린이집 수는 2012년 4만3000여 개로 급증했고, 어린이집 이용 아동 수는 1993년 15만 명에서 2012년 148만 명으로

노인이
스승이다

증가했다. 특히 0~2세 어린이집 이용률을 2002년 11.8퍼센트에서 10년 후인 2012년에 63퍼센트로 급증했다.[6] 그 결과 이들 보육시설과 이 시설에서 아이들을 관리하는 보육교사들의 처우는 매우 열악해졌다.[7] 보육교사들의 연령을 보면 선진국들과는 달리 30세 이하가 77.9퍼센트에 이르고 10년 미만의 경력을 지닌 이가 94.7퍼센트다.[8] 또 법적으로 보육교사 1명이 15명 이하의 아이들을 가르치도록 규정하고 있지만, 실제 일부 사립 보육시설에서는 23명의 어린이까지 담당하고 있는 실정이다.[9] 2012년 통계에 따르면 상대적으로 시설과 보육교사 처우가 좋은 국공립 보육시설은 2204개로 이는 전체 보육시설의 5.2퍼센트에 불과하다.

이런 상황에서 어린이집이나 유치원에서 아동 학대 사건이 발생한 것은 당연한 일이라고 할 수 있다. 신고된 아동 학대 건수는 2010년 100건에서 2013년 202건으로 2배 이상 증가했다. 특히 최근 일부 어린이집에서 발생한 아동 학대가 언론에 대대적으로 보도되면서 아이를 보육시설에 맡겨야 하는 젊은 부부들의 걱정이 크게 늘었다. 이처럼 경제적 어려움과 보육시설의 열악함으로 인해 자녀를 친가나 외가 부모에게 맡기는 젊은 부부가 늘어나게 되었다. 자녀로부터 손자 손녀의 양육을 요청받는 부모들은 대개 이를 거절하지 못한 채 아이를 맡고 있다. 그러나 이런 배경으로 이루어지는 격대교육이 반드시 긍정적인 것만은 아니다. 부모 자식 간 문화의 차이와 양육 방식의 차이로 인해 갈등도 동시에 늘어나고 있다.[10] 조부모들이 가장 원하지 않는 노후로 '황혼 육아'가 꼽히는 것도 이런 이유에서다.

이처럼 우리나라 격대교육은 경제적 상황이 어려운 젊은 부부가 어쩔 수 없이 아이를 친조부와 외조부에게 맡기는 경우가 대부분이다. 그러나 영국에서는 오히려 중산층 이상의 가정에서 조부모가 손자 손녀의 양육을 맡는 경우가 많다. 맞벌이 부부의 자녀들 중 취학 전 50퍼센트, 취학 직후에는 60퍼센트, 중학교에 진학할 즈음에는 80퍼센트가 조부모와 일정 시간을 보낸다고 한다.[11] 2009년 영국의 Grandparents plus의 조사에 따르면 47퍼센트의 조부모가 손자 손녀의 학교 행사에 참여했고, 44퍼센트의 10대가 자신의 문제에 대해 조부모와 상의했으며, 27퍼센트의 10대들은 부모와도 상의하지 못하는 문제에 대해 조부모와 상의했다고 한다. 그리고 85퍼센트의 10대들이 조부모의 의견을 존중한다고 답했다.[12]

격대교육에 관심이 늘어난 세 번째 요인은 격대교육의 주체인 노인들의 경제적·정서적 어려움이다. 최근 평균 수명이 급속히 늘어나면서 노인 인구의 비중이 빠른 속도로 증가하고 있다. 또한 출산율이 낮아지면서 전체 인구에서 노인 인구가 차지하는 비중은 더욱 빠르게 늘어나고 있다. 통계청 자료에 따르면 2020년에는 65세 이상의 노인 인구 비중이 15.1퍼센트에 이르고, 2030년에는 23.1퍼센트, 2040년에는 30.1퍼센트, 2050년에는 34.4퍼센트에 이를 것으로 전망하고 있다.[13] 65세 이상의 인구를 14세 미만의 인구와 비교한 노령화지수는 2050년에는 328.4에 이를 것으로 예측된다.

문제는 이렇게 급증하고 있는 노인 인구와 함께 노인 소외 현상도 갈수록 심화되고 있다는 것이다. 현대적 관점에서 노동은 궁극적인 가치이며 노동력을 상실한 노인은 쓸모없는 존재로 간주된다. 왜냐하면 그는 생산력을 결여했기 때문이다. 또 욕망 충족이라는 현대적 관점에서 볼 때도 노인은 무력한 존재다. 현대사회에서는 욕망충족적인 삶을 사는 사람이야말로 인간답다고 간주된다. 돈이 많은 사람, 큰 권력을 가진 사람, 높은 지위에 오른 사람, 멋진 외모의 소유자가 바로 그들이다. 이런 측면에서 노인은 모든 면에서 무력하고 열등한 존재일 따름이다. 또 현대적 관점에서 볼 때 죽음이란 모든 게 끝나는 것을 뜻

노인이
스승이다.

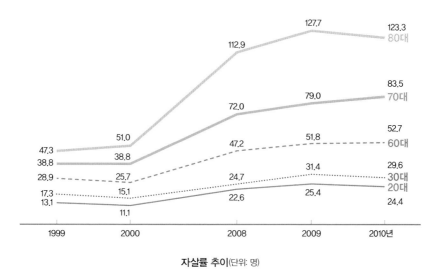

자살률 추이(단위: 명)

한다. 현대적 인간이란 자신을 둘러싸고 있는 세계와 근원적으로 분리되어 있는 존재다. 이런 죽음관 속에서 나이 들어감이란 곧 자신의 존재가 무로 돌아가는 과정일 따름이다. 나이 들어간다는 것은 지극히 고통스럽고 비관적인 현상인 것이다.[14]

노인 복지의 취약함과 노후 준비의 부족으로 우리나라 노인들의 상황은 매우 비참하다. 이런 비참함을 단적으로 보여주는 것이 노인 자살률이다.

우리나라 자살률은 인구 10만 명당 31.2명으로 OECD 국가 평균 자살률인 11.3명보다 3배 가까이 많다.[15] 특히 OECD 국가 평균의 8배에 달하는 노인 자살률은 현재 노인의 소외 문제가 세계 최악임을 단적으로 나타낸다고 할 수 있다. 격대교육은 이런 상황에 처한 노인 문제를 해결하는 한 가지 방안으로 부각되었다.

2009년 문화체육관광부와 한국국학진흥원에서 '어르신 무릎교육'을 현대적으로 부활시키겠다며 추진한 '이야기할머니' 사업도 그중 하나다. 이야기할머니 사업은 56~70세의 여성 가운데 선발된 할머니들을 2박 3일 동안 합숙 교육을 시켜 동화 구연 시험을 통과한 이들로 하여금 유치원에서 아이들에게 옛날이야기를 들려주도록 하는 사업이다. 또 2015년 5월 27일 대전 유성구 의회는 '격대교육 확산을 위한 세미나'를 열고 격대교육을 통해 육아와 노인 문제 등 사회 문제 해결을 위한 방안을 모색했다.[16] 또 박철홍 전남 도의원은 격대교육과 방과후 학교를 접목해 격대교육의 장점과 외로움에 떠는 노인 문제를 해결할 것을 제안하기도 했다.[17]

2002년 방송된 SBS 스페셜 '격대육아법의 비밀'도 격대교육에 관심을 일으키는 데 크게 기여했다. 방송 내용은 2013년 9월 책으로 발간되었는데, 이 책에서는 격대교육의 장점을 구체적인 자료를 통해 입증했다. 대표적인 사례가 미국 펜 주립대의 조사다. 대만의 한 중학교 사례 분석을 통해 조부모와 함께 사는 중학생들의 인지능력 점수가 핵가족 안의 아이들보다 월등히 높게 나타났으며, 조부모와 함께 산 기간이 길수록 인지능력 점수도 비례해서 높게 나타났다는 것이다.[18] 고등학교를 졸업할 무렵 이들은 핵가족 그룹에 비해 졸업률도 높았고, 알코올 및 약물 의존도가 낮았으며, 졸업 성적도 월등히 높았다.[19]

SBS 제작팀에서는 부모의 자녀 교육과 조부모의 손자 교육의 차이점을 '결과 칭찬'과 '과정 칭찬'의 차이로 설명했다. 즉 아이들은 어른들이 자신의 뜻을 관철하고 싶을 때 쓰는 칭찬과 진정한 관심 및 애정에서 나오는 칭찬을 구별하여 그에 따라 동기부여를 받기도 하고 반대로 반항심을 갖기도 한다고 보았다.[20] 조부모가 손자 손녀에게 과정 칭찬을 할 수 있는 것은 아이들에 대한 지속적인 관심과 애정에서 나온다. 부모와 달리 조부모는 아이가 무엇을 좋아하는지, 무엇을 잘하는지, 그 일에 얼마나 시간을 투자했는지 지켜보았기 때문에

노인이
스승이다

과정 칭찬에 능한 것이다.

최근에 격대교육이 큰 관심을 끌고 있는 것은 이처럼 아이들의 교육에 대해 부모와 조부모의 해결책이 다르기 때문이다. 부모들은 주로 학원 정보에 의존하여 선택하지만 조부모들은 아이가 어떤 부분을 어려워하는지 구체적으로 물어보고 파악한 뒤 아이가 문제를 극복하는 동안 시간을 함께한다. 물론 후자의 교육적 처방이 훨씬 더 바람직하고 효율적이라는 데는 의심의 여지가 없다.

교육의 궁극적 목적은 무엇인가

　서양 교육 체제에 따라 발행된 '교육학 개론'에는 격대교육과 같은 전통 교육이 아예 없다. 교육학과의 교과과정에도 격대교육의 내용을 찾아보기 힘들다. 전통 육아나 전통 교육에 관한 교과과정도 없다. 전통 육아와 유아 교육에 대한 본격적인 연구는 최근에 비로소 성과를 내기 시작했다.[21] 그러나 유아 교육학과 교과과정에도 전통 육아 관련 교과과정이 없다. 그러므로 교육학과 또는 유악교육학과에서 교육학을 전공하는 학생들조차 전통 육아를 배울 길이 없다. 오히려 교육학 전공은커녕 학교 교육조차 제대로 받지 못한 할머니들이 전통 육아에 더 밝다.[22]

　우리 전통사회에서 교육의 궁극적인 목적은 아이를 사랑의 존재로 키우는 것이었다. 즉 인간이면 누구나 가지고 있는 마음속의 무한한 '사랑仁'을 발현시키는 것이었다. 그러나 현대 교육에서 교육의 목적은 몸값, 즉 자신의 노동력의 가치를 높이는 일이 되었다. 노동력의 가치를 높이는 교육은 자본주의의 전개

노인이
스승이다

과정에서 두 가지 형태로 나타났다. 그 하나는 소품종 대량 생산에 적합한 노동력을 양성하는 주물 모형 교육이고, 다른 하나는 다품종 소량 생산에 적합한 도토리 모형 교육이다. 현재 우리 사회는 후자의 교육에 매진하고 있다.

그러나 리프킨이 주장하듯이 정보화의 진척으로 인해 노동력에 대한 수요는 갈수록 감소하고 있다. 그가 주장한 대로 '한계비용 제로 사회'가 되면 취업을 위해 자신의 노동력의 가치를 높이는 일은 더 이상 무의미해질 것이다. 교육의 목적도 근본적으로 바뀌어야 한다. 즉 교육의 본래 목적인 아이를 사랑의 존재로 키우는 것이 되어야만 한다.

유학에서 교육의 목적은 인간의 본성인 인仁, 즉 사랑을 발현하는 것이다. 인성이란 말 그대로 인간의 본성을 말한다. 따라서 인성 교육의 본래 의미는 인간의 본성인 사랑을 발견하고 발현하는 것이다. 맹자는 인의 샘물론을 통해 인간은 누구나 자신의 마음속에 무한한 용량을 가진 사랑의 샘이 있다고 주장했다. 그 샘물은 한번 솟아나기 시작하면 주변에 있는 구덩이를 채우고 들판을 적시고 넓은 바다에 이른다.[23] 문제는 이 샘을 막고 있는 바위가 있다는 것이다. 그 바위 이름이 바로 나己, 我, 身다. 그래서 공자는 그의 수제자 안회가 인이 무엇인지 묻는 질문에 자기를 이겨 예로 돌아가면 저절로 인이 실현된다고 말했던 것이다. 이처럼 유학에서 인이란 '내가 없는 사랑無我之愛'을 말한다.

부모의 자식 사랑은 본능적인 것이다. 이런 본능적인 사랑이 '나'라는 바위를 치움으로써 발현되는 본성의 사랑이 되지 못하면 그 사랑은 불구적인 것으로 바뀐다. 불구적인 사랑은 폭력적이며 자기 상실과 파괴를 초래한다. 불구적인 사랑은 자기중심적이며 상대방에 대한 진정한 이해가 결여되어 있기 때문이다. 오늘날 많은 부모가 이런 사랑을 아이들에게 베푼다. 부모는 누구나 자기 자녀를 사랑하지만, 자녀들을 깊이 이해해주고 존중하는 부모는 의외로 적다.

雲娘子二十七歲像

甲寅沧月石芝寫

「최연홍 초상」, 채용신, 종이에 채색, 120.5×62.0cm, 1914, 국립중앙박물관. '운낭자상'으로 더 잘 알려진 최연홍이라는 기녀의 초상으로, 27세 때 어머니로서의 그의 모습이다.

그래서 부모의 자녀 사랑이 폭력적인 성격을 띠고 자녀들에게 고통과 불행을 안겨주는 일이 종종 일어난다.[24]

그러나 본성은 본능과 다르다. 본능은 '나'의 생존을 위한 것인 데 반해, 본성은 나를 극복함으로써 발현될 수 있는 것이기 때문이다. 인간의 경우 이 본능은 사회적·문화적 환경에 따라 무한히 확장될 수 있다. 이를 에리히 프롬은 '자아 팽창ego-inflation'이라고 했다. 부모의 자아 팽창은 바로 자식에게로 확장된다. 자식은 부모의 자아 팽창의 중요한 부분을 차지하게 된다. 유학에서 부모의 자식 사랑에 엄격한 제한을 두는 것은 바로 이런 이유에서다.

진정한 사랑은 불구적 사랑과 달리 자신과 상대방에 대한 깊은 이해를 바탕으로 한다. 그렇기 때문에 상대방의 특성을 존중한다. 진정한 사랑은 내가 더욱 나다워지고 네가 더욱 너다워지도록 한다. 각자가 가지고 있는 개성과 주체성의 바탕 위에서 이루어지며, 사랑을 통해서 자기 자신과 상대방의 개성을 실현시켜나갈 수 있다. 따라서 진정한 사랑은 상대를 자유롭게 한다. 상대방을 구속하고 간섭하면서 자기 마음대로 하려는 것은 진정한 사랑이 아니다.

이성이나 자녀에 대한 사랑에서 우리는 상대방을 사랑하는 것이라기보다는 상대방이 우리에게 주는 느낌을 사랑한다. 즉 우리가 사랑하는 것은 상대방이 아니라 그 사람과 함께 있을 때 느끼는 행복감이다. 이런 사랑을 에고의 사랑이라고 한다. 앤서니 드 멜로 신부는 에고의 사랑을 '사랑으로 변장한 감정들이 거래되는 장터 풍경'이라고 했다.[25] 그는 다음과 같이 말했다.[26]

> 너 없이는 못 산다고? 그게 사랑이라고? 아니다. 굶주림이다. (…) 사랑은 무엇보다도 명징하게 인식하고 정확하게 반응하는 것을 의미한다.

에고의 사랑은 내가 사랑하는 상대방이 절대적으로 나만을 선택하기를 요구한다. 그러나 진정한 사랑은 사랑하는 사람에게 자유를 주는 것이다. 그 사람이 누구를 사랑하든 그가 사랑하는 사람 역시 그를 사랑하기를 바라는 것이 진정한 사랑이다. 무언가를 원하고 갈망하는 것은 진정한 사랑이 아니다. 사랑은 그 자체로 완전하다. 사랑은 아무것도 부족하지 않고 아무것도 필요하지 않으며, 상대방을 구속하지도 않는다.

이런 측면에서 조부모의 손자 사랑은 부모의 자식 사랑과는 달리 진정한 사랑에 가깝다. 조부모와 손자의 관계는 부모 자식 관계와는 달리 무언가를 원하고 갈망하는 일이 적기 때문이다. 부모가 자식에게 원하고 갈망하는 것은 무엇일까? 전통사회에서 부모가 자식에게 바라는 것은 가문의 품격, 즉 가격家格을 유지하고 발전시키는 일이었다. 과거 일본에서도 인쿄隱居라고 하는 가독양도제家督讓渡制가 있었다. 이는 부모가 일정 나이에 이르면 가장권과 주부권을 아들 부부에게 상속하고 자신은 그들과 동거 내지 별거하면서 부양을 받는 제도를 말한다.[27]

이처럼 부모에게 자식이 중요한 존재인 만큼 자식에 대한 기대는 클 수밖에 없다. 이런 기대로 인해 부모는 자기 자식을 객관적으로 바라보기 어렵다. 『대학大學』에서는 "사람들이 그 자식의 악함을 알지 못하며, 그 싹의 큼을 알지 못한다"라고 했다. 농사를 지어본 사람이라면 누구나 알 수 있듯이, 남의 밭 작물이 항상 자신이 농사지은 것보다 더 좋아 보인다. 반면에 자식만큼은 자기 자식이 남의 자식보다 더 잘난 것으로 착각한다. 왜 그럴까? 그것은 자식에게 무언가를 원하고 갈망하기 때문이며, 그런 탓에 자식의 허물을 쉽게 발견하지 못한다. 또 이처럼 자식의 능력을 객관적으로 보기 어렵기 때문에 좀더 많은 것을 요구하게 되고, 자식이 이 요구에 부응하지 못하면 더욱 분노하게 되는

노인이 스승이다.

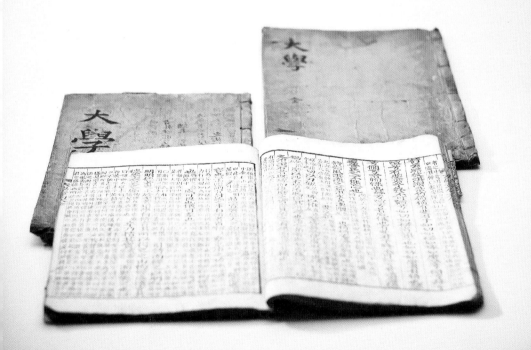

『대학』에서는 "사람들이 그 자식의 악함을 알지 못하며, 그 싹의 큼을 알지 못한다"고 했다.

것이다.

반면 조부모와 손자의 관계에는 이런 원망과 갈망이 적고, 따라서 조부모의 손자 사랑에는 요구와 구속이 적다. 또한 조부모는 부모와 달리 나이가 많기 때문에 욕망으로부터도 비교적 자유롭다. 홍승표는 나이 들어감에 따른 긍정적인 변화를 다음과 같이 다섯 가지로 제시했다.[28] 첫째, 노인이 되면 욕망의 노예 상태로부터 벗어나는 것이 상대적으로 용이해진다. 노년기에 이르면 성욕을 포함한 모든 욕망이 수그러든다. 이 때문에 노인들은 현대사회가 만들어놓은 욕망의 그물로부터 벗어나는 것이 상대적으로 용이하다. 재물, 권력, 지위, 명성, 인기 등과 같은 욕망의 노예 상태에서 벗어나 자기 삶의 주인이 될 수 있는 기본 조건을 갖추게 된다.

둘째, 노인이 되면 한가한 시간이 많아진다. 직장에서 은퇴해서 그때까지 자신의 삶을 얽매어왔던 생산 노동으로부터 해방될 수 있다. 이런 여유로운 시간을 통해 노인들은 바깥으로 치닫던 의식을 자신의 내면으로 돌릴 기회를 얻을 수 있다. 그때까지 무관심했던 자기 자신을 돌볼 수 있고, 자신과 세계의 아름다움과 경이로움을 느낄 수 있게 된다. 셋째, 노인이 되면 유머 감각이 생긴다. 노인은 죽음에 더 가까이 있으므로 오만과 삶에의 몰입에서 벗어나 자신의 유한함을 깨달을 수 있기 때문이다. 대우주의 영원한 시간과 무한한 공간에 비추어볼 때 노인은 인간이 얼마나 미소한 존재인지를 깨닫는다. 유머 감각이 있을 때 우리는 겸손할 수 있다. 넷째, 노인이 되면 삶에 대한 깊은 이해와 경험에서 우러나는 지혜가 생긴다. 틱낫한 스님은 다음과 같이 말했다.[29]

당신이 지금 20대이고 세상의 많은 철학 서적과 문학작품을 읽어서 사상의 깊이가 깊고 인간의 무수한 희로애락을 다양하게 경험한 사람이라고 하

노인이
스승이다

자. 그렇다고 당신이 '삶을 안다'고 말할 수 있을까? 자신의 주름 깊이만큼이나 아득한 절망의 나락에도 떨어져보고 산봉우리 같은 높은 기쁨도 체험해본 80대 노인만이 알고 있는 삶과 20대인 당신이 아는 삶이 같을 수 있을까? 삶은 오직 체험으로만 알 수 있다.

다섯째, 노인이 되면 누구나 실존 위기에 직면한다. 이는 '나'라는 '피부 밑 자아skin-capsuled ego'에서 벗어날 수 있는 계기를 마련해준다. 나이 들어가면서 노인은 그때까지 자신을 둘러싸고 있으면서 삶을 안정시켜주던 많은 것을 상실한다. 육체의 노쇠, 직장 생활의 마감, 자녀의 출가, 배우자나 친구의 죽음 등 노년기가 되면 누구에게나 이런 실존 위기가 찾아온다. 죽음을 모르면 삶을 알수 없으며, 이별을 모르면 만남을 알 수 없다. 질병을 모르면 건강을 알 수 없으며, 가난을 모르면 자신이 가진 것의 소중함을 알지 못한다.

물론 모든 노인이 나이듦에 따른 이런 긍정적인 변화를 보이지는 않는다. 그렇지만 많은 조부모는 젊은 시절의 자아 팽창을 경험했고, 또 그것이 결국 좌절될 수밖에 없다는 것을 깨달았기 때문에 결코 손자 손녀를 자신의 자아 팽창을 위한 수단으로 여기지 않는다.

맹자가 자식을 서로
바꿔 가르치라고 한 까닭

우리나라 조손가정의 수는 2000년 4만5225세대, 2005년 5만8101세대, 2010년 6만8135세대로 계속 증가하고 있다.[30] 이는 일반 가구에 비해 0.36퍼센트에 불과한 미미한 숫자이지만 실제 조손가정의 수는 이보다 훨씬 더 많을 것으로 추정된다. 전문가에 따르면 영유아의 정서 등을 생각해 생활 실태를 숨기는 현상을 고려할 때 2014년 조손가정은 22만 명을 훨씬 웃돌 것으로 추산되며,[31] 실제로 2005년 전라남도가 자체 조사한 조손가정의 수는 통계청의 수치보다 더 많다.

격대교육은 부모를 대신하여 조부모가 손자나 손녀의 교육을 담당하는 것을 말한다. 물론 격대교육은 유학의 전유물이 아니다. 격대교육은 전통사회의 모든 공동체에서 나타나는데, 그 이유는 전통사회에서 생산력을 담당하는 부모를 대신해 조부모가 자녀 교육을 담당할 수밖에 없었기 때문이다.

이와 관련하여 인류학자 크리스틴 호크스는 지구상에서 인간을 제외한 암

노인이
스승이다

컷들은 늙어 죽을 때까지 출산을 할 수 있는데, 인간은 폐경이 빨라 생식 기능이 없는 상태로 30~40년을 더 사는 이유를 연구했다. 연구 결과 그녀는 '할머니 가설Grandmother Hyphothesis'을 내놓았다. 즉 할머니가 폐경을 함으로써 힘을 보존하고 자식과 출산 경쟁을 하지 않으며, 자식을 키워본 경험으로 손자들을 잘 돌보는 역할을 함으로써 유전인자를 효과적으로 이어간다는 것이다. 즉 할머니의 격대교육이 진화의 일종이라는 주장인데, 신영복은 할머니 가설에 근거하여 다음과 같은 주장을 폈다.[32]

> 농본사회에 있어서 노인의 존재는 그 마을에 도서관이 하나 있는 것이나 마찬가지였어요. 노인들의 지혜와 희생이 역사의 곳곳에 묻혀 있습니다. 할머니 가설이 그렇습니다. 할머니들은 자기의 자녀가 아니라 자기의 자녀가 낳은 자녀 즉 손자 손녀를 돌보고 자녀 양육에 필요한 여러 지식을 전수함으로써 가족 집단을 번창시켰다는 것이지요. 최근의 연구 결과에 따르면 약 3만 년 전 현생인류의 조상인 호모사피엔스(크로마뇽인)는 그 이전의 네안데르탈인에 비하여 노년층의 비율이 무려 다섯 배나 증가했음을 밝혀낸 것이지요. 노인 세대의 비율이 급증한 시기는 바로 폭발적인 인구 증가가 있었던 시기였으며 인류가 장신구를 사용하고 동굴벽화를 그리고 장례 행위를 시작한 때와 일치한다는 것을 밝히고 있습니다. 나이 든 세대의 경험과 역할이 현생 인류의 양적 팽창과 질적 발전을 가져온 것을 입증하고 있습니다.

성경에 "손자는 노인의 면류관이요, 어버이는 자식의 영광이다"(잠언 17:6)라는 구절이 있다. 이는 손자를 기준으로 할아버지에게 손자는 그 존재 자체로 자랑스러운 일이고, 그 손자에게 그의 아버지도 존재 자체로 자랑거리라는 뜻으로 이해할 수 있다. 그러니까 손자에게는 아버지가 자랑거리이고 또 할아버지에게는 손자가 자랑거리라는 말이 되겠다. 이 구절은 같은 성경의 뒤에 나오는 "아이 꾸짖는 것을 삼가지 말라. 매질을 한다고 죽지는 않는다. 그에게 매질을 하는 것이 오히려 그의 목숨을 스올에서 구하는 일이다"(잠언 23:12-14)라는 구절과 대비된다. 또 "상처가 나도록 때려야 악이 없어진다. 매는 사람의 속 깊은 곳까지 들어간다"(잠언 20:30)라는 구절이나 "아이의 마음에는 미련한 것이 얽혀 있으나 훈계의 매가 그것을 멀리 쫓아낸다"(잠언 22:15)라는 구절도 마찬가지다. 여기서 매질을 아끼지 말라고 조언하는 대상은 물론 아이의 부모다.

이처럼 손자 교육을 조부모가 담당했다고 해서 무조건 격대교육이라고 할 수는 없다. 격대교육의 중요한 조건 가운데 하나는 부모의 자식 사랑에 대한 엄격한 제한이다. 앞서 인용한 잠언서에서 "매를 아끼는 것은 자식을 사랑하지 않는 것이다"(13:24)라고 했듯이 부모의 자식 사랑에는 엄격한 제한이 따랐다. 『주역』 풍화가인괘風火家人卦의 구삼 효사에서도 "구삼은 가족에게 엄하게 소리 지르면 후회도 있고 위태롭기도 하지만 길하고, 어머니와 아들이 헤프게 웃으면 마침내 부끄럽다"고 했다.[33] '군자는 손자는 안지만 자식은 안지 않는다' '아버지와 자식을 결코 같은 방을 쓰지 않는다' 하는 것들 모두 자식을 사랑하는 데 엄격한 제한을 두기 위함이었다. 이덕무의 『사소절士小節』에는 지나친 자식 사랑을 경계하는 내용이 많다. 특히 「동규童規·경장敬長」 편에는 자녀와 친구처럼 격의 없이 지내는 것을 아이를 어리석게 만드는 일이라고 경계하고 있다.

부모의 자식 사랑에 엄격한 제한을 두는 이유는 무엇일까? 우리는 그 단서를 공자의 '과정過庭'과 맹자의 '역자교지易子敎之' 사상을 통해 살펴볼 수 있다. 먼저 공자의 '과정'을 보자.[34] 진항이라는 제자가 공자의 아들인 백어에게 아버지에게 특별한 가르침을 받았는지 물어보니 백어는 마당을 가로질러 갈 때 아

노인이
스승이다

버지가 자신을 불러 시와 예를 읽었는지 물어본 것 말고는 다른 가르침을 받은 적이 없다고 대답했다. 수많은 제자를 가르치는 공자가 외아들인 백어의 교육에는 왜 그렇게 무심했을까? 시와 예를 공부하라는 이야기는 제자들에게 수없이 했던 말이었건만 아들인 백어는 단 한 번, 그것도 우연히 정원에서 아버지를 만났을 때 들었을 뿐이다. 공자가 아들을 사랑하지 않아서 그랬을까? 어쨌든 이 예화는 유학에서의 자녀 교육을 나타내는 하나의 모범이 되었으며, '과정過庭'은 아버지의 가르침을 나타내는 말이 되었다.

맹자는 자식 교육이 어려워 자식을 바꾸어 가르치는 이유를 설명한다. 교육의 효과에 대한 부모의 조급함, 자녀에 대한 질책, 그 결과로 나타날 수 있는 자녀의 반감 등을 들며 이것이 유학에서 가장 중요시하는 부모 자식 간의 사랑을 해칠 수 있음을 지적하고 있다.[35]

> 공손추公孫丑가 말했다. "군자가 '직접' 자식을 가르치지 않음은 어째서입니까?" 맹자께서 말씀하였다. "형세形勢가 행해지지 않기 때문이다. 가르치는 자는 반드시 올바름으로써 하는데, 올바름으로써 가르쳐 행하지 않으면 노여움이 뒤따르고, 노여움이 뒤따르면 도리어 '자식의 마음'을 해치게 된다. 자식이 '아버지夫子께서 나를 올바름으로써 가르치시지만 아버지도 올바름에서 나오지 못하신다'고 생각한다면 이는 부자간에 서로 해치는 것이니, 부자간에 서로 해침은 나쁜 것이다. 옛날에는 자식을 서로 바꾸어 가르쳤다. 부모 자식 간에는 선善으로 꾸짖지 않는 것이니, 선으로 꾸짖으면 멀어지게 된다. 멀어지면 상서롭지 못함이 이보다 더 큼이 없는 것이다."

스승이 제자를 가르칠 때와는 달리 부모가 직접 자식을 가르칠 때는 노여움이 생긴다. 왜 그럴까? 앞에서도 언급한 자식에 대한 기대와 열망 때문이다. 물론 부모는 이러한 기대와 열망을 사랑이라고 착각한다. 그러나 이에 부응하지 못하는 데 따르는 노여움으로 인해 부모와 자식 간에는 돌이킬 수 없는 틈이 생긴다.

『예기禮記』에는 삼생三生이라고 하여 부모는 낳아주고, 스승은 가르쳐주고, 임금은 먹여주는 관계라 하되 각각의 관계에 있어서는 서로 다른 대응을 해야 한다고 했다. 즉 부모에 대해서는 숨기는 일은 있어도 대들어서는 안 되고有隱無犯, 임금에 대해서는 대들기는 해도 숨기지는 말아야 하며有犯而無隱, 스승에 대해서는 숨기지도 말고 대들어서도 안 된다無犯無隱는 것이다. 또『논어』「자로子路」편에는 자식이 도둑질을 했을 때 아버지가 자식을 관가에 고발해야 하는지에 대한 질문이 있다. 공자는 이에 대해 "아버지는 자식을 숨겨주고 자식은 아버지를 숨겨주는 데 의로움이 있다"고 했다. 『맹자』「진심盡心 상」편에서도 순 임금의 아버지 고수가 살인을 저질렀다면 순 임금은 아마도 아버지를 업고 멀리 달아나 먼 바닷가에서 살았을 거라고 말하고 있다. 이는 부모와 자식 간의 사랑이 옳고 그름보다 우선시되는 유학의 입장에 따른 것이다.

이처럼 유학에서는 부모와 자식 간의 사랑을 그 무엇보다도 중요시했기 때문에 역설적으로 부모의 자식 교육에 대해 엄격하게 제한했다. 공자라고 해서 자신의 외아들인 백어를 사랑하지 않았을 리 없다. 그러나 그 사랑이 여과되지 않고 그대로 자식에게 '교육'이라는 형태로 전해질 경우 부모를 원망하는 자식이 나타날 수밖에 없는 것이다. 아무리 자기 자식이라고 해도 사랑은 쉽지 않다. 아니 오히려 자식이기 때문에 진정한 사랑은 더욱 어렵다. 부모 입장에서 부모의 눈높이로 자식을 위한다면 그것은 진짜 사랑이 아니다. 부모라면 누구나 자기 자식을 사랑한다. 하지만 부모라면 또 누구나 자식의 입장에서 자식을

노인이
스승이다

사랑하는 일이 결코 쉽지 않다는 것을 알게 된다.

이와 같은 공자와 맹자의 주장에 따라 조선시대 상층사회에서는 특히 부모가 육아에 깊이 개입하는 것을 바람직하지 않게 여겨 엄격히 제한했다. 조선사회의 반촌에서는 자식이 아무리 예쁘고 귀여워도 아버지가 아기를 안을 수 없었다. 조부모가 계시는 집에서는 어머니도 젖을 먹일 때나 안을 뿐 평소에는 안고 어를 겨를도 없었으며 시어른들이 그럴 기회도 주지 않았다. 양반 가문의 종가에서는 더욱 심했다.[36]

> 어미가 아이들에게 너무 많은 관심과 사랑을 쏟으면 버릇이 없어진다고 해서, 마음속으로만 관심과 사랑을 가질 뿐 겉으로 드러내지 않는다. 따라서 어른들 보는 데서는 자녀를 어르지도 않고 심지어 젖을 먹일 때 외에는 잘 안지도 않는다. 아기를 안고 어르는 것은 할머니 몫이다. 아버지는 자녀를 안아 보는 일이 없다. 어른들 몰래 아이를 안고 있다가도 어른의 기척이 나면 얼른 내려놓는다. 그러므로 아이들은 아버지와 가까이에서 정을 느끼기 어렵다.
> 검제 종손[37] 어른은 모친의 등에 업혀봤거나 안겨본 기억조차 없다고 한다. 주로 형제나 아제(삼촌) 그리고 조카들과 함께 유년기와 소년기를 보냈다고 한다.[38]

현리마을 인천 채씨 문중에서는 더 철저했다. 아버지는 물론 어머니조차 아기를 안지 않는 것이 규범이었다. "어디 상놈들 하듯이 지(자기) 자식을 끌어 안노!" 하고 나무라기 때문에, 어머니가 아이에게 젖을 먹일 때조차 보듬어 안지 않고 젖만 물렸다고 한다.[39] 부모와 아이의 피부 접촉도 긴밀하게 하지 못하게 했으며, 아기를 껴안고 볼을 비비는 따위의 행위를 아주 상스러운 일로 간주했다.[40]

반면 조부모와 손자의 관계는 이런 조급함과 질책이 없다. 기대와 열망의 대상인 자식과는 달리 조부모에게 손자는 그 자체로 사랑스러운 존재이며 그렇기 때문에 손자의 모든 행동을 너그러운 마음으로 보게 된다. 또 풍부한 삶의 경험을 통해 조부모는 설사 손자가 잘못된 행동을 하더라도 즉각적인 분노보다는 사랑으로 감싸 안을 수 있다. 물론 조선사회에서는 앞에서도 언급한 가격家格의 유지를 위해 자식뿐만 아니라 손자에게도 과도한 기대를 하는 경우가 많았다. 이 경우 한없이 너그러운 사랑보다는 조급함과 엄격함이 앞서게 된다. 퇴계의 손자 사랑에서 보여주는 엄격함은 이런 기대에서 비롯되는 것이 아닐까?

노인이
스승이다.

한계효용 제로 사회에서
격대교육이 갖는 의미

2015년 6월 14일 발표에 따르면 일본의 65세 이상의 노령 인구가 26퍼센트를 넘었다. 우리나라도 머지않아 그렇게 될 것이다. 홍승표는 노령 인구의 증가가 향후 '노인적 삶'의 보편화를 가져온다고 했다. 그가 말하는 노인적 삶이란 대다수의 사람이 여가 시간이 중심이 되는 유한적인 삶을 살아감을 말한다. 물론 이러한 유한적 삶은 노령 인구의 증가와 함께 또 한 가지 중요한 요인이 작용한 결과다. 바로 '생산 자동화'라는 생산력의 변화다. 리프킨이 『노동의 종말』과 『한계비용 제로 사회』에서 지적하고 있듯 사물인터넷의 발달로 근대사회가 그렇게 중요시하던 노동이 점차 사라지는 것이 또 한 가지의 중요한 요인이다.

노동의 종말이란 이러한 근대 문명의 개인 노동이 정보화의 진척과 함께 사라져가고 있음을 지적한 것이다. 이제 인류는 최초의 인류와 같이 다시 한번 노동이 없는 사회로 진입하고 있다. 다시 말해 노동이 아닌 다른 것으로 자신의 자아정체감을 형성해야만 하는 시기에 들어선 것이다.

『한계비용 제로 사회』는 향후 자본주의 생산성 증가로 재화나 서비스를 한 단위 더 생산하는 데 들어가는 추가 비용을 뜻하는 한계비용이 제로 수준이 되어 상품을 거의 공짜로 만드는 상황이 발생할 것이라고 주장한다. 우리는 휴대전화나 인터넷을 이용해 제로에 가까운 한계비용으로 정보를 생산하고 공유하는 시스템에서 그 사례를 직접 목격하고 있다. 한계비용 제로 사회는 자본주의 자체 모순의 필연적인 결과다. 자본주의는 생산성을 최대한 높이는 것을 목표로 기술혁신을 하는데, 결국 치열한 경쟁으로 기술은 계속 발전하고 그에 따라 생산성이 최고점에 달해 판매를 위해 생산하는 각각의 추가 단위가 '제로에 가까운' 한계비용으로 생산되는 상황이 발생하게 된다는 것이다.[41]

리프킨은 이전의 저서 『3차 산업혁명』을 통해 앞으로 모든 개인이나 기업이 태양력, 풍력, 지열 등을 이용해 에너지를 자체 생산하게 될 것이고, 그 에너지를 저장하고 교환하게 될 것이라고 주장했다. 이러한 에너지 생산과 소비의 변화는 정치, 경제, 사회, 문화, 교육에 커다란 변화를 가져오게 되며, 또한 한계비용이 제로 사회의 토대가 된다. 리프킨은 한계비용 제로 혁명이 비디오나 오디오 텍스트를 넘어 재생 에너지와 3D 프린팅을 통한 제조, 온라인 고등교육으로 확대되고 있다고 말한다. 리프킨이 특히 주목하는 부문이 사물인터넷인데, 그는 커뮤니케이션 인터넷과 에너지 인터넷, 물류 인터넷이 통합될 것이며 이것이 한계비용 제로 혁명을 모든 산업 분야로 확대시킬 것으로 보고 있다. 리프킨의 주장대로 지능형 로봇이 인간 노동의 대부분을 담당하게 되면 시장 자본주의에는 과연 어떤 일이 발생할까? 리프킨은 다음과 같이 예상한다.[42]

첫째로 부상하고 있는 한계비용 제로 경제는 경제 과정에 대한 우리의 개념 자체를 급진적으로 변화시킬 것이다. 소유주와 노동자, 판매자와 소비자로 분

노인이
스승이다.

리되는 낡은 패러다임이 무너지기 시작하고 있다. 프로슈머들은 협력적 공유사회에서 제로를 향해 접근하는 한계비용으로 생산하고 소비하며 서로의 재화와 서비스를 공유할 것이다. (…) 둘째, 시장경제 모든 부문에 걸친 작업의 자동화가 이미 인간 노동을 해방시키고 있으며, 그에 따라 인간 노동은 진화하는 사회적 경제로 이동할 것이다. 다가오는 시대의 협력적 공유사회에서는 자신의 놀이에 심취하는 것이 시장경제에서 열심히 일했던 것만큼이나 중요해지고 사회적 자본을 모으는 것이 시장 자본을 축적했던 것만큼이나 높이 평가받을 것이다.

리프킨은 한계비용 제로 혁명의 결과로 자본주의는 소멸하고 그 대신 협력적 공유사회라는 새로운 사회가 나타날 것으로 추정한다. 그가 말하는 공유사회는 민주적으로 운용되는 모든 비공식 조직을 말한다. 흔히 '시민사회' 혹은 '비영리 부문'이라고 부르는 조직이 협력적 공유사회의 토대를 이룬다는 것이다. 이들은 사물인터넷의 플랫폼을 토대로 자동차와 집, 심지어 옷까지 공유하게 될 것이라고 보고, 결과적으로 시장의 교환가치는 갈수록 협력적 공유사회의 '공유가치'로 대체될 것이라고 한다. 리프킨은 자본주의 사회의 소유가 어떻게 공유로 바뀌는지를 다양한 사례를 통해 보여주고 있다. 자동차, 주택, 장난감, 의류 심지어 농지까지 공유한다. 또한 공유사회에서는 모두가 의사가 되고, 광고가 사라질 것이라고 말하고 있다.[43]

한계비용이 제로인 사회가 되면 노동력을 생산하는 교육은 의미가 없어진다. 대신 교육 대상을 사랑의 존재로 키우자는 교육의 궁극적인 목적이 새롭게 부각될 것이다. 과거 전통사회에서의 격대교육은 사랑의 존재가 되는 것뿐만 아니라 향후 어른이 되면 실제적으로 배워야 하는 것들도 학습할 수 있었다. 조부모의 일을 돕고, 조부모의 심부름을 함으로써 배우는 일이 많았던 것이다. 그러나 현대사회에서는 전통사회의 격대교육처럼 조부모와 함께 생활함으로써 손자가 실질적으로 배울 수 있는 것은 많지 않을 것이다. 그러나 노동력 양성으로서의 교육이 의미를 상실한 뒤에는 그 양상이 달라질 것이다.

영화 「집으로」에서 할머니에게 남겨진 아이가 할머니에게서 배울 수 있는 것은 아무것도 없다. 오히려 아이는 아무것도 모르는 할머니를 무시한다. 그러나 궁극적으로는 할머니를 통해 '사랑의 존재'로 거듭난다. 할머니의 지극한 사랑을 깨달음으로써 아이의 마음속에 있는 사랑이 깨어나는 것이다.

부모에 비해 조부모가 갖는 손자에 대한 너그러움과 여유로움은 어디에서 연유하는가? 인생을 오래 살아온 노인은 자신이 기대한 일의 대부분이 순조롭게 진행되지 않는다는 것을 경험을 통해 잘 알고 있다. 사실 삶에서 무엇인가를 기대하거나 어떤 일이 원하는 대로 일어나기를 바라는 것은 삶의 다양한 측면을 있는 그대로 받아들이기보다는 자기가 바라는 일만 일어나기를 희망하기 때문이다. 그러나 밤과 낮이 있어야 하루가 되고, 앞면과 뒷면이 있어야 동전이 되듯이 어느 한쪽의 삶만을 취한다면 그것은 삶을 온전히 사는 것이 아니다. 삶을 온전히 산다는 것은 전체를 사는 것이지 어느 한 면을 버리고 다른 한 면을 취하는 것이 아니기 때문이다.

아름다운 노년의 삶이란 밖으로 향하던 모든 관심을 거둬들이고 지금까지 거부하며 회피하고 없애려 했던 자신의 감정들과 경계를 있는 그대로 받아들여, 인위적인 노력 없이 오직 '지금 여기'를 살아가는 일이다. 이것만이 실제로 존재하는 삶을 사는 길이자 아름다운 노인이 되는 길이다.[44]

현대적인 관점에서 볼 때 노년기는 삶의 쇠퇴기다. 늙어간다는 것은 삶이 점점 끝나감을 의미한다. 육체적인 측면에서 늙어감이란 몸과 마음이 활력을 상

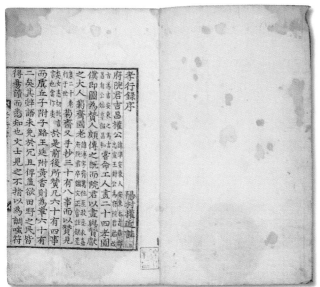

『효행록』, 21.3×34.4cm, 경상북도 유형문화재 제370-17호, 소수박물관.

실하는 과정이며, 사회적인 측면 역시 젊은 시절 획득했던 것들을 상실해가는
과정이다. 젊은 사람들에게 노인은 잉여 인생을 살고 있는 골치 아픈 존재, 무
능하고 쓸모없는 존재로 인식된다. 따라서 노인들은 필연적으로 사라져가는 젊
음에 매달리게 된다. 이런 집착이 노인을 추하게 하고, 탐욕스럽고 인색하며 편
협한 존재로 만든다.

　그러나 유학에서는 노인에 대한 공경을 교육의 바탕으로 삼았다. 『예기』「향
음주의鄕飮酒儀」에서는 "백성이 들어가서는 효제하고 나와서는 어른을 존중하
고 노인을 공경할 수 있은 다음에야 가르침이 이루어지고 가르침이 이루어진
다음에야 나라가 편안해진다"[45]고 했다. 그래서 천자도 나라를 순찰할 때는 먼
저 백 세 된 노인을 알현하고, 팔구십 된 노인이 동쪽으로 가고 천자가 서쪽으

로 가도 감히 지나치지 않다고 했다.[46]

그러나 이러한 유가의 경로제도에는 중요한 조건이 있다. 즉 무조건 나이가 많다고 노인을 공경하는 것이 아니라 노인이 그에 상응하는 인격과 지혜를 갖추어야 했다. 즉 공자와 같이 자신에게 주어진 명, 사회적 책무를 끊임없이 성찰한 인간만이 경로의 대상이 될 수 있었던 것이다. 『순자』「유좌宥坐」에는 다음과 같은 공자의 말이 인용되어 있다.

공자가 말하기를 나는 부끄럽게 여기는 것이 있고, 야비하게 여기는 것이 있으며, 위태롭게 여기는 것이 있다. 어려서는 힘써 배우지 못하고 늙어서는 가르칠 것이 없다면 나는 이를 부끄럽게 여긴다.

또 공자는 자신을 찾아온 어린 시절 친구 원양에 대해 "어려서는 공손하지 않고 자라서는 하는 일이 없고 늙어서는 죽지도 않으니 이것이야말로 도적이라 하겠다"[47]라고 했다.

이처럼 유가에 있어서 노년은 지금까지의 삶을 마무리하고 앞으로 다가올 죽음을 준비하는 시기이자 동시에 새로운 세대에게 비전을 제시하고 이를 전하는 시기였다. 유가에서 노인이 단순한 양로의 대상이 아니라 경로의 대상이 될 수밖에 없었던 것은 바로 이런 성숙된 인격과 지혜 때문이었다.

이승연은 "노탐老貪이란 늙어서 이상을 잃어버린 인간, 삶의 지향점, 목표를 상실한 인간이 자신의 되돌릴 수 없는 생에 집착하는 것을 의미한다"[48]고 했다. 이런 노탐을 버린 도가의 이상적인 노인의 모습을 장자는 다음과 같이 묘사했다.[49]

옛날의 진인은 그 모습이 우뚝 높이 솟아도 무너지지 않고, 모자라는 듯하면

노인이
스승이다

서도 아주 충실하다. 한가하게 홀로 있어도 완고하지 않고, 휑하니 넓고 비어 있으면서도 겉치레를 하니 넓고 비어 환히 밝게 기뻐하는 듯하고 닥쳐야 할 수 없이 한다. 덕이 가득 차서 그 얼굴빛을 더욱 돋우고, 한가로이 그 덕에 머문다. 널찍하여 매우 큰 것 같고, 초연하여 얽매이지 않는다. 줄곧 입을 다물고 있기를 좋아하는 듯하고, 멍하니 말을 잊고 있다.

지금까지의 논의를 토대로 볼 때 바람직한 격대교육이 가능한 조부모의 조건은 다음과 같다.

· 사랑으로 충만한 조부모

손주를 잘 가르칠 수 있는 조부모는 자신과 세계를 무한한 긍정과 사랑의 눈으로 바라볼 수 있어야 한다. 『주역』 「계사전」은 사랑이 충만한 노인의 모습을 다음과 같이 묘사하고 있다.[50]

하늘을 즐거워하고 명을 알기 때문에 근심하지 않으며, 편안히 거처하고 인을 돈독히 하기 때문에 사랑할 수 있다.

사랑한다고 하는 것은 자신과 상대편의 마음에 드는 점만을 골라서 선택적으로 사랑하는 것이 아니라 전면적으로 사랑하는 것이다. 또 그것은 일시적으로 사랑하는 것이 아니라 영원히 사랑하는 것이다. 사랑이 충만한 조부모는 자신과 손주가 가지고 있는 소심함, 약함, 추함, 무능력함, 교활함, 야비함 등을 포함해서 마음에 들지 않는 모습까지도 따뜻하게 품어줄 수 있어야 한다.

· 감사할 줄 아는 조부모

손주를 잘 가르칠 수 있는 조부모는 지금 이 순간 자신에게 주어진 일상의 모든 것에 깊은 감사를 느낄 수 있어야 한다. 또 매일 아침 눈을 뜰 때마다 또다시 새로운 하루가 선물로 주어졌음에 감사하는 마음으로 하루를 시작해야 한다. 늙은 아내의 손을 잡고 아름다운 가을 길을 걸을 때 바람에 흔들리는 가을 잎에 대해서, 언제나 돌아보면 그 자리에 있는 아내에 대하여, 늘 새로운 얼굴로 나를 맞아주는 아름다운 하늘에 대해 깊은 감사를 느껴야 한다.

· 겸손한 조부모

손주를 잘 가르칠 수 있는 조부모는 매사에 겸손해야 한다. 그는 세상 사람들이 좇는 학식, 재물, 외모, 인기, 권력과 같은 것들이 얼마나 하찮고 무상한 것인지 알기 때문이다. 그래서 그에게는 우월감이나 열등감이 없다. 그는 어떤 자리에 있건 개의치 않고 도를 즐기는 삶을 살아간다.

· 평화로운 조부모

손주를 잘 가르치는 조부모는 마음이 항상 평화로워야 한다. 노인은 자신과 세계를 따뜻한 미소로 바라볼 수 있어야 하며 천천히 호흡하고 아름다운 미소를 지을 수 있어야 한다. 조부모는 마음이 한가로워 언제나 여유가 있으며 지금 이 순간이 바로 그가 도달하고자 하는 목적지이기 때문에 서두를 일이 없다.

· 지혜로운 조부모

손주를 가르칠 만한 조부모는 사물을 있는 그대로 볼 수 있는 지혜가 있어야 한다. 그는 탐욕이나 분노, 무지나 편견 등으로부터 벗어나 세계에 대한 깊

노인이
스승이다

은 이해가 있다.

· 자유로운 조부모

손주를 잘 가르칠 수 있는 조부모는 칭찬과 비난으로부터 자유로운 사람이어야 한다. 또한 욕망에 대한 집착으로부터도 자유롭고, 삶에서 경험한 실패나 좌절, 갖가지 고통과 불행으로부터 자유롭다.

· 유연한 조부모

손주를 가르칠 자격이 있는 조부모는 자신의 생각이나 주장을 고집하지 않으며 늘 자신과 다른 의견에 귀를 기울일 줄 아는 사람이어야 한다. 또한 자신이나 상대방이 저지른 잘못을 너그러이 대할 수 있어야 한다.

'양로원 속의
유아원'이라는 발상

　　직업교육으로서의 현대 교육의 의미가 퇴색되는 미래사회에서 사랑의 존재로 거듭나기 위한 격대교육은 중요한 의미를 지니게 될 것이다. 최근 일본에서 양로원과 유아원을 병설하는 움직임이 일어나고 있다. 일본에서는 이를 '유로복합시설幼老複合施設'이라고 부른다. 기타무라北村 安樹子의 연구에 따르면 1997년 1.4퍼센트였던 유로복합시설은 2000년에 2.5퍼센트로 늘어났다.[51] 이와 같은 시설의 증가는 노인 인구의 급증과 더불어 출생률의 급감에 따른 유아원의 수요 감소가 근본적인 원인이라고 할 수 있다. 일본이 항상 우리나라보다 앞서가니 향후 우리나라에서도 유아원의 구조를 일부 변경하여 유로복합시설로 만드는 일이 크게 유행할지도 모른다.

　　미국 시애틀의 세인트빈센트 양로원도 시설 내부에 유아원을 부설하여 긍정적인 반응을 얻고 있다. 미국에서는 43퍼센트에 이르는 노인들이 사회적 외로움을 경험하는데, 세인트빈센트 양로원처럼 양로원 안에 유아원을 개설하면 노인들의 사회적 외로움을 치유하는 데 많은 도움을 준다고 한다.[52] 노인과 어린아이의 교류는 특히 노인들의 정서적 풍요로움에 많은 도움을 준다. 그러나 이런 시설을 통한 노인과 어린이의 교류는 여전히 한정적이다. 일본에서는 노인과 어린이들이 매일 아침 합동 체조를 하거나 행사에 함께 참석하는 것, 아이들이 노인들 방을 방문하는 것, 노인들이 유아원을 방문해서 아이들을 보육하는 것에 한정되어 있다.[53] 유로복합시설의 증가 역시 아이들을 위한 것이라기보다는 노인들을 위한 측면이 강하다. 그러나 어쨌든 이러한 노력은 격대교육의 의미를 사회적 차원에서 되살리려는 하나의 노력으로 평가된다.

격대교육에 대한 중국의 반응도 뜨겁다. 중국 격대교육에 관한 사이트를 검색하면 손주를 가르치기 위한 학원 광고가 많이 나온다. 학원에서는 분유 타기부터 기저귀 갈기까지의 기초적인 실습부터 응급 상황 대처 요령, 아기 마사지 등 다양한 내용을 가르친다. 한 자녀밖에 없는 중국에서는 손자 손녀에 대한 노인들의 사랑이 남다르기 때문이다.

2050년에는 60세 이상 인구가 20억 명에 이르고 전 세계 인구의 5분의 1이 100세인 사회가 될 것으로 전망된다. 격대교육이 노인 문제를 해결하기 위한 수단으로 활용되는 것이 꼭 바람직한 것만은 아니지만 이러한 경향이 격대교육의 활성화와 진정한 격대교육의 발견에 도움이 되는 것은 분명하다. 무엇보다 중요한 것은 격대교육의 진정한 교육적 의미를 이해하고 또 격대교육의 교사가 되는 훌륭한 인격을 갖춘 노년이 되기 위한 노력이 함께 이루어지는 것이다. 향후 부모의 절제된 자녀 사랑과 훌륭한 인격의 조부모라는 두 가지 조건이 잘 갖추어진 격대교육이 이루어지기를 기대한다.

제5장

서구의 격대교육,
명문가로
거듭나다

최효찬

작가 겸 칼럼니스트

세계적 인물은 할아버지,
할머니가 만든다?

　예전에는 명문가든 아니든 대가족을 이루고 살던 대부분의 가정에서 손자들의 교육은 자연스럽게 할아버지, 할머니가 맡았다. 할아버지는 손자, 할머니는 손녀와 잠자리를 같이하면서 경험에서 얻은 지혜를 들려주곤 했다. 할아버지, 할머니는 부모와 달리 한 세대를 건너뛰었기 때문에 감정에 휩쓸리지 않고 혈연의 정을 나누면서 손주를 지도할 수 있었다. 또한 할아버지와 할머니의 교육은 부모가 직접 교육하는 것보다 아이들 정서에 더 좋은 영향을 준다고 한다. 일반적인 현상이라고 할 수는 없지만 대개 할아버지나 할머니가 있는 집안의 아이들은 예의도 바르고 김치나 된장 등 음식도 가리지 않고 잘 먹는 편이며 친구들과의 관계도 원만하다. 즉 조부모의 손자 손녀 교육은 인성 교육 측면에서 효과가 있다고 할 수 있다.

　필자의 어머니는 격대교육으로 손주들을 키워 세 명을 모두 교육대학에 보냈다. 큰조카는 공부에 뜻을 두고 중고등학교 때부터 열심히 공부했던 반면 동

200

생들은 달랐다. 작은조카는 중학생 때부터 문제아였고 가출을 몇 번이나 해 부모뿐만 아니라 할머니의 속을 무던히도 썩였다. 이른바 '일진 짱'이었다. 부모는 두 손을 들었지만 할머니는 달랐다. 손녀가 가출했다 집에 돌아오면 별말 하지 않고 밥을 챙겨주었다. 결국 고등학교 3학년 때 정신을 차렸고 삼수 끝에 언니가 다니는 교대에 들어갔다. 막내 조카는 고2 때 돌연 음악을 하겠다며 공부는 늘 뒷전이었다. 부모는 걱정이 컸지만 할머니는 달랐다. 중학교 2학년 때 까지 손자와 함께 잤던 할머니는 손자가 마음을 다잡을 때까지 기다려주었다. 결국 막내 역시 고3 때 공부에 정진했고 두 명의 누나가 다니던 교대에 들어갔 다. 성장기 아이들에게 할머니와 할아버지만 한 스승은 없다는 게 필자의 어머 니에게서도 입증된 것이 아닐까 싶다.

할머니와 할아버지, 특히 할머니의 존재는 이른바 긍정심리학에서 말하는 '회복탄력성resilience' 개념과 결부시킬 수 있다. 회복탄력성이란 제자리로 돌아 오는 힘을 일컫는 말로, 심리학에서는 주로 시련이나 고난을 이겨내는 긍정적 인 힘을 뜻한다. 즉 아이 스스로 일상 속에서 부딪히는 크고 작은 시련과 문제 를 이겨내는 마음의 근육이다.

회복탄력성은 또한 절망적인 가정환경에서 자랐지만 학업이나 친구 관계 등 매사에 적극적이고 긍정적인 청소년에게서 발견된 개념이다. 연구를 주도한 사 람은 미국 발달심리학자 에미 워너Emmy E. Werner였다. 1954년 워너는 극단적으 로 열악한 조건에 놓여 있는 하와이 카우아이 섬의 1955년생 신생아들이 18살 청소년으로 성장할 때까지의 과정을 분석했다. 그 결과 3분의 2는 심한 학습장 애나 범죄 경험을 갖고 있거나 심각한 정신질환을 앓고 있었지만 놀랍게도 3분 의 1 정도의 아이들은 모범적이고 학교 성적이 우수하며 자신감 있고 진취적으 로 성장했다는 사실을 발견했다. 에미 워너는 이 학생들이 공통적으로 "회복탄력성이 높다"고 했다. 에미 워너는 특히 회복탄력성의 핵심적 요인을 발견했는데, 그것은 다름 아닌 인간관계였다. 어려운 환경에서도 제대로 성장한 아이들이 예외 없이 지니고 있는 공통점은 '그 아이의 입장을 무조건적으로 이해해주고 받아주는 어른이 적어도 한 명은 아이 곁에 있었다'는 점이었다.

이는 자녀를 키우는 부모들에게 시사하는 바가 크다. 즉 (외)할머니나 할아버지, (외)삼촌이나 (외)사촌, 이모나 고모 등 언제나 상담이나 조언을 해주고 이야기를 들어주는 역할을 해주는 사람이 있는 아이일수록 성적도 좋게 나올 수 있다는 것이다. 여기에는 (외)할머니나 (외)할아버지도 포함될 수 있다. 필자의 조카들 사례에서 보듯이 손주들에게 가장 든든한 후원자 역할을 (외)할머니나 (외)할아버지가 할 수 있다는 말이다. 에미 워너의 회복탄력성 연구 결과에서도 격대교육의 중요성에 대한 단서를 발견해낼 수 있다. 다음에 살펴볼 빌 게이츠나 버락 오바마가 이에 해당된다고 할 수 있다.

노인이
스승이다.

부모 교육보다
빛난 격대교육의 사례들

'나서기' 가풍의 중독과
외할머니의 독서 교육, 빌 게이츠 가

우리나라에서 전통적으로 내려오는 격대교육은 서양에서도 발견된다. 서구에서도 할아버지나 할머니가 손주 교육에 열성적이었다. 미국뿐만 아니라 전 세계적으로 부富의 상징인 마이크로소프트사를 창업한 빌 게이츠 가는 외할머니가 키운 '독서 영재'였다. 빌 게이츠는 자선사업가로 바쁜 어머니 대신 외할머니가 그를 키워내 세계적인 회사의 창업자로 발돋움한 데 이어 세계적인 자선사업가로 우뚝 섰다. 최근 빌 게이츠는 기업들이 가난한 사람들을 위한 제품과 서비스를 만드는 데 초점을 둔 사업을 창출해야 한다면서 '창조적 자본주의 creative capitalism'를 주창하기도 했다.

빌 게이츠를 가난한 집 출신에 자수성가한 사업가로 오해하는 이들도 있으나 이것은 사실이 아니다. 빌 게이츠는 대은행가인 미국 서부 명문가에서 태어났다. 아버지 윌리엄 H. 게이츠 2세는 워싱턴 주립대 법대를 나온 변호사로 시애틀에서 법률 회사를 경영했는가 하면 주 변호인협회 회장이었다. 할아버지는 대은행가였고 증조부는 시애틀 은행인 내셔널시티뱅크의 설립자로 시애틀 시가 생겨날 때부터 시민들로부터 존경을 받을 정도였다. 그뿐만 아니라 그의 어머니 메리 여사는 시애틀 은행가의 딸로 워싱턴대학의 사무처장을 지냈다. 특히 그의 어머니는 자선사업가로 시애틀의 사교계를 주름잡을 만큼 활발한 활동과 폭넓은 인간관계를 맺고 있었고 자선단체 회장(미국 유나이티드웨이와 유나이티드 인터내셔널)을 역임하기도 했다. 그래서 빌은 어린 시절 외할머니가 키우다시피 했다.

빌 게이츠가 쓴 자서전 『게이츠』에는 외할머니와 보낸 어린 시절이 자세하게 묘사돼 있다. 외할머니는 늘 과자를 만들어놓고 아이들과 대화를 나누곤 했다. 게임과 카드놀이를 좋아했던 외할머니는 어린 손자에게 다양한 게임을 가르쳤다. 할머니에게 게임은 단순히 시간을 때우는 일이라기보다는 기술과 지능을 시험하는 시간이었다.

또한 빌 게이츠의 아버지 빌 게이츠 시니어(본명은 윌리엄 헨리 게이츠 2세, 빌 게이츠의 본명은 윌리엄 헨리 게이츠 3세다)가 쓴 『게이츠가 게이츠에게』에도 가미 외할머니의 역할이 자세히 언급되어 있다. "아이들이 어렸을 때, 아내 메리가 자원봉사 일로 바빠지자 아이들의 하교 시간에 맞춰 장모님이 우리 아이들을 돌보기 위해 매일 집으로 오셨다. 장인어른이 이미 돌아가셨던 터라 장모님은 혼자 살고 계셨지만 단 한 번도 우리 집에서 저녁 식사를 하셨던 적이 없다. 생각이 깊은 장모님은 우리 가족만의 식사 시간이 필요하다며 언제나 집으로 돌아가셨다."[1]

노인이
스승이다.

이어 윌리엄 게이츠는 "가미 장모님은 우리 아이들을 위해 매우 중요한 역할을 맡아주었고 아이들의 모든 것을 수용해주는 한없이 너그러운 분이었다"고 전하고 있다. 막내딸 리비는 가미 외할머니를 어떤 것이든 터놓고 이야기할 수 있는 친구, 어떤 비밀이라도 지켜줄 수 있는 영원한 친구로 기억한다.

외할머니는 늘 책을 읽어주었고, 덕분에 빌은 여러 분야에 관심을 갖는 독서광이 되었다. 청소년을 위한 자연과학소설의 고전으로 E. B. 화이트와 케이트 디커밀로가 함께 쓴 『샬롯의 거미줄』, 동물과 의사소통할 능력을 지닌 의사 돌리틀과 동물 환자들을 그린 휴 로프팅의 『돌리틀 박사』와 기상천외한 발명품을 만들어내는 발명가를 그린 빅터 애플턴의 『톰 스위프트』, 예전에 우리나라에 영화로도 방영되었던 에드거 버로스의 『타잔』 시리즈를 비롯해 수학과 과학 책도 빠짐없이 읽었다. 외할머니 덕분에 빌 게이츠는 어릴 적 별명이 책벌레였을 만큼 독서를 좋아했다. 그 자신도 "오늘의 나를 있게 한 것은 동네 도서관이었다"고 술회한 적이 있다. 컴퓨터 황제인 그는 "컴퓨터가 결코 책의 역할을 대체하지는 못할 것"이라고 말한다.

빌 게이츠는 어려서부터 이해할 수 없는 게 생기면 답을 알아내고자 엄청난 노력을 기울였고, 그 때문에 도서관에서 많은 시간을 보냈다. 그는 컴퓨터에만 매달린 것이 아니라, 컴퓨터에 대한 궁금증이 생기면 당장 도서관으로 달려가 밤을 새우며 그 궁금증을 찾고 해결했다. 빌 게이츠의 대저택인 게스트하우스에서 눈길을 끄는 건물이 하나 있는데 다름 아닌 돔 형태로 지어진 도서관 건물이다. 돔으로 지은 이유는 빛이 잘 들어오게 하기 위해서라고 한다.

그는 외할머니에게 배운 카드 실력으로 나중에 하버드대에서 포커놀이를 통해 돈을 모아 결국 창업 자금을 만들었다. 빌은 천성적으로 경쟁심이 강해 지는 걸 아주 싫어했기 때문에 외할머니는 카드놀이를 통해 그의 개성을 잘 살

려주었던 것이다. 빌 게이츠의 이러한 경쟁심은 마이크로소프트사를 창업하면
서 비즈니스의 세계에서도 그 강점을 드러냈다. 피터 드러커는 『프로페셔널의
조건』이라는 책에서 "단점을 줄이려고 하기보다 강점을 강화하라"고 조언한다.
외할머니는 빌의 경쟁심을 자극함으로써 이를 그의 강점으로 만들어주었다고
할 수 있다. 경쟁심은 자칫하면 사행심을 부추길 수도 있어 동전의 양면과도
같다. 이렇게 보면 빌은 외할머니와 궁합이 잘 맞았던 듯싶다. 외할머니는 손자
의 성격을 제대로 파악해 그에 맞게 재능을 키워준 것이다. 우리나라에서 보이
는 격대교육의 전통이 시공을 뛰어넘어 미국에서도 세계적인 갑부인 빌 게이츠
의 소년 시절을 이끌어주었던 것이다.

빌 게이츠의 아버지 윌리엄 게이츠는 "나는 가미 장모님을 통해 할아버지,
할머니로서 아이들을 위하는 게 어떤 것인지 참으로 많이 배웠다"며 그 자신이
이제는 손주들을 위해 할아버지 역할을 하려고 노력 중이라고 고백한다. 손자
들을 맥도널드에 데려가거나, 아이들 학교의 '할아버지·할머니의 날'에 참석하
는 등 나름의 역할을 하려는 것이다. '할아버지·할머니의 날'은 할아버지, 할머
니가 학교에 방문해 손주들과 하루를 보내는 날이다. 빌 게이츠의 부모는 손주
들의 행사에 가기도 하고 어떤 때는 아이들의 개성을 고려해 그 아이가 흥미를
느낄 만한 책을 사주기도 한다고 전한다.

나아가 빌 게이츠의 부모는 자신의 손자 손녀들의 생일 선물로 휴가를 함께
간다. 아이들이 할머니, 할아버지를 알고 또 우리가 아이들을 더 잘 아는 기회
를 갖기 위해서라는 것이다. 그리고 이들은 막내손녀를 데리고 자주 놀러 가는
데, 그곳에서 손녀가 이웃 아이들과 즐겁게 어울려 노는 것을 흐뭇한 마음으로
지켜보곤 한다. 또래들끼리 어울려 노는 것을 통해 인간관계 능력을 형성시키
려는 것이다. 빌 게이츠의 부모는 할아버지, 할머니로서 손주들에게 이러한 메

노인이
스승이다

시지를 전한다.

"너는 할아버지, 할머니에게 무척 소중한 존재란다. 네가 어떻게 커가는지, 앞으로 네가 무엇을 하는지 할아버지, 할머니가 곁에서 지켜볼 거란다."[2]

연말이 되면 생각나는 소설이 있다. 영국의 자수성가형 소설가인 찰스 디킨스가 쓴 「크리스마스 캐럴」이다. 구두쇠를 상징하는 스크루지는 바로 이 소설 주인공의 이름이다. 디킨스는 인색하던 스크루지가 돌연 자선을 베풀며 뛰어다니는 모습을 보여줌으로써 부유한 계층부터 자선을 실천하면 그 효과가 동심원처럼 커져 따뜻한 사회가 될 것이라는 믿음을 널리 퍼뜨렸다.

연말이 되면 누구나 한번쯤 지난 한 해를 되돌아보며 '자선냄비'나 불우한 이웃들을 떠올리곤 한다. 그런데 자선이나 기부, 타인의 아픔을 내 아픔으로 느끼며 도움을 주기 위해 나서는 행위는 일종의 '중독'이자 '습관'이라고 한다. 세계적으로 '나서기'의 대명사가 된 빌 게이츠는 부모로부터 나서기 중독을 이어받았고 이내 습관이 되었다. 윌리엄 게이츠가 쓴 『게이츠가 게이츠에게』에는 이런 대목이 나온다. "우리 아이들은 내가 '나서기'에 일종의 중독 증상을 보인다며 짐짓 놀리기도 했다. 그런데 그랬던 아이들이 지금은 나의 '나서기' 습관을 꼭 빼닮은 것 같다."

청년 변호사로 일하던 1950년대 윌리엄 게이츠는 YMCA 위원회에 합류하면서 처음으로 지역사회 봉사활동에 참여하게 되었다. 그는 자신이 속한 지역사회를 위해 더 많이 '나서기'로, 더 많은 도움이 되어야겠다고 생각했다. 이후 윌리엄 게이츠는 대형 로펌의 회장으로 성공 가도를 질주했는데 '나서기' 또한 멈추지 않았다. 윌리엄은 부시 대통령이 상속세 폐지를 주장하자 이를 반대하는 시민 단체의 대변인을 지냈다.

그런데 윌리엄 게이츠의 '나서기' 또는 '나누기'는 그 아버지, 즉 빌 게이츠 할아버지의 '나서기'에서 중독된 것이라고 한다. "아버지는 도움이 필요할 때 누구든 주저 없이 도움을 구하는 분이었다. 좋은 일에 쓸 공적 자금이 필요할 때면 아버지는 기꺼이 가가호호 문을 두드리며 몇 푼이라도 일조해주기를 청했던 것이다. 고향 마을에 새로 공원을 조성한 것도 아버지가 나서서 이룬 일이었다." 이는 빌 게이츠의 아버지가 할아버지에 대해 회고한 말이다. 게이츠 가의 '나서기' 중독은 3대째 이어져오고 있는 '가족 전통'이다.

빌 게이츠의 어머니인 메리도 남편에 뒤지지 않을 만큼 '나서기'를 좋아했다. 처음에 시작한 봉사활동은 학교에서 문제가 있는 아이들을 지도하거나, 자선단체인 '유나이티드웨이' 자원봉사자로서 '한부모가정'을 방문해 돕는 일이었다. 메리는 오랜 세월 유나이티드웨이 자원봉사를 한 공로로 워싱턴 지역 유나이티드웨이의 첫 여성 책임자를 거쳐 미국 유나이티드웨이와 유나이티드 인터내셔널에서 회장을 역임했다. 또한 20년 동안 워싱턴대 운영위원회 위원을 지냈다. 아들 빌 게이츠는 매년 크리스마스를 앞둔 저녁 식사 자리에서 엄마로부터 이런 질문을 받으며 자랐다. "이번 크리스마스에 네 용돈의 얼마를 구세군에 기부할 생각이니?" 어머니는 1994년 아들의 결혼식 전날 며느리 멀린다에게 "너희 두 사람이 이웃에 대해 특별한 책임감을 느낀다면 세상을 좀더 살기 좋게 바꿀 수 있을 것이다"라는 편지를 썼다. 빌 게이츠가 2008년 7월에 자신이 설립한 마이크로소프트사의 회장직을 사임하고 자선사업가로 나선 데에는 어머니의 편지도 영향을 주었을 것이다. 빌 게이츠의 왕성한 자선 활동은 단지 돈이 많아서 하는 일이라기보다 부모가 물려준 '위대한 유산'인 셈이다.

미국 첫 흑인 대통령을 키운
외할머니의 사랑, 오바마 가

'두 살 때 이혼한 케냐 출신의 흑인 아버지와 백인 어머니, 인도네시아에서의 어린 시절, 외가에서의 청소년 시절……'

미국에서 첫 흑인 대통령 시대를 연 버락 오바마에게는 아늑하고 행복한 가정환경이 애당초 없었다. 그에게 과연 어떤 비밀이 있었기에 역경을 극복할 수 있었을까 궁금증이 생긴다.

그의 성장 배경에 그 비밀이 숨어 있다. 오바마는 열 살에서 대학 입학 때까지 하와이에서 외조부모와 함께 살았다. 외가는 백인 집안으로 피부색이 달랐지만 '백인 노부부와 흑인 손자' 세 사람이 꾸려가는 가정은 화목했는데, 주변에서 보기에는 평범하지 않았을 것이다. 흑인에 대한 인종 차별이 여전했던 미국에서 때로는 경멸과 모욕적인 시선도 받았을 것이다.

하지만 외할머니 매들린 더넘 여사는 손자가 피부색 때문에 상처받지 않도록 한없는 정성과 세심한 배려를 아끼지 않았다. 그리고 그 손자가 자라나 대통령에 도전하는 과정을, 기적을 목도하는 듯한 심정으로 지켜봤다. 그러나 기구하게도 대통령 선거 하루 전인 2008년 12월 3일 더넘 여사는 암으로 세상을 떠났다. 손자를 키웠던 호놀룰루의 임대 서민 아파트에서다. 노스캐롤라이나 주에서 야간 유세를 하던 중 오바마는 끝내 눈물을 보이고 말았다. 그는 "할머니는 조용한 영웅들 가운데 한 분이었다. 이름이 신문에 실리지는 않지만 매일의 일상 속에서 열심히 살아온……"[3]이라고 말하다가 끝내 눈물을 흘렸다.

오바마에게 외할머니는 전부였다고 해도 과언이 아니다. 오바마 후보의 아버지는 1982년, 외할아버지는 1992년, 어머니는 1995년에 타계했다. 더욱이 아버지는 어린 시절 단 한 번 만나 농구공을 선물하고 떠난 게 다였다. 그는 농구공을 바스켓에 던지며 설움을 달랬다. 그의 농구 실력이 수준급인 것은 이런 아픈 가족사를 달래기 위한 데서 비롯되었다.

그는 그동안 가족 이야기가 나올 때마다 할머니에 대해 "한없이 나를 위해 희생해온, 새 차나 옷 사는 걸 미루고 손자에게 모든 걸 쏟아부으신, 기회를 놓치지 말라고 가르쳐주신 분"이라며 그리워했다. 더넘 여사는 고교 졸업 학력이 전부이지만 성실성과 인내심으로 말단 행원에서 하와이 지역은행 최초의 여성 부행장 자리까지 올라 사실상 가계를 꾸려갔다. 직장 생활을 할 때는 흑인 수위에게 친절하게 대하는 등 인종적 편견 없이 사람을 대했다.

그런데 오바마의 피에는 뜻밖에도 체로키 인디언의 혈통이 있다. 더넘 여사가 바로 영국계 이민자의 후손인데 외가 쪽이 체로키와 닿아 있는 것이다. 이런 출생 배경이 인종적 편견을 갖지 않게 한 듯하다. 또 그런 점 때문에 딸이 케냐 출신의 흑인 대학생을 데려왔을 때도 흔쾌히 결혼을 허락한 배경이 됐을 것이다. 오바마에게 그런 외할머니의 존재는 축복 아닐까. 외할머니는 오바마를 키워낸 전부라고 해도 지나치지 않을 것이다. 오바마가 자신의 꿈을 이룬 것 역시 청소년 시절 외할머니의 가르침 덕분이었다. 오바마는 외할머니의 도움으로 하와이 명문 학교인 푸나후에 다닐 수 있었다. 푸나후 시절 오바마는 마약에 손을 대며 방황한 적도 있지만 이를 이겨낼 수 있었던 것도 조부모 덕분이었다.

그런데 오바마의 성공 신화를 보면 역설적인 요인이 발견된다. 다름 아닌 프레드 L. 스트로트베크의 분석이다. "원칙상의 문제 등으로 인해 가장으로서의 권위를 놓아버린 아버지와 성취에 대한 강한 이상을 지닌 어머니야말로 자식의 재능을 발전시키는 데 최적의 조합이다."[4] 흥미롭게도 스트로트베크의 분석을 오바마에 그대로 대입해볼 수 있지 않을까. 조국 케냐를 위해 이혼까지 불사한 오바마의 아버지와 학업을 위해 아들을 남겨둔 채 인도네시아로 돌아간 어머니가 여기에 해당될 수 있다. 오바마 미국 대통령은 조국인 케냐 여행을 통해 가족까지 버린 아버지를 이해하면서 그를 영웅으로 삼았고 대통령의 자리에 오를 수 있었다. 비록 아버지가 자신과 어머니를 버렸지만 조국에 대한 아버지의 헌신과 열정에서 위대한 아버지의 모습을 읽고 존경할 수 있었던 것이다. 그는 아버지를 통해 자신의 정체성과 자존감을 되찾았고 또한 그가 조국을 위해 할 일을 깨달을 수 있었다.

어린 시절 오바마에게 아버지는 신화적인 존재였다. 두 살 때 아버지와 헤어진 오바마는 어머니와 살다가 외조부모와 함께 하와이에서 청소년기를 보냈다. 이때 오바마는 외조부모로부터 아버지에 대한 험담을 한 번도 듣지 못했다. 외할아버지나 외할머니뿐만 아니라 아버지와 이혼한 어머니도 아버지에 대해 항상 좋은 이야기만 해주었다. 그러면서 외할아버지는 항상 "너는 네 아버지의 자신감을 배워야 해. 자신감은 남자의 성공을 위한 비밀의 열쇠거든"이라고 마무리 짓곤 했다.

외할아버지가 들려준 아버지에 대한 이야기는 오바마가 아버지를 긍정적으로 생각할 수 있도록 해주었다. 오바마는 외할아버지와 외할머니, 어머니가 들려주는 짧은 이야기를 재구성해가면서 아버지를 자신이 원하는 가장 이상적인 모습으로 그렸다. 이를 통해 소외감과 이방인이라는 느낌을 견뎌낼 수 있었고 조금씩 자신감을 가지고 생활할 수 있었다. 오바마에게는 한 번도 만난 적 없는 아버지가 존재하고 있다는 사실만으로도 큰 힘이 되었던 것이다.

헤더 레어 와그너가 쓴 『오바마 이야기』에 따르면 오바마는 열 살 때 하와이에서 아버지를 만난다. 한 달 동안의 짧은 만남이었지만 이때 두 가지 기억을 간직하게 된다. 하나는 아버지가 일일교사가 된 일이다. 푸나후 학교에서 아버지가 교단에 서던 날 아버지는 친구들로부터 큰 박수와 존경을 받았다. 그것은 오바마에게 일어난 뜻밖의 사건이었다.

아버지는 아프리카에 대한 이야기, 자유를 위해 싸웠던 조국 케냐의 역사에 대해 들려주었다. 케냐 사람들을 부당하게 억압했던 영국인들과 자유를 향한 꿈을 잃지 않고 끈기와 희생으로 시련을 이겨내 마침내 영국으로부터 독립을 쟁취한 케냐 사람들에 대한 이야기였다.

아버지가 강의를 끝내자 친구들은 박수를 쳤고 크게 환대했다. 친구들은 오바마가 멋진 아버지를 두었다며 부러워했다. "너희 아빠 정말 끝내준다!"라고 환호하는 친구도 있었다. 오바마의 아버지를 만나기 전에는 아프리카에 식인종이 산다고 말하던 친구였다.

두 번째 기억은 아버지가 조국 케냐의 소리라며 레코드판 두 장을 선물해준 데서 비롯되었다. "이거 너 주려고 가져왔는데 깜빡했네. 네 조국 케냐의 소리들이다." 그날 오바마는 음악을 들으며 아버지와 함께 춤을 췄다. 오바마는 아버지와 재즈 연주회에도 가고 함께 책을 읽기도 했다. 그리고 아버지가 떠나는 날 농구공을 선물로 받았다. 오바마가 농구 선수 수준의 실력을 지닐 수 있었던 것은 이날 이후 아버지가 그리울 때마다 농구 코트에서 땀 흘린 덕분이었다. 그 뒤 아버지는 조국 케냐로 돌아가 불행하게 삶을 마감했지만 오바마에게는 결코 실패한 아버지가 아니었다. 케냐를 사랑한 아버지의 모습을 통해 오바마는 더 큰 사랑의 존재를 알게 되었고 강한 자신감을 얻을 수 있었다. 이는 이후 그가 흑인으로서 미국 대통령의 꿈을 키울 수 있었던 에너지로 작용한다. 그가 대통령이 된 것은 아버지가 남기고 간 추억이 있었기에 가능했다고 해도 틀린 말이 아닐 것이다.

오바마에게서는 이른바 '아버지 요인'의 중요성을 확인할 수 있다. "지금 성

노인이
스승이다.

인이 된 자녀들이 사회생활을 하면서 겪는 문제들의 근원을 추적해보면 아버지의 영향이 아주 크다." 스테판 폴터는 『모든 인간관계의 핵심요소 아버지』라는 책에서 모든 인간관계의 핵심에는 아버지가 영향을 미치고 있다면서 이를 '아버지 요인father factor'이라고 규정한다. '아버지 요인'이란 우리 각자의 마음속에 자리잡고 있는 아버지의 태도, 행동, 가치, 직업 윤리, 자신과의 관계 유형 등을 의미한다. 즉 성공한 사람은 성공한 사람대로, 실패하거나 조직에 잘 적응하지 못하는 사람은 또 그 나름대로 상당 부분은 아버지 요인의 영향을 받는다는 뜻이다. 이는 아들뿐만 아니라 딸에게도 그대로 적용된다.

아버지는 죽어서도 영향을 미치는 그런 존재다. 아들이 아버지를 생각하며 언젠가 눈물을 글썽이면 아버지는 그것으로 만족한다. 그 아버지가 실패했든 성공했든 상관없다. 다만 오바마의 아버지처럼 신념과 자기주장이 강하고 열정 있는 삶을 산다면 그 어떤 아버지도 자녀에게 존경받을 수 있고 또 그 자녀는 그런 아버지를 생각하며 인생길을 살아갈 것이다. 오바마에게 아버지의 존재를 알려준 사람은 외할아버지였고 결국 열 살 때 아버지를 만나면서 그 존재를 긍정적으로 받아들였으며, 나아가 자기 정체성을 형성하는 데 큰 영향을 미쳤다고 볼 수 있다.

포스트모던 문학의 지평을 연
외할머니의 영국식 교육, 보르헤스 가

아르헨티나 출신 소설가 호르헤 루이스 보르헤스(1899~1986)는 단편소설집 『픽션들』에서 보여준 그 난해함으로 인해 일반 독자보다 사상가나 소설가들에게

호르헤 루이스 보르헤스.

인기 있는 작가다. 20세기 서구 지성사를 대표하는 푸코를 비롯해 데리다, 움베르토 에코, 옥타비오 파스 등에 의해 작품이 해부됨으로써 더 유명해졌다. 텍스트를 쓴 작가의 의도 못지않게 그것을 읽는 독자의 해석이 중요하다는 독자수용미학이나 후기구조주의 등의 사상적 골격을 형성하는 데 큰 영향을 미쳤다.

보르헤스는 모국어인 스페인어로 읽기 이전에 영어로 읽는 법을 먼저 배웠다. 그가 『돈키호테』를 스페인어 원본이 아닌 영어 번역판으로 읽었다는 사실은 매우 상징적인 의미를 담고 있다. 이는 그가 스페인어 책을 읽을 때보다 영어책을 읽을 때 독서의 기쁨을 느낀 적이 더 많았다는 것을 말해준다. 영어책 속에는 현실보다 훨씬 더 멋지고 신나는 신세계가 담겨 있었다. 그가 영어권 작가가 되지는 않았지만 어린 시절부터 배운 영어는 20세기 서구 중심의 문학계에서 '변방'으로 치부되던 아르헨티나 출신이 문학계를 주도하게 한 원동력이 되었다.

그가 어릴 때부터 영어와 스페인어의 이중 언어를 쓰는 데 아주 익숙했던 비결은 바로 영국인 할머니에게 있었다. 집 안에서는 그를 호르헤 대신 같은 이름의 영국식 발음인 조지라고 불렀다. 영국인 할머니는 아들과 손자뿐 아니라 며느리에게까지 영어를 가르쳐 집 안에서는 모두 영어를 쓰게 했다. 보르헤스의 집은 문화적 주관이 뚜렷했던 영국인 할머니에 의해 아르헨티나에 위치한 조그만 영국 식민지 같았다.

보르헤스는 어릴 때 친할머니와는 영어로, 외할머니와는 스페인어로 대화를 나눴다. 그는 영어와 스페인어가 서로 다른 언어라는 사실을 철들고 나서야 알았다고 한다. 보르헤스가 처음 책을 접한 것은 할머니 무릎에 앉아 영어로 된 영국 동화집을 들으면서부터였다. 그의 부모는 당시 귀족 가문의 전통대로 보르헤스를 일반 학교에 보내는 대신 영국인 가정교사를 두어 교육시켰다.

나중에 부모가 할머니 집에서 분가하자 보르헤스는 스페인어 읽는 법을 배우고 스페인어 책을 읽게 된다. 그러면서 서서히 영국식 이름 '조지'는 스페인어 '호르헤'로 바뀌게 된다.

보르헤스는 "나는 항상 작가로서보다는 독자로서 더 우수했다"라는 말을 자주 했다. 보르헤스의 아버지는 열렬한 독자였을 뿐만 아니라 작가 지망생이었다. 아버지는 어마어마한 영어책을 소장한 개인도서관을 가지고 있었다. 그 서재는 어린 그에게 우주보다 더 넓게 보였다. 아버지가 영어책으로 가득한 개인도서관을 가질 수 있었던 것은 바로 보르헤스의 할머니 덕분이었다. 도서관에는 아버지의 유년 시절에 할머니가 구입한 동화와 모험소설이 가득했다.

"나는 어릴 때 부에노스아이레스의 교외에 살았다. 그것은 구불구불한 골목길 위로 황혼이 멋지게 깔리는 구역이었다. 확실한 것은 우리 집에 철책으로 둘러싸인 정원과 엄청난 영어책이 있는 도서관이 있었다는 사실이다."[5]

보르헤스는 자서전에서 이렇게 말한다. "만일 내 인생에서 가장 중요한 일이 무엇이냐고 묻는다면 서슴없이 '아버지의 도서관'이라고 대답할 것이다." 보르헤스가 처음으로 완독한 소설은 마크 트웨인의 『허클베리 핀』이다. 그는 어릴 적에 마크 트웨인, 브레트 하트, 호손, 잭 런던, 애드거 앨런 포 등을 읽을 때부터 미국을 무척 좋아했고 지금도 미국 작가들을 좋아한다고 말한다. 이는 모두 할머니가 영어책을 사들여 아버지의 도서관을 만들어준 데서 시작한다.

"나중에 원어로 『돈키호테』를 읽었을 때 난 뭔가 잘못된 번역본을 읽는 듯한 느낌이 들었다. 나는 아직도 빨간색 장정에 금박 활자가 찍힌 가니어의 번역본을 기억한다. 스페인어 원본 『돈키호테』를 나중에 읽었는데 뭔가 어색해서 진짜 『돈키호테』가 아닌 듯한 느낌마저 들었다."[6]

영어로 된 책을 많이 읽었지만 보르헤스가 어린 시절 영향을 가장 많이 받은 작품은 『돈키호테』였다. 그런데 스페인어로 읽기에 앞서 영어로 된 『돈키호

노인이
스승이다

테』를 읽었던 것이다. 1939년 보르헤스를 일약 세계적인 작가로 떠오르게 한 첫 단편소설 「피에르 메나르, 돈키호테의 저자」는 어린 시절 읽었던 영어판 『돈키호테』의 기억에서 탄생한 것이다.

"나는 여섯인가 일곱 살 때부터 글을 쓰기 시작했다. 나는 세르반테스 같은 스페인 고전시대 작가들을 흉내 내려고 했다. 또한 조악한 영어로 그리스 신화를 요약한 글도 썼다. 나의 첫 문학 모험은 이렇게 시작되었다."7

그는 백과사전을 즐겨 읽었는데 그 또한 영국의 백과사전을 즐겨 보았던 할머니와 그 할머니의 습관을 물려받은 아버지를 통해 세대를 이어 내려온 유산이다. 보르헤스를 키운 것은 도서관이었고 그곳에서 백과사전을 읽기 시작했다.

보르헤스를 가장 잘 표현한 말 중의 하나는 '도서관의 작가'다. 그는 어렸을 때부터 노년에 이르기까지 생애 대부분의 시간을 도서관에서 보냈다. 작가와 교수 외에 그가 가졌던 유일한 직업은 도서관 사서였다. 어린 시절에는 아버지와 함께 도서관에 다니며 백과사전 등의 책을 읽었고 38살에 도서관 사서로 취직해 74살까지 국립도서관장으로 재임했다. 장년에 실명하고 난 뒤에도 그는 도서관을 떠나지 않았다. 이는 영어로 책을 읽게 하고 말을 배우게 한 영국인 할머니의 교육 방식에서 비롯한 것이었다.

외할머니의 옛날이야기에서 잉태된 노벨문학상, 가르시아 마르케스 가

『백년 동안의 고독』의 작가인 콜롬비아 출신의 가브리엘 가르시아 마르케스(1927~2014)는 이른바 '마술적 리얼리즘'의 영역을 개척해 '소설의 죽음'을 말하던 20세기 중반에 '소설의 소생'을 가져왔다는 평가를 받았다. 이로 인해 1982년 노벨문학상을 수상했다. 마술적 리얼리즘은 현실과 환상, 사실과 허구가 초현실주의적 수법으로 교묘하게 결합되어 있는 형태를 말한다.

"아마란타가 죽은 사람들에게 전해줄 편지를 모아가지고 해질녘에 죽음의 나라로 가리라는 소식이 마콘도 전체에 전해졌으며 오후 3시에는 응접실에 준비해둔 상자가 편지로 가득 찼다. 편지를 쓰고 싶지 않은 사람들은 아마란타에게 전해줄 말을 남겼고, 아마란타는 그 말과 그 얘기를 전해들을 사람의 이름과 사망한 날짜를 공책에 적었다."[8]

아마란타는 "내가 그곳에 가면 우선 그분이 어디 계시는지 물어봐서 찾아가지고 당신의 얘기를 전해드릴 테니 걱정하지 말아요"라고 말했다. 그녀는 이런 일을 떠맡게 되어서 오히려 신이 나는 듯했다. 이 대목에서 보듯이 마치 죽음 너머에도 삶이 있는 듯 자연스럽게 이야기되는데, 이는 아마란타가 혼자 생각하는 것이 아니라 마을 사람들도 마치 사후세계가 있는 것처럼 죽은 사람에게 보낼 편지를 써 그녀에게 주는 것이다. 마치 사후세계의 우편배달부처럼 말이다.

여기서 보듯 때로는 마술적 현실이 사실주의적 현실보다 훨씬 더 사실적이라는 역설적 주장이 펼쳐진다. 이러한 황당무계함은 이 소설의 주조를 이룬다. 그는 "황당무계함 또한 우리 현실의 일부분이다. 현실 자체가 황당무계하다"라고 말한다.

그런데 마르케스의 작품 세계는 그의 삶과 밀접한 관계를 맺고 있다. 그의 삶이 소설적이며 그는 삶 속에서 소설을 창조했던 것이다. 마르케스는 1927년 콜롬비아의 아라카타카 마을에서 아버지 가브리엘 엘리히오 가르시아와 어머니 루이사 산티아가 마르케스 사이에서 태어났다. 여기서 알 수 있듯 마르케스는 어머니의 성이다. 송병선이 엮은 『가르시아 마르케스』에 소개된 인용문에는

노인이
스승이다.

어린 시절 큰 영향을 미친 외가에 대한 기록이 나온다.

"나는 멋진 어린 시절을 보냈습니다. 외조부모들에게는 환영으로 가득 찬 커다란 집이 있었습니다. 그들은 풍부한 상상력과 미신을 신봉하던 사람들이었습니다. (…) 한마디로 공포로 가득 찬 멋진 세계였지요."9

가르시아 마르케스는 외조부모 밑에서 성장했고 바로 그러한 성장 환경이 마법과 현실의 경계를 넘나드는 소설을 쓸 수 있게 만들었다. 그가 태어난 후 얼마 안 되어 그의 부모는 리오아차의 전신국으로 발령을 받아 마르케스를 외할아버지 집에 맡기고 이사를 갔기 때문이다.

초저녁이면 외할아버지와 마르케스는 장터의 시끌벅적한 소음 속에서 시간을 보냈다. "나는 온 세상의 신기한 것들에 감탄했다. 장터에서는 모자에서 토끼를 꺼내는 마법사들, 촛불을 삼키는 사람들, 동물들에게 말을 하게 만드는 복화술사들, 사건들을 노래로 만들어 목청껏 불러대는 아코디언 연주자들에 정신이 팔렸다."

외할머니는 외할아버지가 산책을 나갈 때 꼭 그를 데려가라고 강요했는데 그 이유는 바로 새 애인을 사귀는 것을 막기 위해서였다. 실제로 마르케스는 외할아버지가 낯선 집에서 가장처럼 앉아 있는 것을 목격하고선 그 누구에게도 발설하지 않았다.

외할아버지는 마르케스에게 사전을 선물해주면서 "이 책은 모든 걸 알고 있고, 또 절대 틀리는 법이 없는 유일한 책이란다"라고 말한다. 손자가 "단어가 몇 개 들어 있어요?"라고 묻자 "모두 다 들어 있지"라고 할아버지는 대답한다.

할아버지가 사전을 선물하자 마르케스는 호기심이 발동한 나머지 내용은 이해하지 못한 채 알파벳순으로 소설처럼 사전을 읽어나갔다. 그는 "작가로서의 내 운명에 근본적인 역할을 했을 그 책을 나는 그런 식으로 만났던 것이다"라

가브리엘 가르시아 마르케스.

고 회상한다.

마르케스는 외할아버지가 돌아가신 뒤 옷을 태운 것을 기억한다.

"대령이 전쟁에서 입던 하얀 리넨 제복들은 불에 타는 순간에도, 마치 대령이 살아서 그 옷들을 입고 있는 것처럼, 대령의 모습과 닮아 있었다. (…) 유물을 불태우는 그런 의식을 통해 나도 외할아버지의 죽음에 참여하게 되었다는 생각이 들었고 몸이 벌벌 떨렸다. 그 장면은 지금도 생생하다. 나의 어떤 것이 외할아버지와 함께 죽어버렸다. 하지만 확실한 것은 그 순간 나는 이미 글 쓰는 법을 배우기만 하면 되는 초등학생 작가였다는 사실이다."[10]

외할아버지는 참전 용사로 직위가 대령이었는데, 훗날 마르케스의 소설에서 수차례 부활한다. "외할아버지는 하루 중 아무 시각에나 나를 데리고 바나나

노인이
스승이다.

회사의 풍성한 매점으로 물건을 사러 갔다. 거기서 나는 도미를 생전 처음 보았고, 처음으로 만져본 얼음이 차갑다는 사실을 알고는 몸을 벌벌 떨었었다." 이 장면은 소설의 첫 문장으로 나온다.

"몇 년이 지나 총살을 당하게 된 순간, 아우렐리아노 부엔디아 대령은 오래 전 어느 오후에 아버지를 따라 얼음을 찾아 나섰던 일이 생각났다."[11] 얼음덩이를 보고 호세 아르카디오 부엔디아는 "이건 이 세상에서 가장 큰 다이아몬드야"라고 외친다. 마치 성경에 손을 얹고 증거하듯이 그 얼음덩이를 만지면서 그는 "이것은 우리 시대의 최고의 발명품이야"라고 단언한다.[12]

미신을 믿고 신비적인 것을 아주 좋아하던 외할머니는 어린 가브리엘에게 환상적이고도 터무니없는 일들을 아주 자연스러운 말투로 이야기해주곤 했다. 가브리엘은 환상과 경이로 가득 찬 옛날이야기의 세계에 흠뻑 젖은 채 어린 시절을 보내게 되었다.

마르케스는 "내 존재 방식과 사고방식의 근간은 유년기에 나를 보살펴주던 외갓집 여자들과 여러 하녀로부터 영향받은 것 같다"고 회상한다. 지금 생각해 보면 그 이상야릇한 외가가 그 어떤 가정환경보다 자신의 직업에 많은 영향을 끼쳤다는 것이다. 외할아버지는 손자에게 피비린내 나는 전투 이야기를 들려주는가 하면, 새들의 비행 방법과 오후에 치는 천둥소리들에 관해 설명하면서 어른들의 세계를 보여주었다고 한다.

외가에서의 어린 시절 마르케스는 '마콘도'라는 상상의 마을로 형상화될 아라카타카와 풍성하고 신비스런 외할아버지의 집을 통해 『백년 동안의 고독』에 등장하는 부엔디아 가계를 소설화하는 소재를 발견했다. 즉 유년기부터 들어온 전설이나 신화의 이야기가 잠재의식에 머물고 있다가 『백년 동안의 고독』으로 표출된 셈이다. 외할머니의 입에서 흘러나오는 옛날이야기를 독특한 관점과 문체, 이야기 구조로 교묘하게 융합시켜 현실과 비현실, 사실과 환상이 결합된 총체적 허구의 세계를 창조해낸 것이다. 이 소설 속의 수많은 에피소드는 일상적인 것은 환상적으로, 또한 환상적인 것은 일상적으로 융합한다.

그는 "항상 그렇듯, 향수는 나쁜 기억을 지우고 좋은 기억을 확장한다. 그 누구도 향수의 맹공으로부터 도망치지 못한다"[13]라고 말한다. 마르케스의 소설은 어린 시절 외가에서의 경험에서 잉태되었다고 할 수 있다.

노벨상의 명가를 만든 홈스쿨링과 격대교육, 퀴리 가

'격대교육'의 참모습을 퀴리 가에서도 그대로 발견할 수 있다. 격대교육은 할아버지나 할머니가 손자 손녀를 생활 속에서 자연스럽게 가르치는 자녀 교육의 한 방법이다.

노벨상을 세 번이나 수상한 퀴리 가에서는 할아버지 외젠 퀴리 박사가 손녀들을 훌륭하게 키워냈다. 할아버지는 아들 피에르에 이어 손녀 이렌까지 노벨상을 타게 만들었는데, 그것은 과학의 호기심과 열정을 일깨워준 외젠 퀴리에서 시작됐다. 퀴리 가문은 퀴리 부부가 1903년 노벨물리학상을, 퀴리 부인(본명 마냐 스클로도프스카)이 1911년 노벨화학상을 받았고 이어 그의 딸 이렌 부부가 노벨화학상을 공동수상해 2대에 걸쳐 노벨상 부부 공동 수상의 진기록을 냈다.

마리 퀴리는 1867년 러시아의 지배를 받고 있던 폴란드 바르샤바에서 태어났다. 마리의 아버지는 고등학교에서 수학과 물리학을 가르치는 교사였다. 아버지가 교사에서 해직되고 가정형편이 어려워지자 어머니는 하숙을 쳐 생계에 힘을 보탰다. 아버지는 하숙생에게 과외를 하며 생활비를 벌었다. 엎친 데 덮친 격으로 마리의 어머니는 마리를 임신했을 때 결핵을 앓았고, 마리가 10살 때 그만 세상을 떠나고 말았다.

노벨상을 두 번이나 받으며 전 세계 여성들에게 희망의 상징이 된 마리 퀴리 는 당시 러시아 치하의 폴란드에서 여성의 대학 진학을 금지하는 제도 때문에 대학 진학을 포기할 뻔했다. 그래서 자신이 태어난 조국 폴란드를 떠나 프랑스 파리에 와서야 대학 문턱을 밟을 수 있었다. 지금과 같이 여성들이 자유롭게 대학에 다닐 수 있고 사회에 진출할 수 있는 여건이 갖춰지지 못했던 상황이었 기 때문에 마리 퀴리의 삶은 더욱 감동적으로 다가온다.

프랑스의 퀴리 집안은 아버지 외젠 퀴리와 할아버지가 모두 의사였고 외젠의 아들 자크 퀴리와 피에르 퀴리 형제 또한 과학자였다. 여기서 피에르 퀴리와 마냐 가 결혼하면서 훗날 노벨상의 명가로 우뚝 선 퀴리 가문이 탄생한 것이다.

퀴리 가의 격대교육은 피에르 퀴리의 아버지이자 의사로 유명했던 외젠 퀴리 에서 시작된다. 퀴리 부부는 딸 이렌을 낳자마자 요즘 맞벌이 부부가 겪는 것 과 같은 고민에 빠졌다. 경제 사정이 좋지 못한 상황이어서 부부가 공동으로 실험을 계속하기가 힘들었다. 그때 피에르의 어머니가 유방암으로 숨을 거두자 홀로 남게 된 아버지 외젠 퀴리가 아들과 함께 살게 되었고, 마리가 실험실에 있는 동안 자연스럽게 할아버지가 손녀를 돌보게 되었다. 할아버지 외젠이 손 녀 이렌에게 끼친 영향은 컸다. 의사인 외젠은 손녀가 정신적으로 안정된 아이 로 자라게 해주었을 뿐만 아니라 빅토르 위고와 에밀 졸라 등의 작품으로 문학 적 소양을 갖도록 이끌었다. 또 식물학과 박물학에도 자연스럽게 관심을 가지 도록 유도했다.

외젠 퀴리는 이미 자녀 교육 전문가이기도 했다. 외젠은 지적 발달이 늦은 아들 피에르를 학교에 보내지 않고 독학으로 키우면서 자연과학에 흥미를 갖게 해 결국 노벨상을 수상하게 했다. 외젠은 파리 근교에 살면서 자연스럽게 아이들에게 자연에 대한 탐구심을 심어주기 위해 노력했다. 아버지가 자녀를 직접 가르칠 경우 자칫 감정이 상하게 돼 부모와 자녀 관계를 해칠 수 있다고 했지만 외젠은 자상하게 아들을 이끌었다.

외젠은 의술을 통해 가난한 사람들을 돕는 데 앞장선 의사였다. 우리나라 조선시대의 허준처럼 콜레라가 유행했을 때는 의사가 없는 동네를 다니면서 환자를 돌봐주었다. 프랑스가 혁명의 와중에 있을 때는 그가 살고 있는 아파트에 간이병원을 만들어 부상자를 데리고 와 치료해주기도 했다. 이때 총에 맞아 턱뼈가 부서지는 부상을 입기도 했다. 이런 시민정신으로 명예훈장을 받기도 했다.

외젠은 두 아들을 직접 가르쳤다. 우리나라 부모뿐만 아니라 대부분의 부모는 자녀가 다른 아이에 비해 지적 능력이 떨어지면 일찌감치 아이의 미래를 포기한다. 외젠 퀴리의 경우를 보면 그것은 결코 현명한 결정이 아니라는 것을 알 수 있다.

외젠 퀴리는 성급하게 아이의 미래를 포기하지 않았다. 외젠은 아들 피에르가 지적 발달이 늦다는 것을 알고 직접 가르치기로 결심했다. 학교에 보내면 오히려 아인슈타인처럼 교사에게 구박을 받아 상처를 입을 수 있기 때문이었다. 그래서 피에르는 학교에 가지 않고 고등학교 시절까지 아버지와 함께 집에서 공부했다. 동생인 피에르보다 세 살 위인 형 자크 역시 고등학교를 다니지 않았다. 그렇지만 아버지는 아들에게 어떤 선입관이나 편견을 가지지 않았으며 학교 교육 대신 자신이 열정을 갖고 직접 교육을 시켰다. 다행히도 피에르 퀴리에게는 통찰력을 지닌 아버지가 있었기에 과학자로 성장할 수 있었던 것이다.

피에르 퀴리는 결국 노벨상을 수상한 과학자가 된다. 피에르 퀴리는 대학에

노인이
스승이다.

마리 퀴리.

서 실험 준비 조교로 활동하면서 공부를 계속했고 여기서 마냐를 만나면서 노벨물리학상을 공동 수상하게 되었다. 가정 형편상 고액의 과외를 시킬 수 없는 가정의 경우 방법은 얼마든지 있다. 그중 하나가 바로 격대교육이다. 할아버지와 할머니가 생활 속에서 자연스럽게 아이들과 놀아주는 것 자체가 훌륭한 스승 역할을 해주는 것이다.

존경받는 부자를 만든
'할아버지와 손자의 아침 산책', 발렌베리 가

5대 동안 150여 년을 내려오면서 세계적으로 존경받는 부자 가문으로 꼽히는 스웨덴의 발렌베리Wallenberg 가문이 있다. 발렌베리 그룹은 우리나라 삼성, 현대그룹과 같이 스웨덴의 대표적인 기업으로서 스웨덴에서 가장 존경받는 기업으로 통한다. 현재 발렌베리 그룹 가운데 통신장비업체 에릭슨, 발전설비업체 ABB, 가전업체 일렉트로룩스, 제지업체 스토라엔소, 베어링업체 SKF 등 무려 5개 기업이 해당 분야에서 세계 1위를 차지하고 있다. 물론 발렌베리 가가 처음부터 존경받는 부자였던 것은 아니었다. 이 가문은 은행을 만들고 큰돈을 벌면서 스웨덴 사회를 위해 끊임없이 공헌했기에 가장 존경받는 기업이 될 수 있었다.

발렌베리 가문은 자녀들이 가문에 자긍심을 갖도록 교육해오고 있다. 매주 일요일 아침마다 할아버지가 아이들과 함께 숲을 거닐면서 선조들의 위대한 업적을 들려준다고 한다. 또 사업적인 감각을 기를 수 있도록 할아버지가 손자를 직접 교육시키고 있다. 집에 손님이 오면 아이들을 불러내 손님들과 주고받는

노인이
스승이다

이야기를 듣게 한다. 손님들과 주고받는 이야기를 통해 세상 사는 지혜를 자연스럽게 익히게 하기 위해서다.

우리나라에서 존경받는 부자로 회자되는 경주 최부잣집도 할아버지가 손자와 사랑방에서 함께 자면서 사랑방을 찾는 과객들의 이야기를 듣게 했다. 경주 최부잣집의 최염 옹은 "어린 시절부터 할아버지와 함께 사랑방에서 생활했는데, 손님이 찾아오면 언제나 옆에 앉아서 주고받는 이야기들을 자연스럽게 들을 수 있었다"고 말했다. 우리나라에서는 삼보컴퓨터를 창업한 이용태 박사가 어린 시절에 할아버지가 손님들과 사랑방에서 대화하는 자리에 앉게 했는데, 그 자신 또한 자녀와 손자들에게 그런 교육을 해왔다고 전한다.

집에 손님이 오면 아이들을 방으로 내쫓지 않고 손님과 이야기하는 것을 옆에서 지켜보게 하는 것만으로 교육적인 효과를 거둘 수 있다. 보통 가정에서는 어른들이 오면 아이들은 근처에 얼씬도 못 하게 하는데, 이제라도 아이를 동석시켜 어른들의 문화를 엿보고 익히도록 하는 노력이 필요하다. 이게 바로 산 교육이다. 함께 어울려 살아가기 위해 필요한, 상대방을 배려하는 토론 문화를 일찍이 익힐 수 있기 때문이다.

발렌베리 가문은 이런 훈육 과정을 통해 아이가 자신에 대한 정체성과 자긍심을 갖는 책임감 강한 아이로 거듭나게 해주었고 또한 선조로부터 내려오는 사업 감각을 자연스럽게 체득하게 해주었다. 발렌베리 가문이 존경받는 부자로 거듭날 수 있었던 배경에는 바로 대대로 이어져오는 원칙을 전하고 함께 그 원칙을 공유한 데 있다고 하겠다. 자녀가 아버지나 할아버지의 철학을 따라주지 않으면 결코 5대에 걸쳐 존경받는 기업으로 거듭날 수 없을 것이다.

'이기적 육아'와
'실존적 공허'를 넘어

지금까지 살펴본 것처럼 격대교육은 서구에서도 자녀 교육의 한 축을 담당하고 있다. 즉 우리나라를 비롯한 동양뿐만 아니라 해외 다른 나라에서도 공통적으로 격대교육을 통해 수많은 인물을 배출해오고 있다. 특히 외할머니가 큰 역할을 하고 있다는 점이 인상적이다. 버락 오바마, 빌 게이츠, 가르시아 마르케스는 공통적으로 외할머니의 존재가 그들에게 큰 영향력을 미쳤다.

이런 사례를 통해 알 수 있듯이 할머니와 할아버지는 손자 손녀들에게 지식보다 더 소중한 지혜와 경험을 들려줌으로써 부모와 교사가 채워주지 못하는 멘토의 역할을 해줄 수 있을 것으로 보인다. 서구에서는 이미 '조부모의 날'을 제정해 사회적으로 조무모의 교육 참여 기회를 활성화시키고 있다. 앞서 빌 게이츠의 아버지가 손자 손녀가 다니는 학교의 '할아버지·할머니의 날'에 참여한 것처럼 미국에서는 이미 사회적으로 조부모가 손자 손녀의 교육에 참여할 수 있도록 제도화하고 있다.

노인이
스승이다.

현재 전 세계적으로 조부모의 날을 제정해 시행하고 있는 나라는 14개국 정도로 파악되고 있다. 미국이 9월 노동절 다음 첫 일요일을 '조부모의 날'로 공식 지정해 시행하고 있는 것을 비롯해 독일(10월 둘째 일요일), 영국(10월 첫째 일요일), 프랑스(3월 첫째 일요일), 이탈리아(10월 2일), 호주(11월 첫째 일요일), 캐나다(9월 둘째 일요일), 대만(8월 마지막 일요일), 파키스탄(10월 둘째 일요일), 브라질(4월 26일), 에스토니아(9월 둘째 일요일), 남수단(11월 둘째 일요일) 등이 조부모의 날을 제정해 기리고 있다. 폴란드는 할머니의 날(1월 21일)과 할아버지의 날(1월 22일)을 분리해 시행하고 있다.

'조부모의 날'은 조부모와 손자 손녀 세대 간의 장벽을 허물고 소통할 수 있는 기회를 제공한다는 차원에서 우리나라도 시급히 도입할 필요가 있다. 빌 게이츠 가에서 확인할 수 있듯이 손자 손녀가 조부모에게 소중한 존재라는 마음을 전해줄 수 있다면 그보다 더 멋진 세대 간의 사랑이 있을까 싶다. 이는 또한 세대 간의 이기주의를 극복할 수 있는 통로로 작용할 수 있을 것이다.

그러나 근래 들어 '이기적' 키워드가 전 세계를 휩쓸면서 우리 사회에서도 이른바 '이기적 신드롬'이 일고 있다. 수명 연장과 베이비부머들의 퇴직과 맞물려 '이기적 노후'가 여기에 가세하고 있는 실정이다. 한 신문은 외손자 양육에 사생활을 뺏긴 '내 인생도 있는데… 장모님의 반란'[14]이란 기사를 다루었는데, 이는 바로 '이기적 노후'의 한 단면이다. 이 신문은 손자를 떠맡지 않기 위한 노하우를 담은 이른바 '장모 5계명'[15]까지 소개했다. '키우더라도 확실하게 양육비를 받자' '여유가 있다면 양육 도우미를 붙여주자' 등과 같은 5계명을 보면 육아를 떠안은 장모들의 사정에 공감이 가면서도 왠지 쓸쓸함을 지울 수 없다. 즉 이기적 노후는 이기적 자녀의 양산으로 이어지고 세대 간의 간극은 더욱 넓어지는 등 사회적인 문제를 한층 심화시킬 수 있기 때문이다. 그렇기에 만시지탄이지만 우리나라도 '조부모의 날'을 제정하기를 제언해본다.

'이기적 신드롬'은 그동안 우리 사회의 전통적인 부모의 윤리인 '헌신'의 가치가 사라지고 있다는 신호탄이기도 하다. 이는 '이기적인 자녀'들이 부모를 그런 방향으로 몰아가고 있는 것인지도 모른다. 얼마 전 우리나라의 부모 자녀 관계가 OECD 국가 가운데 가장 '도구적'인 것으로 조사된 바 있다. 부모의 소득이 낮을수록 자녀들의 발길이 줄어든다는 것이다. 어쩌면 '이기적 가족'의 시대, 나아가 가족 해체의 시대가 열리고 있는 징후라는 생각마저 든다. 장모들의 반란에서 보듯이 이제 부모가 자녀에게 무조건적으로 헌신하는 시대는 갔다. 이를 부채질하는 것이 어쩌면 '이기적인 부모'에 의한 '이기적 육아'라고 할 수 있다. 내 아이만 잘 키우면 된다는 이기적인 생각이 아이를 이기주의자로 키울 수 있기 때문이다.

가족 해체 시대일수록 역설적으로 '가족'의 울타리는 더없이 중요한 자산이다. 일부에서는 이기적 부모와 자녀들로 가족 해체의 몸살을 앓고 있지만 가족 공동체의 끈을 잘 이어가는 경우도 있다. 이는 부모나 자녀가 이기적인 욕망에서 한 걸음씩 양보하는 것에서 시작한다. 21세기에 전통시대와 같은 가족공동체의 모습을 기대한다는 건 애초 불가능하지만 격대교육과 같은 가족애를 바탕으로 한 양육방식이 가족의 끈을 매개로 부축한다면 그나마 웃음꽃이 피어나는 가족을 만들 수 있을 것이다.

나치 수용소에서 극적으로 생환한 빅터 프랭클의 『인간이란 무엇인가』에 '실존적 공허'라는 말이 나온다. 실존적 공허를 경험하는 사람들은 권태에 시달리고 인생이 무의미하다고 생각한다. 빅터 프랭클은 실존적 공허를 소개하며 두 여인을 비교한다. 바로 자식 없고 재산이 많아 사회적으로 이름이 난 노부인과 불구의 자식을 가진 어머니다.

노인이
스승이다.

먼저 자식이 없고 재산이 많은 노부인은 다음과 같이 고백한다. "저는 백만 장자와 결혼했고 재산이 넉넉해서 유족한 생활을 했습니다. 한껏 살았지요. 이 젠 나이 80이 된 몸인데 슬하에 자식 하나 없이 지금 늘그막에 생각해보니 모든 것이 다 무엇 때문이었는지 모르겠어요." 그러면서 이 노부인은 "사실 저의 인생이 실패였음을 자인하지 않을 수 없습니다"라고 말끝을 흐린다.

불구의 자식을 가진 어머니는 이렇게 고백한다. "저는 아이를 갖고 싶어했습니다. 결국 소망이 이루어진 셈이죠. 그러나 한 아이는 죽었어요. 나머지 한 아이는 불구자여서 만약 그 애의 뒷바라지를 내가 맡지 않았다면 그 애는 요양소에 보내졌을 것입니다. 비록 불구이고 남의 도움이 없이는 못 사는 아이지만 그래도 내 자식입니다."

이 순간 그 어머니는 와락 눈물을 쏟았다. 울면서 말을 이었다.

"지나온 인생을 담담하게 돌이켜보면 저의 인생은 충분한 의의가 있습니다. 저는 그 의의를 실현하고자 온 힘을 기울여왔으니까요. 저는 자식을 위해서 힘껏 노력했습니다." 이 어머니는 "저의 인생은 조금도 실패가 아니었습니다"라고 말을 맺고 있다.

빅터 프랭클이 말한 '실존적 공허'에 대한 최고의 처방약이 어쩌면 '격대교육'에 있지 않을까 하는 생각을 해본다. 결국 유한한 존재자인 인간은 다른 누군가를 위해 의미 있는 일을 할 때 행복해질 수 있는데 그 대상이 손자 손녀라면 그 어찌 행복하지 않겠는가!

제6장

손자를 위한
육아일기
: 이문건의 『양아록』을 읽다

장정호

부천대 영유아보육과 교수

손자 양육의 생생한 기록

『양아록養兒錄』은 전통사회에서 조부모에 의한 육아가 어떠한 방식으로 이루어졌는가에 대한 매우 흥미로운 내용을 전해준다. 제목에서 드러나듯 조선시대에 쓰인 육아일기라 할 수 있는 이 책의 저술 배경은 매우 독특하다. 조선시대에 여자가 아닌 남자, 그것도 사대부가 아이를 키우고 기록했다는 사실은 매우 특기할 만하다. 정치적 사화에 연루되어 귀양살이를 하게 된 한 양반이 그곳에서 천금보다 귀한 손자를 얻고, 손자가 태어나면서부터 성장하기까지 십수 년의 세월을 양육에 참여한다. 조부는 그 과정에서 일어난 일들과 절절한 심정을 시문 형식의 일기문으로 기록해놓았다. 문장마다 손자가 성장하는 모습과 온갖 사건에 얽힌 할아비의 감정을 생생하게 표출시키고 있다. 그 과정에서 온갖 보살핌과 훈육, 학습 등 다각적인 신체적·정서적·인성적 교육이 일어나게 된다. 그야말로 조부는 손자와 함께 인생의 동반자로서 살아나가는 것이다. 조손의 관계가 이보다 더 긴밀하고 친근할 수 있을까? 조손간에 이루어지는 교육

노인이
스승이다

이 이보다 더 생생하고 간절할 수 있을까? 『양아록』은 그 자체로 조부와 손자가 십수 년의 세월 속에서 함께해온 삶의 자취이자 노인 세대와 어린 후대 사이에 이루어지는 깊은 교감에 대한 역사적인 기록이다.

조선 최초 육아일기의 배경

『양아록』은 조선 중기의 인물 이문건李文楗(1494~1567)이 남긴 기록이다. 이문건은 1494년(성종 25)에 태어났으며 자가 자발子發, 호가 묵재默齋이고 본관은 성주星州다. 그는 고려 말의 명사인 이조년李兆年의 후대로서, 그의 가계는 고려 말 신흥 사대부로 일어난 가문이었다. 또한 정암靜菴 조광조趙光祖의 문인으로 1513년 20세에 과거에 합격한 바 있으며, 9년간 정거停擧[1]되었다가 1528년 별시 문과에 합격하여 승정원 좌부승지까지 지냈다.

묵재는 이황, 조식, 이이 등 당대의 학자, 명유 등과의 친분과 교유도 두터웠다. 이러한 묵재의 가문적 배경과 사우관계로 미루어볼 때 조선 사회의 유교적 분위기에서 성장한 지식인이었으며 사대부로서의 위상도 상당했다고 할 수 있다. 이후 그는 을사사화乙巳士禍에 연루되어 고향인 경북 성주에서 귀양살이를 하던 중 손자 이수봉李守封(1551~1594)을 얻어 그 양육에 적극적으로 참여하면서 『양아록』을 남기게 된다.[2]

이문건은 1567년 세상을 뜰 때까지 23년간 유배생활을 했다. 이때 가족들이 함께 거처를 옮겨 생활했는데, 이곳에서 58세 되던 1551년에 손자를 얻었고, 64세 되던 해에는 외아들 이온李熅의 죽음을 보았다. 『양아록』의 주인공인 이수봉은 초명이 숙길淑吉이며, 1564년에 수봉으로 개명했다. 묵재가 죽자 그의 가족은 처가인 지금의 충북 괴산으로 옮겨와 살았는데, 이수봉은 괴산군 문광면 전법리에서 살다 그곳에서 죽었다. 그는 임진왜란 때 윤우尹佑, 조복趙服 등과 함께 격문을 쓰는 활동을 벌이기도 했으며 자신의 공에 대한 포상을 사양하여 칭송을 받았다고 한다. 시 한 편이『묵재집默齋集』에 남아 있다.[3]

조부인 이문건이 손자를 유배지에서 양육하는 상황은, 일반적인 가정에서 조부모가 자손을 교육하는 일과는 사뭇 다른 점이 있다. 자신의 학식이나 집안 배경, 사화에 연루되어 겪은 고초 등으로 인해 손자에 대한 절절한 감정과 교육적 열정이 배가되어 나타나기 때문이다.

육아관과 교육관

|

이문건은 기본적으로 유학 교육을 받은 지식인이었다. 그래서인지『양아록』에는 유교적 신념에 입각한 육아관과 교육관이 뚜렷하게 드러난다. 어린 손자가 손톱을 다친 것을 보며 증자曾子가 자신의 수족을 온전히 보존한 고사를 인용하면서 심신의 건강을 도모하고 나아가 선성善性을 보존·수양하는 가르침으로 끝맺는다든지, 마마를 앓는 손자를 보면서 건강을 유지하여 군자인君子人으로 성장하고 덕망 있는 가문을 이루기를 염원한다든지, 손자의 조급증을 경계하며 경망한 마음을 없애고 성현의 길을 따라 인의仁義와 천성天性을 상실하지 않도록 가르친다든지 하는 일이 그렇다.

언뜻 사소해 보이는 일상적인 육아활동이 인격의 완성이라는 고원한 유학 교육의 목표로 확장되어가는 것은 이문건 자신이 유학에 입각한 교육철학을 견지하고 있었기에 가능했다. 사대부라는 이문건의 계층적 신분과 유교적 학식

노인이
스승이다

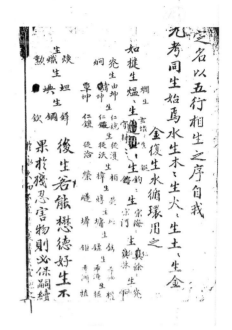

『양아록』. 이문건이 유배지에서 본 손자를 출생부터 16세까지 키우면서 경험했던 일상적인 내용을 기록한 일기이자 할아버지의 손자 양육기다.

은 실제 『양아록』이 단순한 육아일기를 넘어 삶과 교육이 어우러지는 조손 간 격대교육의 증거가 되게 한다.

육아에 대한 이문건의 관점을 살펴보자. 육아는 기본적으로 어린아이를 대상으로 이루어지는 활동이다. 어린아이는 여러 측면에서 미성숙한 존재다. 즉 아직 하나의 독립된 개체가 아니며, 일정 수준의 성장 발달 단계에 도달하기까지 끊임없는 보호를 받아야 한다. 이문건 역시 손자 숙길의 건강과 안전에 많은 신경을 쓰고 있음을 『양아록』 곳곳에서 찾아볼 수 있다. 아직 독립된 삶을 영위하지 못하는 어린 손자에 대한 염려와 함께 육아의 어려움을 토로하는 장면들이다.[4]

더위를 먹어서

暑癏嘆

- 을묘년(1555) 7월에 짓다. 21일 계축⁵

(…)

언제 정신과 식견이 성장하여	何時神識長
제 몸 제가 보호할 줄 알게 될꼬	將護得自知
천금 같은 몸을 보존해야 하니	庶保千金軀
삼가 안전하게 하고 위험으로부터 보호해야 하리	夷險能謹持
지금 아직 어린 나이라서	今尙幼穉際
뭘 보기만 해도 마음이 먼저 따라가니	見物意先隨
깨우쳐줘도 이해하지 못하고	喩之不能解
꾸짖어도 위엄 보이기 어렵네	訶之又難威
보살피고 기르는 일 진실로 쉽지 않으나	保養誠不易
어찌 감히 어렵다 해서 소홀히 하리요	豈敢以難隳
늙은 할애비 마음인 까닭에	所以老翁心
날마다 여기에 마음 두고 있노라	念玆日在玆

경기를 일으키니 안타깝다

驚悸嘆

- 을묘년(1555) 12월에 짓다⁶

(…)

십여 세까지 잘 보살펴주어	善護十餘歲
혈기가 거의 안정되고	血氣庶凝成

노인이
스승이다

정신과 식견이 성숙하면	到得神識長
응당 제 몸가짐 가벼이 하지 않겠지	持身應未輕
그런 후에 명운이 안정되어	然後命安泊
재앙, 질병, 횡액을 면하리라	可免災病橫
쇠퇴해가는 가문 네가 지탱하여	衰門汝撑拄
수천 년까지 이어가게 해야 하리	相繼垂千齡

기록에서 보듯이, 이문건은 어린 손자가 스스로 자신의 몸을 가누고 보호하지 못하는 것에 대해 자주 안타까움을 표현하고 있다. 여기서 '정신과 식견이 성장하여 자신의 몸을 보호하는 상태'는 바로 자조능력自助能力, 자구능력自救能力과 같은 의미로, 그가 손자의 자조능력 형성에 많은 노력을 기울이고 있음을 확인할 수 있다.

자조능력은 좁은 의미에서 보면, 어린아이가 스스로 밥을 먹거나 옷을 입는 등 주로 운동 기능적 측면에서의 발달을 뜻한다. 하지만 넓은 의미에서는 하나의 독립된 개체로서뿐만 아니라 사회적 존재로서도 자신의 삶을 영위할 수 있는 보편적 방식을 터득하는 것을 의미할 수도 있다. 자조적 삶을 이룬다는 것은 결국 타인에 대한 의존성을 점차 탈피해가는 과정이며, 나아가 인간으로서 갖춰야 할 요소를 구비해가는 과정을 의미한다는 점에서 하나의 교육적 과정이기도 하다. 손자가 한 인간 개체로서 존립할 수 있도록 돕는 일, 이는 조부가 손자에게 베푸는 뜻깊은 교육적 조력인 것이다.

한편『양아록』은 육아의 목적이 올바른 인간을 형성하는 데 있음을 여러 군데에서 시사한다. 단순히 신체적·정신적 기능을 발달시키거나 규범을 습득하는 것에 머무르지 않고 가치 지향적이다. 예컨대 어린 손자가 손톱을 다치거나 역병을 앓고 있는 경우에도, 신체적 건강을 회복해야 하는 이유를 더욱 고원한 가치와 관련지어 인식하고 있다.

손톱을 다쳐서 傷爪嘆

– 을묘년(1555) 동짓달 초6일에 쓰다. 9월 초 손상을 입었는데, 10월 보름께 상처가 아물어, 동짓달 초에 손톱이 살아났다[7]

(…)

옛날에 증자는 수족을 온전히 보존하여	昔賢啓手足
오랜 세월 아름다운 자취로 추앙받았으니	千載仰遺芳
손자는 모름지기 이런 뜻을 유념해서	兒須體此意
털끝 하나라도 감히 훼상치 마라	一豪毋敢傷
어찌 다만 손가락 하나 다친 것을 애석해하리	豈但一指惜
심성이 어진 것보다 중대한 것이 없을지니	莫大心性良
마음을 수양하여 품성을 완성해서	治心以成性
근신하는 마음을 가지고 심성을 매우 건강하게 하라	惕若貴矯強
선성을 잘 보존, 수양하고 도의를 왕성하게 해서	存存道義旺
복과 경사를 무궁하게 하라	福慶收無疆

마마를 앓아서 行疫嘆

– 병진년(1556) 8월 하한에 쓰다[8]

(…)

노인이
스승이다.

「모당 홍이상 평생도」 중 '초
도호연初度弧筵', 김홍도,
종이에 엷은색, 122.7×
47.9cm, 1781, 국립중앙박
물관. 돌상을 놓고 있는 어
린아이 뒤로 할아비의 모
습이 눈에 띈다.

네 자신이 잘 성장하여	爾身善成立
마침내 군자인 되어	終爲君子人
훌륭하고 덕망 있는 가문을 이루면	德門優可入
생각건대, 응당 아름다운 복 누리고	惟應享嘉祚
쇠퇴해가는 가통을 살려 면면히 이을 수 있으리라	繩繩衰緒緝

　손톱이 다쳤다가 아물기 시작하는 손자의 모습을 지켜보면서 이문건은 자신의 신체를 보존하는 것, 나아가 마음을 다스리는 것이 모두 도의道義를 닦고 복을 이루는 기초가 된다는 점을 지적한다. 또한 이어지는 기록에서는 전염병인 마마를 겪은 뒤, 무병하게 성장하는 일이 종국에는 군자가 되고 가문을 일으키는 일의 기초가 된다는 점을 강조하고 있다.

　이문건은 이처럼 손자에게 올바른 가치관을 심어주기 위해 고심했다. 인격 형성과 가문의 부흥을 염원하면서, 올바른 가치관을 갖기를 바랐다.

노인이
스승이다

일기 구석구석에 스민
할아비의 마음

보양과 훈육으로 아이를 기르다

『양아록』은 손자의 출생부터 16세에 이르기까지 이루어진 육아의 사례를 기록하고 있다. 그 내용은 매우 구체적이고 다양하지만, 크게 보양·훈육·학습의 세 영역으로 구분하여 소개해보고자 한다.

우선, 보양保養[9]은 어린아이의 발육, 안전, 건강 등 신체적 측면에서의 보호 양육과 관련된 일체의 육아활동을 가리킨다. 서문, 축원문, 가족에 관한 글 등을 제외한 육아 관련 내용에 해당되는 37편의 일기문 중에서 20여 편의 내용이 모두 보양의 측면과 관련되어 있는 점을 보더라도, 어린아이의 생명과 건강을 유지하는 일이 육아의 가장 우선적인 임무가 되었음을 짐작할 수 있다. 그 구체적인 조목은 다음과 같다.

· 질병 및 사고(14편)

이·벼룩이 얄미워서 / 이질을 앓아서 / 이질이 오랫동안 지속되어 / 학질을 앓아서 / 눈이 충혈되어 / 더위를 먹어서 / 손톱을 다쳐서 / 이마를 다쳐서 / 경기를 일으키는데 안타까워 / 마마를 앓아서 / 불고기를 먹고 탈이 나서 / 귓병을 앓아서 / 귀에 종기가 나서 / 홍역을 앓아서

· 성장발달(10편)

앉기 연습 / 이가 돋아남 / 기어다님 / 윗니가 나서 / 처음 일어서서 / 걸음마 / 책 읽는 모습을 흉내 내는 것을 보고 / 말을 배움 / 밥을 잘 먹지 않아서 / 젖니를 갈게 되어

위의 내용은 어린아이가 신체의 제 기능을 갖추고 외부세계에 대한 적응력이 길러지도록 조력하는 일로 집약된다. 보양의 중요성은 그것이 한 인간의 존립과 관련된다는 데 있다. 보양 측면에서의 육아는 주로 영유아기에 집중적으로 행해진다. 신체적 성장 발달의 측면에서 볼 때, 어린아이는 성인의 조력을 받으면서 점차 근육이나 사지 등의 신체 기능을 터득함과 동시에 외부세계에 대한 면역력을 갖춘다. 인간이 신체적으로 가장 연약한 시기, 심지어 생존이 위협받는 시기에 행해지는 보양은 평생의 건강을 좌우하는 일로서 중시되었다.

보양에 이어 훈육은 육아의 주된 내용이 된다. 『양아록』에서는 보양 이외에 아이의 올바른 습관 형성과 이에 관련된 훈육을 육아의 주요 내용으로 취급하고 있다. 생활 습관과 관련된 시편의 제목과 사례를 소개하면 다음과 같다.

노인이
스승이다.

· 생활 습관

종아리를 때리고 나서 / 조급증을 경계하여 / 취주에 탄식하여 / 마을에서
술을 마시는데 / 손자가 할아버지를 잘 따라서 / 종아리를 때림

종아리를 때리고 나서 撻兒嘆

– 가정 경신년(1560) 단오 후 1일에, (손자가) 화를 내기에 종아리를 때려서 그
것을 깨우쳐주었다. 곧 일편을 초하여 이것을 기록하는데, 운을 염두에 두지
않고 다만 첩운을 해서 쓰다[10]

아이의 종아리를 때리는 건 내가 악독해서가 아니요	撻兒我非惡
아이의 나쁜 습관을 금지시키기 위해서라	冀禁兒習惡
만약 악습을 금지시키지 않으면	惡習如不禁
고질이 되어 끝내 금지시키기 어려우리	癖痼終難禁
악습의 기미는 초창기에	習氣初起時
바로 꾸짖고 금해야 하는 법	正是訶禁時
내가 화내는 까닭은	所以起吾怒
화 잘 내는 아이를 회초리로 징계하여 절제시키려는 것	楚懲制兒怒
아이를 가여워하는 고식적인 마음이	姑息怜兒心
사사건건 그렇게 아이의 마음을 반복되게 했도다	事事循厭心
(…)	
언제 지혜가 밝아져	安得兒智明
때가 되면 스스로 허물을 알게 될꼬	時能自咎明
할애비 마음을 헤아려야 할 것이니	可揆老翁情

개선하길 바라는 것이 참으로 지극한 정이라　　　　　　　黃善眞至情

(…)

　"악습의 기미는 초창기에 꾸짖고 금해야 한다"는 구절에서 확인되듯, 어려서부터 올바른 습관을 들이는 일을 중시했다. 이문건은 아이가 그릇된 행동을 할 때 가엽다고 그 자리에서 바로잡지 않으면 고질적인 습관이 된다는 것, 올바른 습관은 어려서부터 형성되어야 한다는 점을 인식했다. 이어지는 기록은 손자의 그릇된 언어 습관을 교정하기 위한 훈육의 과정으로서 종아리를 때린 경우다.

　확실히 손자 숙길은 거슬리는 행동을 많이 했다. 자기 뜻에 안 맞으면 단칼에 그네를 끊어버리기도 했고, 눈을 부릅뜨고 성질을 부리거나 욕을 하며 주먹을 휘둘렀다. 또한 잦은 음주 습관도 있었다. 이에 대해 할아버지는 회초리를 들어 초기에 악습을 교정하고자 노력하는 모습을 보여준다.

　이와 같은 훈육을 통해 어린아이는 일상생활에서 준수해야 할 여러 규범을 익힐 수 있다. 또한 그와 더불어 사회적으로 인정되는 방식으로 자신의 삶을 영위할 기본 방식을 습득하게 된다. 이렇듯 손자는 조부모로부터 성장 발달 정도에 따라 단계별로 적합한 훈육을 받을 수 있다.

　그리고 이어지는 것은 글공부다. 할아버지는 손자에게 글을 가르치기 위해 특별히 더 고심했다.

글자를 깨우치게 되어　　　　　　　　　　　　　　　　海字吟
　－9월 5일 새벽에 쓰다[11]

노인이
스승이다.

손자의 지각이 날로 발달되어   兒性日有覺

시험 삼아 글자를 쓰고 읽게 하니   試教書字讀

혀가 짧아 발음이 제대로 되지 않고   舌短韻未諧

심란하여 잘 잊어버리고 제대로 외우지 못하네   心擾忘難憶

손자의 천품이 중간 수준은 되니   兒稟足中人

책망하는 것은 너무도 성급하다   責望猶太急

그렇지만 권하고 가르쳐줄 때는   因之勸誨際

성내며 지도하지 않을 수 없네   不能無怒勅

응당 상세하고 천천히 타일러줘야 할 것이니   應須諭詳緩

조급하게 윽박지른다고 무슨 이득이 있으리   躁迫有何益

때때로 나의 잘못을 뉘우치지만   時時悔我非

왕왕 실수를 반복하네   往往循前失

이것을 글로 써서   玆用著爲詞

훗날을 경계하리라   庶幾戒後日

이문건이 손자의 '지각이 발달하는' 시기에 글을 가르치는 모습이다. 나아가 너무 어린 아이에게 글을 가르치는 고충 역시 구체적으로 토로하고 있다. 아직 기억력과 이해력 등이 미비한 상태이므로, 글자를 깨우치기 위해서는 어른의 상세하고 꾸준한 지도가 필요하다. 이때 아이에게 조급하게 윽박지르는 것이 잘못된 것이라는 점을 알지만 양육자로서 왕왕 저지르는 실수를 언급하고 있기도 하다. "어린아이 중에 누가 부지런히 학습하리요, 할애비는 다만 네가 세월을 아끼길 바라서란다"[12]라는 이문건의 당부는, 어린아이가 학습하는 일이 비록 어려운 일이라 해도 반드시 일찍부터 시작되어야만 함을 보여준다. 학문을 숭상하는 조선의 사회적 분위기 속에서 문자 지식을 습득하는 일은 사회인으로 성장하는 데 필수적인 소양이었다.

『양아록』을 시간 순서에 따라 살펴보면, 초기에는 손자의 생장 및 질병, 건강에 많은 관심을 보이며, 지각과 인식이 자란 뒤에는 글 읽기나 문장을 가르치는 일에 열성을 보인다. 이는 성장의 자연스러운 과정에 따른 것이다. 조손간의 교육 역시 자손들의 신체적, 정신적 성장 발달에 따라 조부의 적절한 조치와 훈육 등을 통해 이루어지고 있음을 짐작할 수 있다.

매일의 기록, 문학의 격을 갖추다

『양아록』은 일기문의 형식으로 전개되고 있기 때문에 육아 과정이 시간 순서에 따라 제시되고 있다. 손자가 성장해가는 시간상의 흐름에 따라 앉기, 걸음마, 학습, 훈육 등 갖가지 변화와 심경이 효과적으로 표현되고 있는 것이다.

『양아록』에는 양육자 이문건의 다양한 감정이 생생하게 나타난다. 이 일기는 육아를 위해서 이러저러한 활동을 해야 한다는 지침서가 아니다. 예컨대『소학小學』이나『내훈內訓』과 같은 교훈서들은 대체로 규범화된 행동 방식 및 명제화된 윤리도덕의 일반적 원리를 직접적으로 제시하는 형태를 취하고 있다. 즉 이들 교훈서는 일반화된 서술로 이루어져 있어 행동의 지침을 제시하는 데는 효과적이지만, 구체적 맥락이나 그에 뒤따르는 정서를 드러내는 데는 한계가 있다. 반면『양아록』은 갖가지 문제 상황과 대처 방식, 그에 따른 진솔한 감정 등을 사실적으로 담아낸다. 구체적인 내용을 살펴보면 다음과 같다.

앉기 연습 趐坐

4개월이 되니 들춰 안아도 되고 四月堪提抱

고개를 제법 가누어 잡아주지 않아도 되네 頸强不用扶

6개월이 되어 앉아 있기도 하는 것이 六朔坐能定

아침저녁으로 점점 달라져가는구나 朝晡覺漸殊

기어다님 匍匐

－7월 보름때 비로소 몸을 엎드려 기려는 행세를 짓더니, 8월 보름 후 기어다닌다[13]

(…)

점점 기어다닐 수 있으니 漸能匍匐行

하늘의 이치는 진실로 속일 수 없구나 天機眞不假

걸음마 趐步

－앞의 운에 차운하여 짓다. 12월 보름 후 능히 발짝을 뗄 수 있었다[14]

(…)

점점 한 발짝씩 떼기는 하지만 漸能運一步

자주 넘어지고 일어서고 하는구나 數躓更數立

(…)

나를 향해 두 손 들고 向我擧兩手

웃으며 다가오는데 미끄러질까 겁내는 듯하구나 　　　　　笑投如畏跌

등을 어루만지고 다시 뺨을 비벼주며 　　　　　　　　撫背更摩䐴

"우리 숙길이" 하며 끌어안고 환호했네 　　　　　　　携弄呼吾吉

말을 배움 　　　　　　　　　　　　　　　　　　　學語

　- 계축년(1553) 정월 초 2일에 짓다[15]

커가는 손자 지켜보는 일 즐거워 　　　　　　　　　善見兒孫長

내 자신 늙는 줄도 모르겠네 　　　　　　　　　　仍忘己老衰

사람의 말 분명하게 흉내 내는 것이 　　　　　　　效人言語了

나날이 전보다 나아지는구나 　　　　　　　　　　日日勝前時

　『양아록』은 모두 37제題 41수首이며 산문 4편 및 가족과 관련한 여타 기록도 함께 담겨 있다. 특히 묵재는 일부 짧은 시를 제외하고는 대다수의 시 서두에 이를 짓게 된 배경과 연유를 산문으로 설명해놓고 있다. 이것은 시 작품을 이 해하는 데 많은 도움을 준다. 또 장편 고시가 많은 편인데, 이는 구체적 상황과 체험, 감정 등을 진술하고 자연스럽게 표현하기 위해서는 구수句數와 압운押韻의 제약을 덜 받는 고시 형식이 적합했기 때문인 것으로 짐작된다.[16]

　묵재 이문건은 『양아록』에서 어렵게 얻은 손자에 대한 진심 어린 사랑과 배려, 장차 훌륭한 인재가 되어 가문을 일으켜 세우기를 염원하는 간절한 마음을 있는 그대로 표현함으로써 마치 한 편의 소설과 같이, 읽는 이로 하여금 깊은 감동을 느끼게 한다. 한문漢文으로 된 기록 중에서 육아에 대한 내용이 일기 형식의 시편으로 기록된 경우도 드물거니와, 그 내용적 측면에서 볼 때도

노인이
스승이다.

『양아록』은 문학적으로 그 가치를 인정받고 있다.

조부, 교사로서의 양육자

|

『양아록』에는 교사로서의 조부와 학생으로서의 손자, 다시 말해 조부의 보살핌과 가르침 속에서 성장하는 어린 후대의 모습이 잘 그려져 있다. 특히 교육의 주체로서 손자를 교육해야 하는 양육자이자 교사로서의 조부 이문건의 감정과 정서가 복합적으로 표출되어 있어 주목을 끈다.

어린 손자를 양육하면서 이문건이 갖는 안타까움과 희열, 책임감 등의 다양한 감정은 손자에 대한 교육이 사랑을 전제로 이루어진다는 것, 나아가 어린 후대를 올바르게 이끌고자 하는 교사로서의 역할과 사명감이 교차되면서 나타난다. 특히 손자가 병에 걸렸을 때 이문건이 느끼는 안타까움은 그러한 교육자의 심정을 잘 보여준다.

이질을 앓아서   兒痢嘆
－9월 21일 처음 아프기 시작했다[17]

(…)

약물을 쓸 수가 없으며	藥物未能投
의원이 없으니 다시 누굴 찾아가리	無醫復誰訪
만사를 하늘에 맡긴 채	萬事付之天
스스로 여유 있는 체하나 도리어 안달이 나네	自寬還怏怏

무당을 불러 병을 낫게 하라 했더니　招巫令救解

날로 차고 있으리라 위로해주는데　慰言差日向

할애비의 정은 끝없어　無窮父祖情

허망된 말도 귀 기울여 믿는다네　傾耳信虛妄

잠시도 염려 놓을 수 없어　斯須念不弛

왔다갔다하며 자주 손자의 얼굴 살펴보네　往復勤侯相

어느 날에나 회복되어　何當獲蘇平

무병하게 잘 자랄꼬　無病好成長

이질이 오랫동안 계속되어　久痢嘆

- 시월 그믐에 짓다[18]

(···)

한 달이 지나 10월이 되었는데도　月盡孟冬光

설사는 계속되어 차도가 없구나　連綿差未瘳

어느 때나 좀 나아져 설사 멎고　何時證少康

습濕이 제거되어 비위가 튼튼하게 될꼬　濕去脾胃強

거의 상서롭고 길한 징조가 보여　庶幾獲吉祥

조석으로 자세히 증세를 물어보네　昕夕侯問詳

조바심하는 마음은 드러내지 않으나　天性中心藏

항상 생각하며 잠시도 잊지 않노라　念念無時忘

노인이
스승이다.

학질을 앓아서

兒瘧嘆

- 계축년(1553) 윤3월 26일, 처음 아프기 시작했다. 27일 한열이 나고 놀라며, 두려워하고 고통스러워하는데, 처음엔 학질인지 알지 못했다. 29일 또 고통이 있었다. 4월 초2일, 초4일, 초6일 모두 몸이 먼저 싸늘해지더니 그 후에 열이 났다. 초8일 나무에 빌고서 좀 멈추는 듯했는데, 다시 11일에서 16일까지 매일 연속해서 음식을 입에 넣지 않았다. 17일 저녁부터는 곤하게 잠을 잤기 때문에 한열이 있는지 알지 못했는데, 이때부터 멎는 듯하더니, 끝내는 누렇게 뜨고 수척해져 매우 가련했다. 그래서 탄식하며 여기에 적는다[19]

(…)

쇠고기와 생과일이	牛肉與生果
어린아이에게 병을 잘 걸리게 한다는데	善作小兒疾
사람을 보면 이걸 달라	見人唁此味
울부짖으며 찾아대 절제할 줄 모르네	叫索不知節
주고자 하나 위장을 상하게 할 것 같고	欲與卽傷脾
주지 않으면 성내며 울고 보채네	不與怒啼急
장차 어떻게 적당히 조절할까나	將何能適中
이것이 절실한 문제로세	此復關念切
언제 장성하게 되어	何時到長成
백 가지 근심 하나라도 덜어주게 될꼬	百憂庶除一
손자야! 너도 네 아이 키워본 후에라야	兒乎養汝兒
마땅히 절로 알게 되리라	然後當自悉

이문건은 손자가 좌충우돌 커가는 모습에서 '조력자'로서의 격려와 감동, 고통과 염려를 동시에 느끼게 된다. 아이의 고통을 대신하고 싶을 만큼 안타까운 마음, 가장 좋은 것을 알려주고 싶은 마음, 아이의 작은 성취에도 느껴지는 감동과 기쁨, 장차 온전한 성장과 발전을 진심으로 축원하는 마음, 아이가 훌륭한 인격체로 성장하고 나아가 가문을 빛내줄 인재가 되어주기를 바라는 염원 등의 다양한 감정은 바로 사랑을 전제로 한 양육자, 인도자로서의 마음을 나타낸다.

어린아이가 고통의 과정을 거쳐 성장해가는 학생의 입장을 대변한다고 본다면, 그 조력자는 곧 교사의 마음을 대변한다고 할 수 있다. 어린 후대가 올바른 사람으로 성장하기를 염원하는 마음과 진심 어린 사랑으로 그 삶을 이끌어주는 존재가 되어야 한다는 점에서, 조부는 본질적으로 교사와 동일한 입장에 선다고 할 수 있다.

다른 한편 『양아록』에서 이문건이 보여주는 감정과 정서는 좀더 구체적인 교육적 관심으로 심화되고 있음에 주목할 필요가 있다. 예컨대 어린 손자에 대한 지극한 사랑은 때로 엄준한 꾸지람과 체벌을 동반한 형태로 나타나기도 한다. 그것은 오로지 손자가 올바른 인격을 갖추게 하기 위한 목적에서다. 구체적인 기록을 살펴보면 다음과 같다.

종아리를 때림

－ 정사년(1557년) 9월 초4일 종아리를 한 대 때리니, 눈물을 흘리며 목메어 울어, 차마 다시 때리지 못했다. 이에 이를 써서 기록한다. 9월 초6일 아침[20]

노인이
스승이다.

노닥이는 말이 잡스럽고 쌍스러워 　　　　戲言雜淫穢

할머니가 꾸짖으며 금지시키네 　　　　　王母訶禁止

되바라진 손자는 반성하지 못하고 　　　　驕稚靡克省

도량이 부족하여 분하게 여기며 반항하네 　蹐器爲憤使

7세면 점차 지혜가 성장할 나이이기에 　　七歲智漸長

그러지 말라는 것이지 　　　　　　　　不可令逢此

똑바로 세워 바지를 걷어올리게 하고 　　教立揭其衣

종아리를 때리며 꾸짖고 가르치네 　　　　撻腿讓以理

목이 메고 두 줄기 눈물 흘리며 　　　　氣咽雙淚流

얼굴을 가리고 발짝을 잘 떼지 못하네 　　掩面踵難徒

다시 때리려고 하니 가여운 마음에 　　　矜怜爭復撾

늙은 할애비 눈에 도리어 눈물 고여 　　老眶反生水

날마다 손자에게 시험해 물어보네 　　　逐日試問渠

"감히 전과 같은 잘못을 저지르겠느냐?" 　敢作前過似

"다시는 그렇게 하지 않겠습니다." 　　　對以勿更爲

그 말 들으니, 할애비 마음 문득 위로되고 기쁘다네 　翁心便慰喜

손자가 더는 잘못을 저지르지 않을 듯하니 　庶幾无愆尤

하늘이 복을 준 것이라 생각하노라 　　　引綏天與祉

(…)

『양아록』에서 분명하게 드러나는 이문건의 태도는 혈연적인 사랑과 감정에 매몰되어 있지 않다. 유교사회의 지식인으로서 육아는 훌륭한 인격을 갖추게 하고자 하는 교육의 궁극적 목적과 연결된다는 인식을 일관되게 견지한다. 이문건은 세세한 육아 과정마다 어린 손자가 스스로 삶을 영위하고 나아가 인격적으로 완성된 인물이 되기를 바라는 간절한 염원을 담아낸다. 그의 표현을 빌리자면, 육아는 "선성善性을 잘 보존하고 수양하여 복과 경사를 무궁하게 하는"[21] 시초다.

『양아록』은 조손간에 이루어지는 교육적 관계 속에서 교사로서의 조부가 갖는 여러 층차의 감정이 어떠한 것인가를 보여준다. 조부는 혈연적 사랑에 기초하여 양육을 행하는 육아 담당자인 동시에 손자와의 교육적 관계 속에서 한 사람의 교사와 동일한 역할을 한다. 이 점에서 조부모는 어린아이의 생명과 안전, 정상적인 성장, 사회화에 이르기까지 손자녀의 전인적全人的 형성에 관여하는 존재다. 한 인간의 형성에 전폭적으로 관여하는 양육자로서의 교사와 그 영향을 고스란히 받아들여야 하는 학생으로서의 피양육자 사이에는 그 어느 시기보다도 더 긴밀한 교육적 관계가 성립된다고 할 수 있다. 이 경우 조부모, 즉 양육자는 바로 한 사람의 교사와 다름없는 존재다.

노인이
스승이다

이문건,
조선시대 격대교육의 전범

『양아록』은 격대교육의 중요성과 진정성에 새삼 주목하게 한다. 지금까지 살핀 의미를 확대해본다면 『양아록』은 손자에 대한 조부의 본격적인 교육서라고 할 수 있는데, 여기에는 어린 손자의 삶 전체에 관여하면서 손자를 한 인격체로서 길러내기 위한 조부의 노력이 고스란히 담겨 있기 때문이다. 특히 한국 전통사회의 격대교육에 수반된 두 가지 정서적 요소를 잘 보여주고 있다. 이는 혈연관계로서의 조손, 교사와 학생 관계로서의 조손이라는 두 차원의 관계 설정과 관련되어 있다.

격대교육은 기본적으로 혈연적 사랑을 전제로 한다. 조부와 손자는 친족이며, 부모에 버금가는 혈연적 애정으로 묶여 있다. 격대교육의 특징은 부모와 자식 간의 관계와 달리 조부모와 손자녀라는 세대 간의 간격 속에서 형성되는 특수한 감정 및 역할과 관련 있다. 조부모의 사랑은 부모의 사랑과는 다르다. 그 사랑이 더 친밀한 것일 수도 있고 그렇지 않을 수도 있으나, 조부모가 지닌 친밀감은 부모가 자식에 대해 갖는 조급함이나 지나친 익애의 감정을 극복할 수 있는 사랑으로 간주된다. 격대교육이 이루어질 수 있는 근본적인 이유 가운데 하나는, 조부모가 부모에 비하여 좀더 너그럽고 여유 있는 애정을 지닐 뿐만 아니라 자신의 과거 육아 경험을 통해 더 객관적으로 자신의 사랑을 표현할 수 있는 조건을 갖추고 있기 때문이다.

다른 한편 격대교육은 조손간의 혈연관계를 기초로 교사와 학생의 관계를 재설정한 것이다. 격대교육은 혈연관계로 맺어진 기초 위에서 다시 조부와 손자를 스승과 제자, 현대적 용어로는 교사와 학생의 관계에 놓이도록 하는 활동이다. 격대교육은 『양아록』에서 나타나는 바와 같이 주로 인격 교육, 생활규범교육, 기본적인 학습활동 등 전반적인 의미에서의 가정교육을 아우르는 형태로 나타난다. 그 안에는 가족적 사랑 이외에도 공적인 가치나 규범에 대한 교육 또는 엄격한 훈육이나 학습활동 등이 포함되어 있다.

『양아록』 전체를 관통하고 있는 또 하나의 정서는 교사로서의 조부가 보여주는 인도자로서의 염려와 배려다. 손자에 대한 이러한 사랑은 때로는 어찌할 수 없는 안타까움과 벅찬 기대감으로, 또 한편으로는 매서운 꾸지람과 한숨 깊은 우려로 나타나기도 한다.

이문건은 책 읽는 것을 흉내 내는 손자의 모습을 보고는 장래성에 대한 큰 기대감을 나타내는가 하면, 손자가 성장하면서 갖는 나쁜 습관과 조급증, 음주 버릇 등을 고치기 위해 종아리를 때리거나 호되게 꾸짖는 등의 교육 역시 주저하지 않고 있다. 때로는 혈연적 애정에 이끌리는 인자한 할아버지로서, 때로는 책임을 다하고자 하는 배려심 있는 양육자로서, 또 때로는 후대를 올바르게 인도하고자 하는 진지한 교사로서 최선을 다하는 모습이 교차되어 나타난다.

이와 같이 『양아록』이 전달하는 다양한 내용은 격대교육을 형성하는 주체

노인이
스승이다.

로서의 조부모가 갖는 정서적 특징과 역할이 무엇인가에 대한 우리의 인식을 환기시킨다. 혈연적 사랑의 기초 위에 교사와 학생의 교육적 관계를 설정하고 있는 격대교육은 학교나 학원 등 제도 교육으로 대표되는 일반적인 교육과는 차별화된 특징을 갖는다. 그것은 어린 후대의 신체적·정신적 성장, 지식과 인격의 성장을 아우르며 삶 전체에 걸쳐 행해지는 가장 친밀하고도 전인적인 교육의 한 양상을 보여준다.

현대사회에서 조부모는 부모를 대신하여 손자녀의 육아를 조력하는 존재 정도로 인식되고 있는 것이 사실이다. 그러나 한국 전통사회에서 행해지던 격대교육의 측면에서 보자면, 이것은 현대사회의 핵가족화 및 가치관의 변화와 함께 그 풍부한 교육적 의미와 중요성을 제대로 이해하지 못한 결과다.

『양아록』에서 시사하는 바와 같이, 격대교육은 우리가 인식하는 것보다 훨씬 더 큰 의미를 지닌다. 무엇보다도 격대교육은 한 인간의 형성에 적극적으로 개입하는 활동으로서, 혈연적 관계 속에서의 애정을 기반으로 가장 자연스럽고도 긴밀하게 이루어질 수 있는 전인교육의 한 모형이 될 수 있다.

제7장

변화하는 가족 형태, 조부모의 역할은 무엇인가

이창기

영남대 사회학과 명예교수

가정이라는
가장 중요한 타자

인간은 타인과 고립되어 혼자 살아갈 수 없다. 주변의 많은 사람과 긴밀하게 상호작용을 하면서 더불어 살아가는 존재다. 먹고 입고 생활하는 데 필요한 모든 것이 어느 것 하나 타인의 손길을 거치지 않은 것이 없다. 인간을 일컬어 '사회적 동물'이라고 하는 이유가 여기에 있다.

타인과의 긴밀한 상호관계가 일정한 범위에 누적된 것이 집단이다. 가까운 사람들과 직접 만나는 집단도 있고, 더 멀리 있는 사람들과 간접적으로 만나는 집단도 있지만 인간은 이 집단의 구성원들과 직간접적으로 상호작용하면서 삶에 필요한 물질적·정신적 자원을 주고받으며 생활한다. 인간이 사회적 존재라고 하는 것은 곧 집단을 형성하고 영향을 주고받으면서 살아가는 존재라는 의미다. 집단으로부터 유리된다는 것은 고립을 의미하며, 고립된 인간은 생존이 불가능하다.

우리와 가장 가까이 있으면서 생활에 가장 중요한 영향을 미치는 사회집단

노인이
스승이다

은 가족이다. 인간은 가족에서 태어나 일생을 가족 구성원과 더불어 생활하다가 가족의 품에서 생을 마감한다. 가족에서 출발하여 가족에서 끝나는 것이 인간의 삶이다.

가족은 어느 시대 어느 사회에서나 보편적으로 존재한다. 원시사회에도 가족은 존재했고 현대 산업사회에도 가족은 존재한다. 아프리카의 킬리만자로 산 속에도 가족은 존재하고 서울 한복판에도 가족은 존재한다. 가족이 없는 사회는 없다. 다만 그 사회의 여건에 따라 가족의 형태나 가족관계의 양상이 조금씩 다르게 나타날 뿐이다. 어떤 사회는 혼인한 여러 쌍의 부부가 하나의 생활 단위를 이루어 구성원의 수가 매우 많은 소위 대가족을 형성해서 살아가는가 하면, 어떤 사회는 한 쌍의 부부와 미혼 자녀들만으로 구성된 소규모의 가족을 이상적인 가족으로 인식하기도 한다. 아버지에서 아들로 가계가 이어지는 부계가족이 있는가 하면 어머니에서 딸로 이어지는 모계가족이 제도화되어 있는 사회도 있다. 이러한 가족의 다양한 모습은 그 가족이 속해 있는 사회의 자연환경이나 생업 조건, 역사적 경험의 차이에서 연유한다.

가족은 모든 사회에 보편적으로 존재하고 그 존재 양태는 사회마다 조금씩 모습을 달리하고 있지만 어느 사회에서나 가족은 사회를 구성하는 기본 단위(분자적 단위)가 된다. 물질의 속성을 지니고 있는 최소 단위를 분자로 간주하듯이 남들과 더불어 살아가는 집단의 속성을 지닌 사회의 기본 단위는 원자적 개인이 아니라 분자적인 가족 집단이다. 그러므로 가족은 전체 사회의 구조적 특성을 결정짓는 씨알과 같은 존재다. 분자가 원자로 분해되면 물질의 속성을 상실하는 것과 마찬가지로, 사회를 구성하는 분자적 단위인 가족이 개인으로 분해되어 가족 집단이 해체되면 사회는 존재 기반을 상실한다. 가족이 잘 통합되어 있으면 사회도 안정된 구조를 유지할 수 있지만, 가족이 안정을 잃고 가족

「유씨선세초상」, 삼베에 채색, 250.0×187.5cm, 중국 청말∼20세기 초, 한국 개인. 대형 가계 초상으로 집안 인물들이 4단에 걸쳐 배치되어 있다. 맨 위에 쓰인 '영언효사永言孝思'는 『시경』「대아」 '하무下武'에 나오는 구절로 "언제나 효도를 다한다"라는 의미다.

구성원 간에 갈등이 심화된다면 사회구조도 안정을 잃고 무질서해져 여러 가지 사회 문제가 빈발하고 병리현상이 확산될 수밖에 없다.

인류학자들이 미지의 사회를 연구할 때 가장 먼저 가족과 친족의 구조를 분석하는 이유도 가족이 사회 구성의 기본단위이기 때문이다. 그 사회의 구성단위인 가족과 친족의 구조를 파악한 바탕 위에서 정치제도와 경제제도 및 신앙체계 등 다양한 사회현상에 대한 이해가 가능하다는 것이다.

가족은 구성원 개인에게나 그 가족이 속한 전체 사회에 대해서나 다양한 기능을 수행한다. 개인에게는 출산을 통해서 생명을 부여하며, 부부관계로 인한 안정적인 성적 욕구를 충족할 수 있는 통로를 제공하고, 타인과 더불어 살아가는 데 필요한 지식과 기술을 가르친다. 생존자원을 획득하고 배분하는 생산활동과 소비활동의 주체가 되는 것이다. 사회적으로는 출산으로 사회 구성원을 충원시키며, 부부관계 이외의 성적인 행위를 규제함으로써 성적 욕구의 통제 기능을 수행한다. 더불어 생존에 필요한 지식과 기술의 전수는 앞 세대에서 뒤 세대로 문화를 전승시키는 기능을 한다. 안정적인 생산과 소비생활은 사회의 경제구조를 유지시키는 기반이 된다.

이러한 가족의 다양한 기능 중에서도 특히 동물적 상태로 태어난 인간을 타인과 더불어 생활할 수 있는 사회적 존재로 성숙시키는 기능이 가장 핵심적이다. 이 과정을 사회화社會化라고 한다. 사회화는 인간이 남들과 더불어 살아갈 수 있는 지식과 능력을 학습하는 과정이다. 가족 내에서 사회화가 적절하게 이루어지지 않으면 남들과 더불어 사회생활을 영위해갈 수 없다. 사회화는 잉태의 순간부터 생을 마감할 때까지 일생 동안 끊임없이 지속되는 과정이지만 그 중에서도 어릴 때의 초기 사회화는 특히 중요하다. 학자들은 6세 이전의 유아기에 인성의 중요한 기초가 대부분 형성된다고 지적하고 있다. '세 살 버릇 여

든까지 간다'는 우리 속담은 초기 사회화의 중요성을 단적으로 표현한 말이다. 그런 점에서 가족공동체는 인간을 인간다운 존재로 만들어주는 인성 형성의 가장 기본적인 장소라고 할 수 있다.

인간이 사회화 과정에서 학습해야 할 내용은 무수히 많다. 제일 기초적인 것은 언어 학습이다. 말을 배우고, 그 말이 함축하고 있는 상징적 의미를 익힘으로써 남들과 의사소통하고 상호작용을 가능케 한다. 또 남들과 더불어 집단생활을 하는 데 필요한 행동 규범을 학습하여 옳은 것과 옳지 않은 것, 아름다운 것과 추한 것, 해야 할 일과 해서는 안 되는 일을 분별할 수 있는 능력을 키운다. 규범의 학습은 집단의 질서를 유지하는 바탕이 된다. 성취 동기의 학습도 사회화의 중요한 내용이다. 성취 동기는 애써 노력하여 자기가 이루려는 목표를 달성하고자 하는 의욕이다. 성취 동기가 제대로 형성되지 않으면 무기력한 인간이 된다. 성취 동기를 형성하는 데는 욕구 충족의 적절한 조절이 필요하다. 욕구가 생길 때마다 즉각 그 욕구를 완벽하게 충족시켜주면 성취 동기는 형성되지 않는다. 또한 욕구를 지나치게 억제하면 욕구 좌절에 빠져 성취해야할 목표의 설정에 장애가 생긴다. 그러므로 자녀를 양육하면서 욕구의 충족을 적절하게 조절해주는 지혜가 필요하다.

이러한 사회화 과정에서 정서적 안정은 매우 중요한 요소다. 모든 생명체가 이를 필요로 하지만 인간은 감정이 가장 예민한 존재이기 때문에 어떤 생명체보다도 정서적 안정이 더욱 중요한 존재다. 정서적 안정은 가까이에 있는 '중요한 타자들significant others'과의 애정 교환을 통해서 확보된다. 특히 어린 시절의 가족 구성원들, 그중에서도 부모의 사랑이 절대적인 영향을 미친다. 어린 시절 부모로부터 충분한 사랑을 받지 못하고 애정 결핍이나 정서 불안이 누적된다면 청소년기 이후에 비뚤어진 성격이 형성되거나 공격적이고 폭력적인 행동을

노인이
스승이다

할 가능성이 커진다.

언어의 학습, 규범의 내면화, 성취 동기의 형성, 정서적 안정의 확보 등은 인간을 인간답게 만드는 데 필수 불가결한 요소들이다. 개인에게는 가치관을 확립하고 집단 속에서 자신이 차지하고 있는 사회적 위치를 자각케 하여 자아 정체감을 정립하는 인성의 형성 과정이며, 사회적으로는 타인과의 이해 갈등을 조정하고 충돌을 예방하여 집단생활을 안정시켜주는 사회질서의 확립 과정이다.

전통사회의 가족은
어떤 모습일까?

전통 대가족의 다양한 형태

가족공동체는 모든 사회에 보편적으로 존재하면서 사회 구성의 기본단위가 되고 인성을 형성하는 가장 중요한 장소다. 하지만 가족의 구성 형태나 가족 구성원들 사이의 관계 양상은 사회마다 차이가 있고, 같은 사회에서도 시간의 흐름에 따라 변화하기 마련이다.

대체로 농업을 주로 하는 전통사회에서는 가족원의 수가 많고 구성이 복잡한 소위 대가족을 이상적인 가족으로 인식하는 경향이 강하다. 혼인한 자녀나 형제가 분가하지 않고 하나의 생활 단위를 이루어 함께 생활함으로써 구성이 매우 복잡해지고 가족원의 수도 그만큼 증가하게 되는 것이다. 이러한 가족 형태를 학자들은 확대가족擴大家族이라 부른다. 물론 전통적인 농경사회의 모든 가족이 확대가족을 형성하는 것은 아니다. 많은 가족원을 부양할 수 있는 사

노인이
스승이다.

회경제적 여건을 갖춘 가정에서는 확대가족을 유지할 수 있지만 사회경제적 지위가 낮은 하층민들은 부부를 중심으로 하는 소규모의 가족으로 분할될 수밖에 없다. 확대가족을 이루던 가정에서도 부모가 사망하거나 차남 이하가 혼인 이후 분가하면 부부 중심의 소가족을 이루게 된다. 그러나 전통사회에서는 확대가족을 이상적인 가족 형태로 인식하고 있고, 부부 중심의 소가족도 시간이 경과함에 따라 확대가족으로 이행되기 때문에 확대가족은 전통적인 농경사회의 전형적인 가족 형태로 간주된다. 이러한 확대가족이 형성되는 배경은 매우 다양하지만 노동력이 중시되는 농업사회의 경제적 조건이 가장 중요한 요인이라 할 수 있다.

확대가족에는 여러 형태가 있다. 혼인한 한 자녀(주로 장남)가 부모를 모시고 하나의 생활 단위를 이루는 것이 가장 전형적인 형태이지만(직계가족), 혼인한 여러 자녀가 부모와 함께 생활하는 경우도 적지 않다(방계가족). 여러 자녀가 부모와 동거하다가 부모가 사망하면 혼인한 형제들끼리 하나의 생활 단위를 이루는 경우도 있다(결합가족). 형태가 약간씩 다르지만 부부 중심의 소규모 가족이 확대된 형태라는 점에서 모두 확대가족의 범주에 포함시킬 수 있다. 그러나 이러한 여러 형태의 확대가족이 형성되는 배경이나 그 가족 내부에서 이루어지는 가족관계의 양상은 각기 다른 특징을 지닌다.

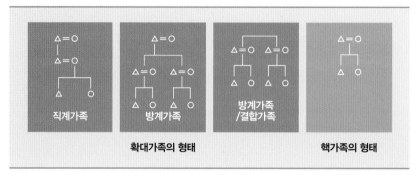

직계가족   방계가족   방계가족/결합가족   확대가족의 형태   핵가족의 형태

* △ 남자 ○ 여자 = 혼인 | 친자 — 형제자매

대가족에 존재하는
다양한 가족관계선

가족 내부에는 부부관계, 부모자녀관계(부자·부녀·모자·모녀관계), 형제자매관계(형제·자매·남매관계) 등 다양한 가족관계의 선이 존재한다. 가족 내에 존재하는 가족관계는 본인이 직접 경험할 수 있는 것도 있고, 직접 경험하지는 않지만 관찰을 통해서 간접 경험할 수 있는 관계도 있다. 아들은 부자관계, 모자관계를 직접 경험하지만 부부관계, 부녀관계, 모녀관계는 관찰을 통해서 간접 경험한다.

가족관계는 여러 세대가 동거하거나 가족원 수가 증가하게 되면 직접 경험하는 관계나 간접 경험하는 관계의 수가 많이 늘어나게 된다. 한 아들이 부모와 동거하면 부자관계, 모자관계를 직접 경험하고 아버지와 어머니의 관계를 관찰함으로써 부부관계를 간접 경험한다. 형, 누나, 남동생, 여동생이 있다면 형과 나, 누나와 나, 남동생과 나, 여동생과 나의 관계를 직접 경험할 수 있

노인이
스승이다

고, 내가 직접 경험할 수 없는 부녀관계, 모녀관계는 관찰을 통해서 간접 경험할 수 있으며 다른 형제자매의 관계를 통해서 나의 형제자매관계를 더 객관적으로 조명할 수 있다. 여기에 조부모와 동거한다면 나와 할아버지, 나와 할머니의 관계를 직접 경험할 뿐만 아니라 할아버지와 할머니의 관계를 통한 또 다른 부부관계를 관찰할 수 있으며, 아버지와 할아버지, 아버지와 할머니, 할아버지와 어머니, 할머니와 어머니 등 훨씬 다양하고 풍부한 가족관계를 관찰함으로써 간접 경험을 할 수 있다.

이처럼 확대가족은 가족관계가 매우 복잡하기는 하지만 가족관계의 선이 다양하고 풍부하여 그만큼 관계의 폭을 넓혀준다. 직접 경험하거나 관찰을 통해서 간접 경험하는 가족관계의 다양함은 자라나는 자녀들에게는 어떠한 경로를 통해서도 얻을 수 없는 소중한 자산이 되어 원만하고 폭넓은 인성을 형성하는 데 도움을 준다.

부모의 자녀 훈육에 참여하는 조부모

확대가족은 가족관계가 복잡하지만 구성원 간에 역할을 적절하게 분담하여 역할 충돌이나 역할 갈등을 사전에 예방하고 조정한다.

가족 내에서 수행하는 역할은 세대世代와 성性을 기준으로 분화된다. 대체로 윗세대는 대외적으로 가족을 대표하고 중요한 의사를 결정하며 재산을 관리하는 등 권위가 수반되는 역할을 수행하고(권위적 역할), 아랫세대는 구체적이고 실질적인 업무를 수행한다(수단적 역할). 성별에 따라서는 남자가 바깥활동을 담당하여 외부에서 생존 자원을 획득해오는 생산활동에 종사하고, 여자는 집 안에서 육아와 가정관리, 가족원의 정서적 융합과 소비생활 등의 가사활동에 주로 종사하면서 생산노동이 부족할 때는 이를 지원하기도 한다. 이러한 성별 분업이 부부 사이에 적용될 때는 남편의 생산활동과 아내의 가사활동으로 유형화된다.

남녀의 역할 분화는 자식을 양육하는 부모의 역할에서도 나타난다. 전통사회에서의 아버지들은 자녀들에게 사람이 살아가는 도리를 가르치는 '규범적規範的 사회화' 기능을 담당했다. 어떻게 사는 것이 사람다운 삶이며, 어떻게 해야 남들과 더불어 협동할 수 있는지 말과 행동으로 가르쳤다. 도리에 어긋나는 행동을 했을 때는 엄히 꾸짖어 자녀들을 규범적으로 사회화시켜 나갔다. 그래서 아버지는 매우 엄격한 존재로 인식되어 '엄부嚴父'라 칭했다. 이에 비해 어머니는 자녀들에게 사랑하는 마음을 심어주는 '정서적情緒的 사회화' 기능을 담당했다. 그래서 어머니는 항상 따뜻하고 포근한 가슴을 소유한 자애로운 존재로 인식되어 '자모慈母'라 불렀다. 엄격한 아버지의 규범적 사회화와 자애로운 어머니의 정서적 사회화가 조화를 이루어 자녀들을 균형 잡힌 인격체로 양육한 것이다.

아버지의 규범적 사회화와 어머니의 정서적 사회화는 매우 바람직한 역할의 분담이지만 실제로 수행하는 데는 적지 않은 어려움이 따른다. 부모는 자식 교육에 대한 의무감과 책임감이 앞서서 결과에 대한 조급한 마음을 가지기 쉽다. 또한 전통사회에서는 버릇없는 아이를 경계하여 자식에 대한 애정 표현이 과도하게 표출되는 것을 억제하는 규범이 있다. 이러한 점 때문에 부모의 훈육이 지나치게 엄격하여 자녀의 인성 형성에 상처를 입히거나 반발을 불러올 수도 있다. 반대로 애정 표현의 억제 규범이 있음에도 자녀에 대한 보살핌이 지나쳐 과보호에 이르거나 규범적 사회화가 저해될 수도 있다. 이러한 현실적인 어려움을 지혜롭게 극복하는 데 조부모의 도움과 참여가 매우 중요한 역할을 한다. 한 세대를 격해 있는 할아버지나 할머니는 손자녀의 교육에 대한 책임감이나 의무감에서 비교적 자유로울 수 있기 때문에 느긋한 마음으로 여유를 가지고 손자녀를 대할 수 있다. 자칫 경직되기 쉬운 아버지의 버릇 가르치기(규범적 사회화)를 할아버지가 좀더 유연한 방법으로 보완하고, 엄격함에 가려 밖으로 드러나기 어려웠던 아버지의 사랑을 할아버지가 상당 부분 보충해주었다. 규범과 제도의 틀 속에서 자식에 대한 어머니의 애정 표현이 지나치게 절제되거나 반대로 모성 본능에 치우쳐 자식에 대한 사랑을 여과 없이 표출할 경우에는 할머니가 차분한 평정심으로 이를 보완하고 조절해주었던 것이다. 가사 노동과 생산활동 지원으로 자녀를 보살필 여유가 부족한 어머니의 돌봄 기능을 할머니가 대신 수행해주기도 했다. 할머니는 가장 유능한 대리모의 역할을 담당했으며, 손자녀의 각종 신체적·정신적 부적응을 해결해주는 심리치료사였다.[1]

한국 가족제도 속의
할아버지와 할머니

가족은 모든 사회에 존재하고 어느 사회에서나 사회 구성의 기본단위가 되지만 가족이 존재하는 모습은 그 사회가 놓여 있는 여건에 따라 약간씩 모습을 달리하며, 같은 사회에서도 여건의 변화에 따라 끊임없이 변용되어간다. 다만 변화의 속도가 매우 완만하기 때문에 당대의 사람들은 그 변화를 제대로 감지하지 못할 뿐이다.

한국 사회의 가족제도도 긴 역사의 흐름 속에서 살펴보면 많은 변화를 겪어왔다. 오늘날 우리가 흔히 한국의 전통가족으로 인식하고 있는 모습은 고대로부터 연면히 이어져온 것이 아니다. 대체로 성리학이 정착되고 널리 보급된 조선 중기(17~18세기)에 매우 근본적이면서도 급격한 변화를 거쳐서 사회에 정착된 것이다.[2]

노인이
스승이다.

조선 중기 이전의
외할아버지와 외할머니의 사랑

|

　고려시대를 거쳐 조선 전기에 이르는 시기의 한국 가족제도는 조선 후기와 매우 다른 모습을 보여주고 있다. 부계 가족제도를 취하고 있지만 부계 혈연 의식이 별로 강하지 않고, 부계 혈연 집단이 조직화되지도 않았다. 특히 고려시대에는 성씨의 본관 체제가 아직 정립되지 않아서 동성동본이라는 의식 자체가 형성되지 않았고, 동성동본이나 근친자끼리 혼인하는 경우도 적지 않았다. 동성동본이나 근친자 사이에 혼인이 많이 이루어지면 부계친족끼리 강하게 결속하는 것은 불가능하다. 고려시대에 문중 조직이 존재하지 않는 이유가 여기에 있다. 동성동본혼이나 근친혼은 고려 말부터 점차 줄어들기 시작하여 조선 중기에 이르면 완전히 사라진다.

　17세기 중엽 이전까지의 재산상속(분금分衿: 분짓이라 했다)의 형태를 살펴보면 조상 제사를 모시기 위한 재산(봉사조 재산 혹은 제전, 위토라 한다)을 별도로 설정해놓고, 일반 상속재산은 아들딸, 장남과 차남을 구별하지 않고 모든 자녀에게 재산을 똑같이 나누어주는 균분상속均分相續에 매우 철저했다. 적자나 서자를 차별하는 의식도 강하지 않아서 서자녀들도 재산상속에서 크게 불리하지 않았다. 딸을 재산상속에서 배제하고 적장자에게 재산을 몰아주는 차등상속의 관행은 대체로 17세기 중엽 이후에 우리 사회에 정착된 것이다.

　재산의 균분상속은 조상 제사에 대한 책임도 나누어 맡게 했다. 17세기 중엽까지는 조상 제사를 장남이 전담하는 가정도 많이 존재하지만, 여러 아들딸이 제사를 나누어 맡거나 해마다 돌아가며 윤번제로 봉행하는 윤회봉사輪回奉祀를 봉제사의 원칙으로 삼아 양반 사대부가에서 널리 행해지고 있었다. 아들

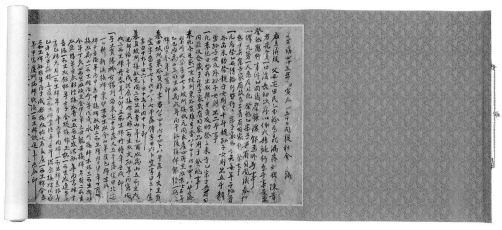

「율곡이이선생분재기」, 52.5×300.0cm, 보물 제477호, 1566, 건국대박물관. '이이 남매 화회문기'라고도 불리며, 아버지 이원수와 어머니 신사임당이 별세한 뒤 율곡 이이를 비롯한 형제자매들의 재산 분배 합의 문서다. 특히 출가한 여성들도 친가의 유산을 상속받을 권리가 있었던 조선 전기 사회의 모습을 알려주는 자료다.

이 없을 경우에는 딸이 친정 조상의 제사를 계승함으로써 소위 '외손봉사外孫奉祀'도 드물지 않게 행해졌다. 윤회봉사와 외손봉사의 관행은 조상 제사를 중요시하는 의식이 강하지 않았고, 부계로 가계를 계승시킨다는 원칙이 정착되지 않았음을 보여주는 것이다.

딸도 아들과 같은 재산을 상속받는 균분상속제는 남자가 여자 집으로 장가들어서 처가에서 오래 생활하는 서류부가혼壻留婦家婚(남귀여가혼男歸女家婚이라고도 한다)을 가능하게 하는 기반이 되었다. 서류부가혼의 혼속은 고구려의 서옥제壻屋制에서부터 최근의 전통 혼례에까지 그 맥이 이어지고 있는 우리나라 고유의 혼인 풍습으로서, 고려시대는 물론 조선시대에도 남자가 혼인하여 처가에 거주하는 서류부가의 기간이 매우 길게 나타나고 있다. 수년에서부터 십수 년, 경우에 따라서는 20년이 훨씬 넘게 처가에서 생활하기도 하고, 본가에 돌아오지 않고 처가에서 영구히 정착하는 경우도 적지 않았다.

조선 초기의 왕조실록에서 볼 수 있는 "고려시대 이래로 남자가 여자 집으로

노인이
스승이다

장가들어 아들과 손자를 낳아서 외가에서 자라게 하기 때문에 외가 친척의 은혜가 참으로 중하다"[3]는 기록이나, "우리나라의 혼인 풍속이 중국과 달라서 신부를 당일 맞아들이는 친영례親迎禮를 행하지 않고 남자가 여자 집에서 오래 생활함으로써 장인 보기를 어버이처럼 하고, 장인은 사위 보기를 아들처럼 했다"[4]는 기록 등은 당시 서류부가혼이 널리 행해지고 있었으며, 처가에서 자녀들을 출산하여 양육하는 사례가 매우 많았음을 보여주는 것이다. 문중의 선산에 딸이나 사위가 안장되어 있는 사례가 흔히 발견되는 것도 처가나 처가 인근에서 말년까지 생활하다가 임종을 맞은 서류부가 전통의 흔적으로 볼 수 있다.

외가에서 태어나 어린 시절을 보낸 사례는 조선시대 저명한 인물들의 전기를 통해서도 찾아볼 수 있다. 밀양에서 태어난 점필재佔畢齋 김종직金宗直, 경주 양동에서 태어난 우재愚齋 손중돈孫仲暾과 그의 생질인 회재晦齋 이언적李彦迪, 강릉 오죽헌에서 태어난 율곡栗谷 이이李珥, 의성현 사촌리에서 태어난 서애西厓 류성룡柳成龍 등 선현들의 예는 그 수를 헤아릴 수 없을 만큼 많다.

외가에서 태어나서 생활하면 성장 과정에서 외가 친척들의 영향을 크게 받지 않을 수 없다. 특히 외조부모와 외삼촌은 외손이나 생질들의 양육과 훈육에 적극 참여하여 친부모가 자녀를 교육하는 과정에서 당면하는 어려움이나 한계를 극복하는 데 크게 도움을 준다. 이러한 현실을 감안하여 조선 초기의 조정에서도 외조부모나 처부모의 상을 당했을 때 복을 입는 기간이나 휴가의 기간을 늘리고자 하는 논의가 여러 차례에 걸쳐 진행되기도 했다. 균분상속에 바탕을 둔 장기간의 서류부가는 외손자나 외손녀의 양육과 훈육에 외할아버지와 외할머니가 적극 참여하는 것을 매우 자연스러운 관행으로 수용하게 했던 것이다.

조선 중기 이후의
친할아버지와 친할머니의 영향
|

가족제도는 조선 중기(17~18세기)에 이르러 커다란 변화를 겪게 된다. 의리와 명분을 중시하고 정통주의를 강조하는 성리학性理學이 도입되고 이의 실현을 위한 종법제도宗法制度가 정착되면서 점차 부계적인 특성을 강화하는 방향으로 변화하게 된 것이다. 성리학과 종법제도는 고려 말에 도입됐지만 초기에는 일부 지식인과 지배층에서 수용되고 있을 뿐 널리 확산되지 못하다가, 사림파가 정치의 전면에 나서서 활동하기 시작하는 조선 중기에 이르러 빠른 속도로 조선 사회에 보급되고 확산된다. 성리학과 종법제도의 보급과 확산은 가족 및 친족제도에도 크게 영향을 미쳤다.[5]

가족 및 친족제도의 변화는 17세기 중엽부터 18세기 중엽에 이르는 시기에 집중적으로 나타난다. 적통주의에 입각한 적장자 계승의 원칙이 확립되면서 적처에 아들이 없을 때는 입양을 해서라도 적자 계승의 원칙을 지키려고 하여 점차 양자가 증가하기 시작하며, 아들딸이 조상 제사의 부담을 나누어 맡던 윤회봉사가 점차 사라지고 장남이 조상 제사를 전담하는 장남 단독 봉사가 보편화된다. 재산상속에서도 아들딸, 장남과 차남을 차별하지 않고 똑같이 재산을 나누어 주던 균분상속에서 장남을 우대하고 딸을 제외시키는 차등상속이 보편화되기에 이른다. 혼인에서도 근친혼이나 동성동본혼이 철저하게 금지되고 남자가 혼인 후 처가에서 장기간 체류하는 서류부가의 기간도 대폭 단축된다. 종족 촌락(집성촌)과 문중 조직이 발달하고 족보의 발간이 성행하는 것도 이 시기의 변화된 모습이다.

18세기 이후에 나타나는 이러한 일련의 변화는 부계 혈연의식이 강화되고

노인이
스승이다.

부계 친족 집단이 조직화되고 있음을 보여주는 것이다. 이렇게 하여 부계의 원칙, 직계의 원칙, 장남의 원칙에 의한 가계 계승을 최고의 가치로 인식하는 강력한 가부장제 가족제도가 조선 후기 한국사회에 정착된다.

남자가 결혼하여 신부집(처가)에서 생활하는 서류부가 기간의 단축은 가족관계에 많은 변화를 가져온다. 서류부가의 혼속은 삼국시대, 고려시대, 조선시대를 거쳐 일제강점기와 광복 후에 이르기까지 그 맥이 이어지고 있는 우리나라 고유의 혼인 풍습이다. 최근 이루어지는 서양식의 신식 결혼에서도 신혼여행을 다녀온 뒤 반드시 신부댁에서 하룻밤을 묵는 것은 서류부가혼의 흔적이라고 할 수 있다. 그러나 조선 중기 이후 부계 친족 의식이 강화되면서 서류부가의 기간은 빠른 속도로 단축된다. 조상 제사를 장남이 전담하고 딸이 재산을 상속받을 수 없게 됨에 따라 처가에서 장기간 생활할 수 있는 물적 토대가 소멸된 것이다. 구한말이나 일제강점기에 이르면 삼년신행, 해묵이, 석달신행으로 단축되었다.[6]

처가에서 오래 머물던 아들들이 처자식을 거느리고 본가로 회귀하여 부모 가족에 합류하거나 부모가 거주하는 마을에 분가하여 정착함으로써 마을은 점차 한 성씨가 집단으로 거주하는 집성촌을 이루고, 부계의 혈연 의식이 강화되어 문중 조직을 발전시키게 된다. 장남은 부모를 모시고 전형적인 확대가족을 형성한다. 차남 이하의 지차들은 부모 가옥의 인근에 분가하여 외형상으로는 부부를 중심으로 하는 소규모 가족을 이루지만 장남의 가족과 큰집─작은집의 관계를 형성하여 서로 긴밀하게 교류하면서 더 규모가 큰 확대가족처럼 생활하게 된다.

이러한 가족 구조에서는 장남 부부는 말할 것도 없고 분가한 아들 내외의 부부관계도 시부모의 영향을 크게 받는다. 부부 사이에 갈등이 발생하면 아들

제사상, 115.0×80.0cm, 성균관대박물관. 조선 중기에 이르러 윤회봉사가 사라지고 장남이 조상 제사를 맡으면서 가족제도에도 커다란 변화가 생긴다.

과 며느리를 따로 불러서 달래기도 하고 나무라기도 하면서 갈등을 통제하고 조정하는 기능을 수행한다. 시부모의 존재가 부부간의 갈등을 유발하는 요인이 되기도 하지만 갈등을 통제하고 조정하여 가족의 안정을 강화하는 요인도 되었던 것이다.

집성촌을 이루어 한 마을에서 부모 가족과 아들 가족이 함께 생활함으로써 자녀의 양육 과정에서도 할아버지와 할머니의 역할 참여가 늘어나고 영향력이 커지게 된다. 생산노동과 가사노동에 많은 시간을 할애해야 하는 아들과 며느리를 대신하여 손자녀를 보살피는 것은 아들 내외의 육아 부담을 크게 덜어주었을 뿐만 아니라 할아버지와 할머니에게는 커다란 즐거움과 보람을 안겨주는 일이기도 했다. 할아버지, 할머니의 무릎 위에서 옛날이야기를 들으며 손자녀는 사람 사는 도리를 익히고, 부족했던 애정을 보충할 수 있었다.[7] 아버지와 어머니의 역할에 넘치거나 모자람이 있을 때 할아버지와 할머니가 이를 보완하고 보충했던 것이다. 사랑방에서 할아버지가 구수하게 들려주는 이야기는 어떤 도덕 교과서보다도 더 효과적인 규범 교육이었으며, 걸인이 내미는 깡통에 식은 밥을 넉넉히 담아주면서도 못내 안쓰러움을 감추지 못하는 할머니의 표정은 가슴으로 느낄 수 있는 진한 인간애 교육이었다. 서류부가의 기간이 길었던 시절 외할아버지와 외할머니가 수행하던 역할을 이제는 친할아버지와 친할머니가 대신하게 된 것이다.

노인이
스승이다

산업화는
가족도 변화시킨다

가족 구조의 핵가족화

가족제도는 다른 사회제도와 독립해서 존재할 수 없고 정치나 경제제도 등 사회의 여건에 따라 변화를 겪게 된다. 특히 급속한 산업화와 그에 수반된 도시화는 전통적인 가족제도를 더 이상 유지할 수 없게 만들었으며, 새로운 사회질서에 쉽게 적응할 수 있는 가족의 출현을 촉진시켰다.

산업화가 가족의 변화를 촉진시킨 가장 기본적인 요인은 가정과 직장을 분리시킨 것이다. 전통적인 농경사회에서는 주거지 주변에 농경지가 마련되어 있기 때문에 가정과 직장이 분화되지 않았다. 가정이 곧 일터이고, 일상적인 생활과 생산적인 노동이 구분되지 않았다. 그러나 가족원의 일부가 가정을 떠나 직장에서 생산활동을 함에 따라 가정과 직장이 분리되고, 일상생활과 생산 노동이 확연히 구분되었다. 가정과 직장의 분리는 가족의 구성 형태를 변화시키고, 가족 의식과 가족관계를 변화시키고, 가족이 수행하는 기능을 대폭 축소시키는 등 가족생활의 모든 영역을 새로운 모습으로 변모시켰다. 도시의 협소한 주거 공간과 빈번한 이동은 이러한 변화를 촉진시켰다.

전통적인 대가족(확대가족)이 소가족(핵가족)으로 변화한 것이다. 가족 형태의 측면에서만 말한다면, 확대가족은 혼인한 자녀들이 분가 독립하지 않고 부모 가족과 함께 살아가는 가족을 말하며, 핵가족은 혼인한 부부가 부모 가족으로부터 독립하여 부부와 미혼 자녀만으로 구성된 가족을 말한다. 확대가족과 핵가족은 형태상의 차이뿐만 아니라 가족 의식과 가족관계 등 가족생활의 모든 내용에서 현격한 차이가 있다. 핵가족은 혼인한 부부가 자신이 태어난 가족으로부터 분리 독립됨으로써 형성되기 때문에 단순히 주거를 달리한다는 데에 머무르지 않고, 긴밀한 관계로 연결되어 있던 중요한 대상자들(부모·친족·지역사회 등)과 사회관계가 소원해지거나 단절된다는 것을 의미한다. 긴밀한 관계가 단절되는 한편 업무, 거래, 취미, 동창 등 다양한 경로를 통해서 외부 사회와 새로운 관계를 형성하게 된다. 전통사회의 사회관계가 영속적이고 전인격적인 일차적 관계 중심을 이루고 있는 데 비해 산업사회에서 새로이 형성되는 새로운 사회관계는 특정한 목적이나 이익을 추구하는 기능적이고 일면적이며 한시적인 이차적 관계가 주를 이룬다.

핵가족화가 촉진되면 가족주의가 약화되고 개인주의가 확산되는 가족 의식의 변화가 수반된다. 전통 가족에서는 가족이 가장 중요한 사회집단이며, 모든 사회관계의 기초가 되며, 가치판단의 기준을 제공하는 집단으로 의식하는 가족주의가 매우 강한 힘을 갖는다. 그러나 핵가족에서는 이러한 가족주의가 점차 힘을 잃고, 개인이 가족 외부에서 새로이 형성한 사회관계를 중시하여 외부에서 주어진 가치에 바탕을 두고 스스로 판단하여 독립적으로 행동하는 개인

노인이
스승이다

주의가 확산된다.

부모 가족으로부터 독립하고 개인주의가 확산되는 핵가족에서는 가족관계의 중심축도 바뀐다. 전통적인 확대가족에서는 부모와 자식 사이의 친자관계를 중심축으로 하는 가계 계승을 중시한다면 핵가족에서는 남편과 아내 사이의 부부관계를 중심축으로 하여 부부간의 애정과 정서적 유대를 중시한다. 따라서 윗세대인 부모를 절대적인 존재로 받들기보다는 배우자와 자식을 소중한 대상으로 간주한다.

부부 중심의 핵가족은 친족관계에서 아버지 쪽 친족과 어머니 쪽 친족을 엄격하게 구분해서 차별하는 의식이 약화되고 양쪽을 대등하게 대우하는 양계적 특성이 나타난다. 가정을 관리하는 주부가 친정을 자주 출입함으로써 시댁 친족과의 교류 범위가 점차 축소되고, 남편과 자녀들의 처가와 외가 출입이 증가하면서 처족이나 외척들과의 관계가 점차 긴밀해진다. 이러한 변화는 최근 한국 가족에서도 뚜렷이 감지되고 있어서 일상생활에서 긴밀하게 교류하는 범위가 친가 외가의 구분 없이 대체로 양가의 4촌 범위로 한정되는 경향을 보인다.

핵가족화는 가족이 수행하는 기능에도 변화를 가져온다. 전통적인 확대가족이 성적 욕구의 충족과 통제, 자녀의 출산과 양육, 자녀의 사회화, 생산기술의 교육, 경제적 협동(생산과 소비), 사회적 지위의 부여, 휴식과 오락, 정서적 안정, 성원의 보호 등 매우 다양한 기능을 복합적으로 수행해왔다면 현대사회의 핵가족은 이러한 기능의 상당 부분이 축소되거나 직장, 학교, 유흥 오락기관, 병원과 각종 복지시설 등이 종래 가족이 수행하던 많은 기능을 대신하고 있다. 성적 욕구의 충족, 자녀의 출산, 아동의 사회화, 정서적 안정의 제공 등은 여전히 가족이 수행하지 않으면 안 되는 고유한 기능으로 남아 있지만 외부의 어떠한 기관도 대신하기 어려운 이 기능들마저도 현대 가족이 얼마나 충실하게 수행할 수 있을 것인가 하는 점은 중요한 과제로 남아 있다.

핵가족화되는
우리나라의 가족 형태
|

최근 한국사회는 빠르게 변화하고 있다. 1960년대 중반 이후 약 50년 만에 전형적인 농업사회에서 고도산업사회를 거쳐 정보화사회에 진입했다. 경제적인 면에서도 1인당 국민소득 100불 미만의 최빈국에서 세계 10위권의 경제대국으로 성장했다. 이처럼 빠른 시간에 근본적인 변화를 경험한 사회는 인류 역사상 그 유례를 찾아보기 어렵다.

급격한 산업화와 도시화는 가족 구조도 빠른 속도로 변화하지 않을 수 없도록 만들었다. 한국의 가족 구조는 1960년대 중반부터 변화의 징후를 보이지만 특히 1980년대 이후에 큰 폭으로 변화하고 있다. 이 시기의 한국 가족의 변화는 확대가족의 감소와 1인 가구의 증가, 그리고 맞벌이 부부의 증가로 특징지을 수 있다.

한국 가족의 유형 변화를 살펴보면 우선 확대가족의 감소 추세가 뚜렷하게 나타난다. 1966년에 27.4퍼센트에 이르던 확대가족이 1980년에는 17.8퍼센트로 줄어들더니 2010년에는 7.9퍼센트에 지나지 않을 정도로 감소했다. 산업화 초기에는 농촌지역에서 부모를 모시고 생활하던 장남이 도시에 취업하여 부모 가족을 떠나는 것이 확대가족이 감소하는 주된 요인이었지만, 점차 도시에서 생활하는 가족들도 부모 가족과 장남 가족이 주거를 달리하여 분거함으로써 확대가족의 비율이 급격하게 감소된 것이다.

노인이
스승이다.

한국 가족의 유형 변화(단위: 퍼센트)

	1966년	1980년	2010년
1인 가구	2.3	4.9	24.2
핵가족	70.3	75.3	67.9
확대가족	27.4	17.8	7.9
계	100.0	100.0	100.0

자료: 통계청, 각 연도 「총인구조사보고서」, 비친족가구 제외.

　확대가족의 비율이 급격히 감소하는 반면에 1인 가구의 비율은 빠른 속도로 증가하고 있다. 1980년까지도 5퍼센트에 미치지 못하던 1인 가구의 비율이 1990년에는 9.1퍼센트, 2000년에는 15.7퍼센트에 이르더니 2010년에는 24.2퍼센트로 폭증하여 1990년 이후 가파르게 상승했음을 보여주고 있다. 여기에는 농촌지역의 노인 단독 가구도 다수 포함되어 있지만 취업이나 학업, 사별, 이혼, 별거 등으로 홀로 생활하는 인구가 크게 늘어났기 때문이다. 결혼이 지연되면서 미혼 자녀들이 부모 가족을 떠나 독립생활을 하는 경향이 증가한 것도 영향을 미친 것으로 보인다.

　이러한 가족 형태상의 변화와 더불어 여성 취업이 증가하고 맞벌이 부부가 늘어난 것도 중요한 변화 중 하나로 볼 수 있다. 통계청의 각 연도 「경제활동인구조사」 자료에 나타난 15세 이상 여성 취업자 수를 보면 1980년에 522만여 명이던 것이 2014년에는 1076만여 명으로 약 106퍼센트 증가했다. 이 기간에 남성 취업자 수가 75퍼센트 증가하는 데 그친 것에 비하면 여성 취업자 수의 증가폭이 훨씬 더 컸던 것이다. 물론 여기에는 미혼 여성 취업자의 증가가 많은 비중을 차지하고 있겠지만 여성 진학률 증가에 따라 학업 중인 여성이 크게 증가했다는 점을 감안하면 기혼 여성의 취업 즉 맞벌이 부부가 그만큼 증가했음을 암시하고 있는 것이다. 맞벌이 부부의 증가는 자녀 양육을 비롯한 가사 업

무의 공백 문제와 부부간의 역할 분담 재편 등 가족생활에도 많은 영향을 미치게 되는 것이다.[8]

남녀 취업자 수의 변화(단위: 천 명)

	1980년	1990년	2000년	2010년	2014년
남	8462	10709	12837	13915	14839
여	5222	7376	8769	9914	10761

자료: 통계청, 각 연도 「경제활동인구조사」

확대가족이 급감하고 1인 가구가 폭증하고 있으며 맞벌이 부부가 확산되는 이러한 모습은 한국 가족이 형태뿐만 아니라 가족관계에서도 빠른 속도로 핵가족으로 변화되고 있음을 여실히 보여주고 있다.

노인이
스승이다.

편리하지만
문제가 많은 핵가족

고도로 산업화되고 인구가 도시로 집중되는 현대사회에서는 변화된 환경에 적응하기 위한 전략으로서 가족 구조가 핵가족화되었다. 핵가족은 가족원 수가 적기 때문에 이동이 용이하고 도시의 협소한 주거 공간에 적응하기 편리한 구조다. 또한 구성이 단순하여 복잡한 가족관계로부터 파생되는 긴장과 갈등을 완화시킬 수 있는 장점이 있다. 이러한 장점이 산업화되고 도시화된 현대사회에서 핵가족화가 빠른 속도로 진행된 요인이라 할 수 있다.

그러나 핵가족의 이면에는 매우 심각한 문제점도 내재되어 있다. 핵가족이 안고 있는 이러한 문제점은 가족 구성원 개인의 인성을 형성하는 데 장애가 될 뿐만 아니라 가족 집단의 결속을 약화시키고 나아가 전체 사회의 통합과 질서를 저해하는 요인으로 작용할 수 있다.

핵가족의 문제점은 매우 다양하고 폭이 넓지만 대체로 다음과 같이 요약할 수 있다.

· 가족 구성원을 통제하기 힘들다

현대 가족에서 나타나는 가장 중요한 문제점의 하나는 가족 구성원에 대한 통제력이 현저하게 약화되었다는 점이다. 이것은 가족 구성원이 가정 외부에서 각기 독립적인 생활 영역을 구축하고 가정 밖에서 많은 시간을 보내는 생활양식의 변화에서 기인한다. 또한 광범위한 친족의 영향력이 감소하고 매스미디어에 의한 외부사회의 직접적인 영향이 가정 내부에 깊숙이 침투하는 것도 중요한 요인이 되고 있다. 개인주의가 발달하고, 가족 구성원이 원자화되고, 외부의 가치가 여과 없이 안방으로 침범하는 현대사회에서는 가장이 가족 구성원을 적절하게 통제하기가 힘들어진다.

· 사람 사는 도리를 가르치기 힘든 아버지

가족 구성원에 대한 가장의 통제력이 약화된다는 것은 자녀들을 훈육해야 하는 아버지의 권위가 사라지고 있는 것을 의미한다. 아버지는 자녀들에게 사람이 살아가는 데 필요한 도리를 가르치는 규범적 사회화 기능을 수행해야 한다. 그러나 직장에서 대부분의 시간을 보내는 현대사회의 아버지들은 가족 구성원들과 충분히 접촉하면서 긴밀한 관계를 유지할 여유가 없기 때문에 자녀들에게 사람 사는 도리를 적절하게 훈육하지 못한다. 가족 구성원들 또한 가장에게 의존하지 않고도 다양한 경로를 통해 삶에 필요한 정보를 충분히 획득할 수 있기 때문에 가장의 권위를 절대적인 것으로 인정하지 않는다. 이렇게 가정에서 아버지의 권위가 약화된 상황을 어떤 사람은 '부권부재父權不在의 시대'라 표현하기도 했다.

· 잔소리꾼이 된 어머니

전통사회의 어머니들은 자녀들에게 사랑하는 마음을 심어주는 정서적 사회화 기능을 수행하여 아버지의 규범적 사회화 기능과 조화를 이루어왔다. 그러나 아버지가 규범적 사회화 기능을 적절하게 수행할 수 없는 상황에 직면하여 어머니는 사랑을 베푸는 역할과 도리를 가르치는 역할을 동시에 수행해야 하는 이중 부담을 지게 되었다. 어떤 때는 한없이 자애로운 존재였다가 또 어떤 때는 자녀의 모든 생활을 통제하는 엄격한 존재가 되기도 한다. 양립하기 어려운 두 가지 역할을 수행해야 하는 어머니는 심한 역할 갈등을 경험하게 되고, 자녀들 입장에서는 어머니가 어떤 존재인지에 대한 정체성 혼란을 가져오게 된다. 자애로웠던 어머니가 오늘날 자녀들에게 '잔소리꾼'으로 느껴지게 된 원인이 여기에 있다.

맞벌이 가정이 늘어나는 후기 산업사회에서는 이러한 문제가 더욱 심각해진다. 버릇을 가르치는 아버지와 사랑을 베푸는 어머니가 모두 가정을 비움에 따라 규범적 사회화와 정서적 사회화 기능이 공백 상태를 맞이하게 된 것이다. 부모가 모두 가정을 비운 상태에서 자녀를 민주적으로 양육한다는 미명하에 자유방임하게 되면, 가정은 버릇없는 아이들만 양산하는 가정교육의 불모지대가 되어버린다.

· 갈등을 조절하는 장치가 빈약하다

빠르게 변화하는 현대사회에서 핵가족 구조는 남편과 아내 사이에 부부 갈등을 야기시킬 가능성이 매우 크다. 서로 다른 환경에서 자라고 다른 사회적 경험을 가진 두 사람이 만나 가족을 이루기 때문에 부부 사이에 가치관 차이가 커질 수 있다. 특히 한국사회에서는 전통적인 역할 모델을 선호하여 가사활동 참여를 기피하는 남편과 맞벌이 부부의 역할 모델을 수용하여 남편의 가사 활동 참여를 기대하는 아내 사이에 역할 갈등이 심화되고 있다.[9]

핵가족은 부부간에 문제가 발생했을 때 이를 해소하고 조절할 수 있는 장치도 매우 취약하다. 전통가족에서는 긴밀하게 결합된 친족 집단의 압력이 갈등을 억제하기도 하고 부모나 가까운 친척이 개입하여 갈등을 완화시키거나 조절하기도 했다. 하지만 부모나 친족 집단으로부터 독립된 핵가족에서는 이런 역할을 담당할 기제가 미약하여 부부 갈등이 곧장 가족 해체로 이어지게 된다. 변화 속도가 빠르고 다양한 가치가 혼재하는 사회에서는 이로 인한 가족 해체의 위험이 더욱 커진다.

· 아동을 보호하고 노약자를 부양하기가 힘겹다

핵가족이 친족 집단이나 지역사회로부터 독립되고 여성 취업이 증가하면서 가족원을 보호하고 부양하는 가족의 기능이 약화되어 가사 업무의 공백이 야기된다. 이로 인해 어린이의 보호와 양육, 환자의 치료와 간호, 노인 봉양 등을 회피하거나 외부의 전문 기관에 의존하는 경향이 두드러지게 나타난다. 특히 자식에 대한 기대가 매우 크고 자식에 의지하고자 하는 의식이 강한 한국사회에서 핵가족화의 급속한 진전과 노인 인구의 증가는 육아 및 노인 부양 문제와 같은 심각한 사회문제를 야기시킨다. 이러한 문제를 해소하기 위하여 유치원과 어린이집, 요양원과 요양병원 등을 증설하지만 이 기관들이 부양 기능을 대신하는 데는 한계가 있다. 특히 어린 자녀 육아에 대한 부담은 출산 기피의 주요 요인이 되고 있다.

노인이
스승이다.

· 정서적 안정을 제공하기 힘들다

가정과 직장이 분리되고, 비인간화된 관료 조직 속에서 많은 시간을 보내야 하는 현대인들이 스트레스를 풀고 정서적 안정을 제공받을 유일한 기관이 가정이다. 그러므로 현대 가족은 구성원들에게 정서적 안정을 제공하고 애정 욕구를 충족시킬 필요성이 어느 시대보다도 크지만, 가족 구성원간에 애정을 교환할 기회는 극히 제한되어 있다. 주말 놀이, 외식, 바캉스 등을 통해서 정신적 유대를 강화하려고 부단히 노력하고 있지만 단편적이고 일회적 행사에 머무르거나 물질적 보상을 통한 대리만족에 그치기 때문에 정신적 융합에까지 이르지 못하는 한계가 있다.

· 가족의식이 세속화된다

쉽게 만나 결혼에 이름으로써 결혼의 신성성이 퇴색하고, 성性에 대한 고결한 관념이 약화되었으며, 가정생활·가사활동을 하찮은 것으로 간주하는 의식이 팽배하여 전반적으로 가족 의식이 세속화되었다. 가족 의식의 세속화는 가족공동체의 결속을 약화시키며 사회 안정을 저해하고 문명의 몰락을 재촉한다.

· 가족 해체가 빠르게 진행된다

현대 가족이 안고 있는 가장 심각한 문제 중의 하나는 가족 안정성이 매우 취약하다는 점이다. 자유로운 선택과 애정을 바탕으로 결합된 부부가 감정 조절과 인격적 융합에 성공하지 못하면 가정의 안정은 쉽게 깨지고 만다. 외부사회의 다양한 가치를 수용하는 가족 구성원들은 가족의 통제를 벗어나 스스로 선택하고 판단하여 독자적으로 행동함으로써 가족의 결합력을 약화시킨다. 애정을 바탕으로 공고한 결합력을 가져야 할 가족이 해체 위기를 맞고 있는 것이다. 이혼율이 증가하고 독신 가구(1인 가구)가 늘어나는 현상은 가족해체 현상을 단적으로 보여주는 것이다. 이러한 상황은 핵가족이 안고 있는 문제점이 복합되어 나타나는 모습으로서, 당사자의 사회경제적 재적응과 자녀들의 성장을 매우 어렵게 할 뿐만 아니라 사회 안정을 저해하는 심각한 문제가 되고 있다.

노인이
스승이다.

가족공동체의 복원을 위한
할아버지 할머니의 역할

핵가족이 안고 있는 문제점은 오늘날 한국 가족에서 그대로 나타나고 있다. 오히려 한국사회는 오랜 세월에 걸쳐 가부장 가족의 전통을 유지해왔고 사회 변화가 매우 빠른 속도로 진행되고 있기 때문에 핵가족이 안고 있는 문제점이 더욱 농축되어 나타날 가능성이 높으며, 그 충격 또한 훨씬 더 클 것으로 예측된다.

개인의 삶을 안정되게 하고 전체 사회 질서를 확립하기 위해서는 개인으로 분해되어 해체 위기에 놓인 가족공동체를 새롭게 복원하려는 노력이 절실하게 요구된다. 사랑이 충만한 가족, 끈끈한 정으로 뭉쳐진 가족을 만들어가는 데 조부모의 역할이 어느 때보다도 필요한 시기다.

이러한 역할을 수행하는 데는 친할아버지·친할머니와 외할아버지·외할머니의 구분이 있을 수 없다. 핵가족화된 사회에서는 친족관계가 친가와 외가를 구분하지 않고 양가와 대등하게 교류하는 양계적 특성을 갖기 때문이다.

· 단절된 가족관계를 회복하는 데 기여할 수 있다

확대가족에서는 가족 내에서 직접 경험하거나 관찰을 통해서 간접 경험할 수 있는 가족관계가 매우 다양하지만 핵가족에서는 그 수가 극히 한정되어 있다. 한 자녀만 둔 가정의 아동은 아버지와 나, 어머니와 나의 관계만을 직접 경험할 수 있고, 아버지와 어머니의 관계를 통해서 부부관계의 일면을 예비 학습할 수 있을 뿐이다. 형(오빠), 누나(언니), 남동생, 여동생과의 관계는 직접 경험할 기회가 원천적으로 차단되어 있다. 나아가 넓은 친족관계를 경험하거나 관찰할 수 있는 기회도 제한되어 있다. 구르는 돌이 둥글어지는 것과 같이 많은 가족관계와 친족관계를 경험하거나 관찰할 수 있는 기회를 갖는 것은 어린 자녀들뿐만 아니라 모든 가족 구성원에게 다양한 역할 모델을 제공해 줄 수 있고, 폭이 넓고 원만한 인성을 형성하는 자산이 될 수 있다.

이런 점에서 조부모의 역할은 매우 중요하다. 따로 살고 멀리 떨어져 있더라도 할아버지와 할머니를 중심으로 자주 만나고 대화할 수 있는 기회를 마련한다면 단절되거나 소원해진 가족관계가 상당 부분 복원될 수 있을 것이다. 아이들은 훈훈한 정을 베푸는 할아버지와 할머니의 사랑을 경험할 수 있고, 충분히 경험할 수 없었던 형제자매 관계를 사촌들과의 관계를 통해서 보완할 수 있다. 큰아버지, 작은아버지, 외삼촌, 고모, 이모 내외들로부터 받는 사랑은 자녀들의 정서 함양에 큰 도움이 된다. 혼인해서 따로 살고 있는 어른들도 소원한 관계를 벗어나 끈끈한 정을 나누고 소통할 수 있는 통로가 마련된다. 단절된 가족관계를 회복하는 데 할아버지와 할머니가 중심에 서야 한다. 만나고 소통할 수 있는 기회를 제공하는 것만으로도 할아버지와 할머니의 역할은 매우 값진 것이다.

노인이
스승이다

· 약화된 부모의 자녀 훈육 기능을 보완할 수 있다

산업화된 핵가족 구조에서는 부모의 전통적 기능이 구조적으로 제약을 받는다. 초기 산업사회에서는 아버지가 생산활동을 위해 직장에 나감으로써 규범적 사회화 기능을 수행하기가 어렵게 되었고, 후기 산업사회에서는 어머니마저 일터에 나감으로써 정서적 사회화 기능도 커다란 장애에 부딪혔다. 부모가 가정을 비운 사이 아이들은 규범 교육이 제대로 이루어지지 않아 버릇없는 아이들로 성장하고, 부모의 사랑을 충분히 받지 못해 애정 결핍과 정서 불안을 경험하게 된다. 규범 교육과 정서 교육이 부실하면 남들과 더불어 살아가야 하는 사회생활에 적절하게 적응할 수가 없다. 오늘날 청소년 문제는 가정에서 규범 교육과 정서 교육을 충분히 받지 못한 데서 기인하는 바가 크다.

가정에서 규범 교육과 정서 교육이 제대로 이루어지기 어려운 현대사회에서 사람을 사람답게 키우는 문제는 중요한 사회적 과제다. 그런데 이 기능은 외부의 어떤 기관도 가족을 대신해서 수행할 수 없다는 데 문제의 심각성이 있다. 여기에 할아버지와 할머니의 역할이 절실하게 요구된다. 아버지와 어머니가 충실히 수행하지 못한 부분을 할아버지와 할머니가 혈육의 정으로 보충하고 보완할 필요가 있는 것이다. 부모를 제외하고 사람 사는 도리를 가르치고 사랑하는 마음을 심어주는 역할을 수행할 수 있는 사람은 조부모이기 때문이다.

· 갈등을 예방하고 조절할 수 있다

할아버지와 할머니가 가족관계의 중심에 서고 가족 구성원들과 긴밀한 관계를 회복하면 자식과 부부 사이의 갈등을 예방하고, 갈등이 발생했을 때 이를 중재하고 조절할 수 있는 중요한 기능을 수행할 수 있다. 가족 구성원 간의 긴밀한 접촉과 대화는 상호간 오해의 소지를 줄여주고 신뢰를 높여주기 때문에 갈등이 발생할 가능성이 그만큼 낮아진다. 아들딸이 가정생활에 등한하거나 탈선할 경우에는 조용히 불러 타이르기도 하고, 때로는 엄히 꾸짖어 경계할 수도 있다. 며느리나 사위가 육체적·정신적으로 힘들어할 때는 시부모나 처부모의 위로와 격려가 큰 힘이 될 것이다.

자식 부부의 갈등을 예방하고 조절하는 이러한 역할은 자식─부부 사이뿐만 아니라 손자녀들이 부모와 갈등을 겪을 경우에도 큰 도움이 될 수 있다. 자녀의 훈육에 성급하거나 격해지기 쉬운 부모의 마음을 할아버지와 할머니가 나서서 누그러뜨릴 수 있고, 부모의 마음을 이해하도록 손자녀들을 다독일 수 있다.

· 맞벌이 부부의 육아 기능을 지원할 수 있다

가족 구조가 핵가족화되고 맞벌이 부부가 증가하는 현대사회에서 어린 자녀를 보호하고 양육하는 육아는 심각한 사회문제다. 어린 자녀의 육아 부담을 감당하기 힘들어 결혼을 하고서도 출산을 기피하는 경향이 늘고, 급기야 합계 출산율이 인구의 재생산 수준(평균 2.1명)에도 훨씬 못 미치는 1.2명 이하로 떨어져 사회 전망이 매우 어둡다. 정부에서도 사태의 심각성을 인식하고 여러 가지 대책을 마련하고 있지만 근본적인 문제를 해결하는 데까지는 미치지 못하고 있는 실정이다.

이러한 현실적 문제를 해결하기 위해 최근 맞벌이하는 자녀 부부의 육아 기능을 지원하는 할아버지와 할머니가 크게 증가하고 있다. 육아 도우미를 고용하는 경제적 부담을 줄여주고, 여성의 사회활동을 지속할 수 있게 하는 데 큰 도움이 된다.

하지만 경제적 효과에만 관심을 가져서는 안 된다. 혈육으로서의 애정을 듬뿍 담고 있는 할아버지와 할머니의 따스한 손길 아래에서 손자녀들이 정서적

노인이
스승이다

으로 안정되어 바람직한 인성을 형성하도록 하는 종합사회화 과정이 되도록 배려해야 하고, 더 나아가 소원한 가족관계를 회복하고 가족공동체를 복원하는 단계에까지 이르러야 한다.

· 노인의 정체성 확립에 도움이 된다

할아버지와 할머니가 손자녀들의 양육과 교육에 적극 참여하고 가족관계의 중심에 자리 잡는 것은 노인들의 정체성 회복에도 도움이 될 수 있다. 노인들은 소득 단절로 인한 경제적 궁핍이나 신체 노화로 인한 건강상의 어려움 못지않게 외로움이나 소외감과 같은 정신적 고통도 많이 겪고 있다. 할 일을 상실하고, 직장 동료들과의 관계가 단절되고, 가족들과의 관계마저 소원해지면 고립감과 고독감을 떨치기가 어려워진다. 용도 폐기된 쓸모없는 존재로 자신을 비하하여 스스로 뒷방 늙은이를 자처하는 경향도 나타난다. 이러한 노인들에게 가족 구성원들과 자주 만나서 대화하고, 손자녀들과 함께 하는 시간이 많이 주어진다는 것은 자신이 여전히 가족관계의 중심에 서 있으며, 중요한 역할을 담당해야 하는 존재임을 다시금 확인하는 계기가 될 수 있다. 자신이 일궈온 가정에서 자신의 손길로 성장한 자손들이 건강하게 살아가고 있는 모습을 보면 스스로의 삶이 결코 헛되지 않았으며 그 속에 크나큰 보람과 즐거움이 담겨 있음을 느끼게 될 것이다.

적응과 관조

할아버지와 할머니가 가족관계의 중심에 서고 손자녀들의 양육과 교육에 적극 참여하는 것은 매우 바람직하고 필요한 일이긴 하지만 결코 쉬운 일이 아니다. 사회 변화의 속도가 느리고 전통과 관습이 강한 영향을 미쳐서 세대 간의 갈등이 크지 않던 전통사회에서도 가족 내에서 여러 형태의 갈등이 적지 않게 노출되었다. 하물며 현대사회는 변화 속도가 매우 빠르고 다양한 가치가 혼재되어 있어 가족 내에서 갈등과 불화가 발생할 가능성은 전통사회보다도 훨씬 더 크다.

산업화되고 핵가족화된 현대사회에서 할아버지와 할머니들이 가족관계를 회복하고 가족공동체를 복원하는 데 기여하기 위해서는 유념해야 할 두 가지가 있다.

첫째는 변화된 새로운 사회문화를 수용하고 적응하려는 노력이 필요하다는 점이다. 변화 속도가 빠른 사회에서는 윗세대가 습득하고 수용한 문화와 아랫

노인이
스승이다.

세대가 습득하고 수용한 문화에 현격한 차이가 있다. 이러한 문화적 차이는 일상생활에서 서로 다르게 사물을 인지하고, 평가하고, 판단하고, 행동하도록 만든다. 서로 상대의 문화를 이해하지 못함으로써 오해의 소지가 많아지고 갈등이 발생할 가능성이 커지는 것이다. 이러한 문화적 격차를 그대로 두고는 원만한 가족관계를 형성하기가 어려워진다.

그런 점에서 할아버지와 할머니는 변화된 사회문화를 수용하여 자녀나 손자녀의 사고방식과 행동 양식을 이해하고 공감하도록 노력해야 한다. 세대 간의 문화 격차가 큰 상태에서는 혼인한 자녀 내외와의 관계도 원만하게 만들기 어려울 뿐만 아니라 손자녀들과의 친밀한 관계는 더욱 어려워질 수 있다.

둘째는 자녀나 손자녀의 문화를 이해하고 수용하는 바탕 위에서 자녀나 손자녀의 생활에 지나치게 개입하거나 간섭하는 일을 삼가는 노력이 필요하다는 점이다. 전통사회의 가족 갈등이 권위적인 가족 문화 아래 윗세대의 일방적인 명령과 아랫세대의 무조건적인 복종을 강요한 데서 연유된 바가 컸다는 점을 성찰적으로 반성할 필요가 있다. 급속한 사회 변화의 소용돌이 속에서 서로 수용한 문화가 다르고 가치관에 차이가 있음을 인정한 후 한발 물러서서 담담하게 바라보는 관조의 자세가 필요하다.

젊은 세대의 문화를 수용하고 이해하며, 한발 뒤에서 관조하는 여유를 가진다면 할아버지와 할머니가 가족관계의 중심에 서서 현대사회의 가족 문제를 지혜롭게 극복하고 가족공동체를 새롭게 복원하는 데 중추적인 역할을 담당할 수 있게 될 것이다.

주 註

제1장

1 국회예산정책처에 따르면 급속한 고령화로 인해 노년 부양비는 2014년 26.5퍼센트에서 2040년에는 57.2퍼센트로 늘어나며, 고령화로 인한 연금과 복지 분야의 지출 증가는 국가재정에 큰 부담 요인으로 작용한다. 박정호, 「고령화 사회, 고령 사회, 초고령 사회」, KDI 경제정보센터, THEME, 2015년 1월호.

2 최근 국제 신용 평가 회사인 무디스가 고령화에 대해 분석한 보고서는 고령화가 전 지구적 문제임을 극명하게 보여주었다. 무디스에 따르면, 2013년 기준으로 일본·독일·이탈리아가 노인 인구 20퍼센트 이상인 초고령 사회에 이미 진입했으며, 2030년에는 전 세계적으로 초고령 사회에 돌입한 국가가 무려 34개국에 달할 것으로 전망했다. 무디스의 보고서는 이러한 전 지구적인 초고령화 추세가 결국 생산 가능 인구의 감소로 이어져 세계 경제를 둔화시키는 주요 요인으로 작용할 수 있다고 설명하였다. 이처럼 많은 국가가 고령화 문제에 직면해 있지만, 고령화가 가장 심각한 곳은 우리나라다. 경제협력개발기구 OECD의 보고서 역시 "한국은 그동안 가장 젊은 나라였지만, 향후 50년 이내 가장 늙은 나라로 변화할 것이다"라고 전망했다.

3 벌써 2500여 년 전, 유학의 고전인 『대학大學』에서도, "생산자는 많고 소비자가 적으며 (경제활동을) 돕는 자는 빠르게 움직이고 사용하는 자는 느리게 움직인다면, 재화는 항상 풍족할 것이다生之者衆, 食之者寡 爲之者疾, 用之者舒, 則財恒足矣"라고 했는데, 이와 반대로

302

노인이
스승이다

생산자는 적고 소비자가 많으므로 경제 사정이 어려울 것은 확실해 보인다.

4 인구 증가가 경제성장에 도움이 된다는 인구 보너스 시대가 지나가고 인구 증가가 경제 성장의 장애, 즉 마이너스 요인이 되는 현상을 말한다.

5 OECD가 2015년 5월 21일(현지시간) 발표한 보고서에 따르면, 2012년 34개 OECD 회원국 가운데, 65세 이상 노인층에서는 상대적 빈곤율이 49.6퍼센트로 OECD 평균 12.6퍼센트를 훨씬 초과해 회원국 가운데 가장 높았다. 동아일보, 2015년 5월 22일.

6 MBN 뉴스, 2015년 5월 22일 보도 내용이다. "65세 이전에 정년으로 회사를 그만두고 수입이 없이 30년 가까이를 살아야 하니, 노인의 상대 빈곤율이 높을 수밖에 없는 실정입니다. 더 이상 이런 불명예를 얻지 않도록 사회적으로 제도적으로 개선되는 것이 중요하겠죠. 우리도 주변에 홀로 계신 노인분들을 더 신경 쓸 수 있도록 주변을 돌아보는 따뜻한 마음을 가져야 할 것 같아요."

한편 로이터통신 2015년 5월 4일자에서도, "서울의 가장 비싼 지역 고층 빌딩 가까이에, 80세의 김옥녀 씨는 2000명이 거주하는 판자촌인 구룡의 방 두 개짜리 낡은 집 난방을 위해 숯을 태운다"면서 가난한 한국 노인의 삶을 부각하여 보도한 바 있다.

7 할아버지와 할머니의 어원을 '한 아버지'와 '한 어머니'로 보는 입장이다. 우리말 '한'은 곧 '크다'는 뜻이다.

8 격대교육의 효과 1) 노인의 위상이 올라간다. 2) 가정이 질서 있고 화목해진다. 3) 고독과 홀대, 무료함 등의 노인 문제가 해소된다.

9 효도하라고 가르치는 것은 천하 모든 사람의 아버지 된 자를 모두 공경하라고 가르치는 것이다.(『효경』 「廣至德章 第十六」)

10 『잡보장경雜寶藏經』 권1 '기로국연棄老國緣'에 따르면 노인을 갖다 버리는 풍속이 있는 나라가 있었다. 고려대장경 제30권, 『잡보장경』 제4부에 수록된 "기로국연"에는 다음과 같은 이야기가 있다.

부처님께서 말씀하셨다. "노인을 공경하면 큰 이익이 있느니라. 일찍이 듣지 못한 것을 알게 되고, 좋은 이름이 널리 퍼지며, 지혜로운 사람의 섬김을 받는다."

부처님께서 다음과 같은 이야기를 하셨다.

그 옛날 기로국이라는 나라가 있었는데, 그 나라에서는 집안에 나이 많은 노인이 있으면 멀리 갖다 버리는 법이 있었다. 어떤 대신은 아버지가 너무 늙어 나라의 법대로 멀리 갖다 버리려고 했으나 자식 된 도리로 차마 그럴 수가 없었다. 곰곰이 생각하던 끝에 땅을 깊이 파서 은밀한 방을 만들었다. 아버지를 그 안에 모셔두고 때를 맞춰 지극하게 섬겼다.

그때 한 천신이 뱀 두 마리를 가지고 와 왕궁 뜰에 놓아두면서 이렇게 말했다. "만약 사흘 안에 이들의 암수를 가릴 수 있으면 너의 나라가 편하겠지만, 그것을 가려내지 못하면 네 몸과 너의 나라는 모두 멸망하고 말 것이다."

왕은 이 말을 듣고 매우 두려워하면서 여러 신하를 불러 이 일을 의논했다. 그러나 다들 말하기를 '저희로서는 분별할 수 없습니다'라고 했다. 왕은 나라 안에 명을 내렸다. "만일 누가 이 뱀의 암수를 가려낼 수 있다면 그에게 후한 상을 주리라." 대신은 집으로 돌아가 늙으신 아버지께 물어 보았다. 아버지는 말했다. "그것은 가려내기 쉽지. 부드러운 물건 위에 뱀을 놓아두어 거기서 부시대는 놈은 수컷이고, 꼼짝하지 않고 있는 놈은 암컷이니라." 대신은 왕 앞에 나아가 아버지가 가르친 대로 말했다. 그 말대로 했더니 과연 그 암수를 가려낼 수 있었다.

천신이 다시 큰 흰 코끼리의 무게를 달아보라고 했는데, 역시 국내의 누구도 답을 못했다. 대신의 아버지가 코끼리를 배에 실어, 물이 닿은 곳에 선을 그어두고, 다음에 돌을 그 선에 물이 닿을 만큼 실어 그 돌의 무게를 달면 된다고 했다. 천신이 이 대답을 듣고 이번에는 모양도 같고 크기도 비슷한 말 두 필을 가져와 물었다. "어느 것이 어미요, 어느 것이 새끼인가?"

왕과 신하들은 여전히 꿀 먹은 벙어리였다. 대신의 아버지는 아들에게 이렇게 일러주었다. "풀을 먹게 해보아라. 어미는 반드시 풀을 밀어 새끼에게 줄 것이다."

이와 같이 묻는 것을 모두 대답하자, 천신은 몹시 기뻐하면서 왕에게 진귀한 보물을 많이 주었다. 그리고 공중으로 사라지면서 이런 말을 남겼다. "나는 지혜로운 사람이 있는 너의 나라를 옹호하여 외적이 침입하지 못하게 하리라." 왕은 이 말을 듣고 못내 기뻐하면서 그 대신에게 물었다. "이와 같이 지혜로운 대답을 그대 자신이 알았는가, 혹은 누가 가르쳐주었는가? 그대의 지혜에 힘입어 우리나라가 평안하게 되었고 많은 보물을 얻었으며, 또 천신이 옹호하겠노라고 했다. 이것은 모두 그대의 힘이니라."

대신은 대답했다. "실은 저의 지혜가 아닙니다. 저의 집에는 늙으신 아버지가 있사온데, 자식 된 도리로 차마 내다 버릴 수 없어 법을 어기면서 은신해 모셔왔습니다. 제가 대답한 것은 모두 아버지의 지혜를 빌린 것입니다. 원컨대 대왕께서는 나라의 법을 고쳐 노인을 버리지 말게 하소서."

왕은 대신의 말을 듣고 크게 찬탄하면서, 그 대신의 아버지를 나라의 스승으로 받들어 모시기로 했다. 그리고 그날로 나라 안에 영을 내렸다. "오늘부터 노인 버리는 일을 절대로 허락하지 않을 뿐만 아니라, 부모나 스승을 공경하지 않으면 무거운 벌을 내릴 것이다."(棄老國緣, 高麗大藏經 30, 173쪽 일부 수정 인용)

11 증자가 증석을 봉양하되 반드시 술과 고기를 두시니, 장차 밥상을 물릴 때, (남은 것이 있으면) 반드시 "주실 데가 있느냐"고 물었으며, 남은 음식이 있느냐고 물으면 반드시 "있습니다"라고 대답했다. 증석이 죽고 증원이 증자를 봉양하기를 반드시 술과 고기를 두었다. 장차 상을 물릴 때, "주실 데가 있느냐?" 라고 묻지 않았고, "남은 음식이 있느냐?"고 물으면 "없습니다"라고 대답했으니 이것은 장차 다시 올려드리려 함이다. 이것은 이른바 부

노인이
스승이다.

모의 입과 몸을 봉양하는 것이니, 증자와 같은 분은 가히 뜻을 봉양한다고 하겠다.(『맹자』, 「離婁章句 上」)

12 시인 괴테는 대작 '파우스트'를 60세에 시작하여 82세에 마쳤고, 소크라테스의 원숙한 철학은 70세 이후에 이루어졌고, 베르디는 '아베 마리아'를 85세 때 작곡했으며, 미켈란젤로가 '베드로 성당'의 벽화를 그린 것은 90세였다. 이처럼 역사적인 통계를 보면 노년기의 뚜렷한 업적이 증명되고 있다. 세계 역사상 각 분야에 최대 업적의 35퍼센트 정도는 60세부터 70세의 연령층에 의하여 이루어졌고, 23퍼센트 정도는 70세에서 80세의 연령층에 의하여, 그리고 6퍼센트 정도는 80대의 연령에 의하여 성취되었다. 결국 역사적 업적 약 64퍼센트 정도가 60세 이상의 사람들에 의해 성취된 것이다.(황영호, 「노년의 풍성한 삶 16」, 크리스찬 타임스, 2010년 9월 8일)

13 『禮記』 「曲禮 上」 第一 ; 人生 七年曰 悼, 十年曰 幼學, 二十曰 弱冠, 三十曰 壯 有室, 四十曰 強 而仕, 五十曰艾 服官政, 六十曰 耆 指事, 七十曰 老 而傳, 八十; 九十曰 耄, 悼 與耄 雖有罪 不加刑焉.

14 『맹자』 「양혜왕장구 하」. "老而無妻曰鰥 老而無夫曰寡 老而無子曰獨 幼而無父曰孤 此四者天下之窮民而無告者 文王發政施仁 必先斯四者."

15 할아버지와 손자 사이는 명리학 상으로도 상생관계다. 즉 자식은 관성官星이라 나를 극하나 손자는 관성의 관성이 되어 나에게는 식신食神에 해당되므로 내가 생산한 존재가 된다. 따라서 사랑스러운 나의 작품이며 보람이다. 예를 들어 본인이 흙의 성질이라면 아들은 흙을 이기는 나무다木克土. 손자는 나무를 이기는 쇠가 된다金克木. 그런데 쇠는 흙에서 나오므로土生金 내가 생산한 작품이 된다.

16 『인조실록仁祖實錄』 인조 7년 3월 3일. 조순희, 「대로大老」, 한국고전번역원, 「알림마당 고전산책 고전산문」 405에서 수정 인용.

17 두 늙은이는 천하의 대로인데 문왕에게 돌아가니, 이는 천하의 아비가 돌아간 것이었다. 二老者는 天下之大老也而歸之하니 是天下之父歸之也라 天下之父歸之어니 其子焉往이리오. 천하의 아비가 그에게 돌아갔으니 그 자식들은 어디로 가겠는가. 천하의 대로인 백이와 태공이 문왕을 인정하니, 모두가 문왕을 따르게 되었다는 이야기다.(『맹자 집주』 「이루장구 상」)

18 삼로三老는 고대의 향직. 중국 진秦·한漢 시대 백성의 교화를 담당한 향관鄕官이다. 인망 있는 지방토호 중에서 선발되었다. 진秦 이전에도 존재했으며, 한대漢代에는 때에 따라 현삼로縣三老·군삼로郡三老·국삼로國三老 등을 두었다. 또한 위魏·진晉 등에서도 이 명칭이 나타난다.

19 항우가 어린 주군인 의제를 살해한 사건을 애도하는 글을 김종직이 쓴 적이 있는데, 이것이 곧 조의제문弔義帝文이다. 이 글을 김종직의 제자인 김일손이 사초史草에 넣었고, 이

를 빌미로 유자광이 연산군에게 김종직과 그 제자 김일손이 세조가 단종을 죽인 일을 비난했다고 모함하여 일어난 사건이 바로 무오사화다. 일찍이 의제가 항우를 숙부라고 칭하기도 했기 때문이다.

20 최근 몇 가지 노인의 사기를 드높이는 사회문화 정책들이 눈길을 끌어 잠시 소개한다. 2009년부터 문화체육관광부와 한국국학진흥원은 '아름다운 이야기할머니 사업'을 시행하고 있다. 전통적인 무릎 교육을 현대적으로 살린 사업인데, 일정 연수를 받은 할머니들이 선생님이 되어 자기 고장의 유치원이나 어린이집을 방문해 우리의 어린아이들에게 옛이야기를 통해 사랑과 꿈을 심어주는 교육·문화 프로그램이다. 옛이야기 속에는 착하고 순박한 미덕이 있고 삶의 슬기가 있으며 풍부한 유머와 꿈이 있다. 그리고 우리의 역사와 민족성이 담겨 있다. 이 사업의 가장 큰 장점은 할머니 선생님들의 자기 성취감과 사기 앙양이다. 유치원 아이들이 반기고 품에 안기고 총명한 눈망울로 이야기를 들을 때, 할머니들은 나이를 잊고 아이들과 함께 하나가 된다. 이 사업은 노인일수록 가정이나 사회에서 어떤 역할이 주어져, 보람 있는 나날을 보내야 한다는 것을 보여주는 좋은 사례라 하겠다. 그리고 2014년, 경상북도에서는 '할매할배의 날'을 제정했는데, 매월 마지막 주 토요일을 '할매할배의 날'로 지정하여 손자 손녀들이 할머니와 할아버지를 찾아가, 대화와 접촉을 통해 조손지간을 소통시키고 격대교육의 형태로 인성 교육이 이루어지게 한다는 것이다. 이 가운데 노인들은 삶의 의미와 활기를 되찾게 되고 나아가 조부모, 부모와 자녀가 함께 어울리는, 아름답고 정이 넘쳤던 가족공동체의 회복을 기대한다는 취지다.

21 한국노인인력개발원의 고령자 친화 사업에 많은 기업이 참여하고 있다. 2015년 6월에는 경기도 내 기업들이 '전 직원의 70퍼센트 이상을 만 60세 이상의 노인으로 구성하겠다'고 약속했다. 고령화 친화 기업으로 선정된 회사들은 매우 다양한데 실버산업의 현재와 미래에 대한 시사점이 있다고 생각된다. 문화재 발굴원 인력 파견, 전통 부각 생산, 가사·간병 인력 파견, 청소·경비 인력 파견, 전통 한옥 게스트하우스 운영, 양봉 축산물(벌꿀 등) 생산/유통, 도시락·반찬(지역아동센터) 급식 납품, 액자 앨범 제작 등. 그중 ㈜행락은 2013년에 고령자 친화 기업으로 선정되었는데, 전 직원이 60세 이상이며 주업은 벽면 녹화 사업이다. 벽면 녹화는 콘크리트, 금속, 목재, 타일 등의 마감 재료로 덮여 있는 구조물에 다양한 식물을 심는 작업으로서, 아파트, 오피스, 학교, 병원, 매장 등의 벽을 페인트나 벽지로 마감하지 않고 살아 있는 식물로 장식하여, 마치 숲에서 산림욕을 하는 느낌이 들게 하는 효과를 준다.

22 C. S. Hall·G. Lindzey, 『성격의 이론』, 이상노·이관용 옮김, 중앙적성출판사, 1988, 105쪽.

23 김경미, 「우러름과 능멸의 삶, 늙음을 받아들이는 법」, 김미영 외 공저, 『노인의 풍경』, 글

노인이
스승이다.

항아리, 2014, 168쪽.

24 오묘의 집에 뽕나무로써 심으면, 오십인 자가 가히 비단옷을 입으며, 닭과 돼지와 개와 돝의 기름을 그 때를 잃지 아니하면 칠십인 자가 가히 써 고기를 먹으며, 백묘의 밭을 그 때를 빼앗지 않으면 여러 가구의 집이 가히 써 주림이 없으며, 상과 서의 가르침을 삼가 해서 효제의 의로써 거듭하면 (머리가) 반백인 자가 도로에서 (등에) 지고 (머리에) 이지 아니하리니, 칠십인 자가 비단을 입고 고기를 먹으며, 백성이 주리지 않고 춥지 않으니, 그리고서 왕 노릇을 못한 사람은 있지 않았느니라.(『맹자』 「양혜왕장구 상」)

제2장

1 『論語』, 「季氏」.

2 『論語』, 「季氏」.

3 『孟子』, 「離婁」上.

4 『禮記』, 「曲禮」上.

5 정재홍(1940~ , 일헌종손, 영양군 일월면 가곡리).

6 『大漢和辭典』 4, 120~121쪽.

7 『禮記』, 「曲禮」上.

8 『禮記』, 「曾子問」.

9 허전(한국고전의례연구회 역주), 『국역 士義 3』, 보고사, 2006, 311쪽.

10 班固, 『白虎通』 12, 「闕文, 宗廟條」(최순권, 「神主考」, 『생활문물연구』 2, 국립민속박물관, 2001, 62쪽 재인용).

11 『儀禮』, 「士虞禮」.

12 『주자가례』, 임민혁 옮김, 예문서원, 1999, 387쪽.

13 『禮記』, 「曲禮」上.

14 『春秋公羊傳』.

15 『禮記』, 「喪服小記」.

16 『燃藜室記述』 6권, 「成宗朝故事本末」, '蔡壽'. 이 시는 구전으로 전해오는 것으로, 충청북도에 발간한 『음성민속지』 등에도 수록되어 있다.

17 李中轍, 『曉庵文集』 권1.

18 호시弧矢는 사내아이의 탄생을 축하하는 것을 말한다. 옛날에 남자아이가 태어나면, 장차 웅비雄飛하여 원대한 포부를 펼치라는 뜻에서 뽕나무로 활을 만들고 봉초蓬草로 화살을 만들어 천지 사방으로 쏘던 풍속이 있었다.(『禮記』 「內則」)

19 집안의 대조大祖란 퇴계 이황을 말하는 듯하다.

20 許薰, 『舫山先生文集』 권3.

21 金正國, 『思齋集』 권1.

22 李埈, 『蒼石先生續集』 권7.

23 李景奭, 『白軒先生集』 권6.

24 李應禧, 『玉潭私集』, 이상하 옮김, 소명출판, 2009.

25 金壽恒, 『文谷集』 권1.

26 전국시대 연燕나라 태자 단丹이 진秦나라에 인사드리러 갔다가 인질로 잡혀 귀국을 간청하자, 진왕은 "까마귀 머리가 희게 변하고 말에 뿔이 나기 전에는 돌아갈 수 없다"고 했는데, 실제로 그런 현상이 일어나 태자는 귀국할 수 있었다고 한다.(『논형論衡』「감허感虛」)

27 김구직(1921~2014, 지촌 종손, 안동시 임동면 지례리).

28 정재홍(1940~ , 일헌종손, 영양군 일월면 가곡리).

29 유안진, 『한국 전통사회의 유아 교육』, 서울대학교출판부, 1990, 323쪽.

30 유안진, 앞의 책, 324쪽.

31 김후웅(1925~2014, 유일재노종부, 안동시 와룡면 가구리).

32 유안진, 앞의 책, 1990, 336쪽.

33 금동길(1925~2013, 운천노종부, 안동시 임하면 천전리).

34 유안진, 『도리도리 짝짜꿍』, 문학세계사, 1980, 278쪽.

35 이근필(1932~ , 퇴계종손, 안동시 도산면 상계리)[이순형, 『한국의 명문종가』, 서울대학교출판부, 2000, 283쪽 재인용].

36 이근필(1932~ , 퇴계종손, 안동시 도산면 상계리).

37 정재홍(1940~ , 일헌종손, 영양군 일월면 가곡리).

38 김구직(1921~2014, 지촌종손, 안동시 임동면 지례리).

39 이근필(1932~ , 퇴계종손, 안동시 도산면 상계리)[이순형, 앞의 책, 2000, 291쪽 재인용].

40 김구직(1921~2014, 지촌종손, 안동시 임동면 지례리).

41 래드클리프 브라운, 『원시사회의 구조와 기능』, 김용환 옮김, 종로서적, 1980, 87~101쪽.

42 정재홍(1940~ , 일헌종손, 영양군 일월면 가곡리).

제3장

1 현재 안도安道가 퇴계에게 보낸 편지는 한 통도 발견되지 않았지만, 퇴계가 안도에게 보낸 편지는 150여 통 전해오고 있다. 처음 『퇴계문집退溪文集』이 간행될 당시에는 그중 11편만 선록選錄되었으나, 이후 속집續集과 유집遺集에 상당수의 편지가 추가로 수록되었다. 이처럼 서신이 여러 문헌에 흩어져 실려 있고 날짜가 체계적으로 정리되어 있지 않

아 보기에 어려운 점이 많았는데, 퇴계가 안도에게 보내는 편지 125통을 연年·월月·일日 별로 정리하고 역주 작업까지 꼼꼼하게 수행한 정석태 역주, 『안도安道에게 보낸다』(들녘, 2005)가 출간되어 이 방면의 연구자들에게 큰 도움을 주고 있다. 필자 또한 이 책을 대본 으로 삼았다.

2 손자 안도의 이름을 짓고 그 의미를 풀이한 퇴계의 편지는 1554년 12월8일에 이루어졌 다.(이황李滉, 『퇴계 이황, 아들에게 편지를 쓰다』, 이장우·전일주 역주, 연암서가, 2011을 참고할 것)

3 『樊巖先生文集』卷51, 墓碣銘: '通政大夫禮曹參議大山李公墓碣銘.'

4 퇴계 또한 진리는 평이명백平易明白하며 실행하기 쉬운 것에서 시작해야 한다고 보았다. 그러므로 초학자初學者가 이것을 잊어버리고 한꺼번에 멀고 아득한 것을 좇으려 하면, 그 것은 헛수고이고 불가능한 일이라고 보았다.(『退溪先生文集』卷14, 書: '答南時甫'; 정순목, 『퇴계교학사상연구』, 정익사, 1978, 209쪽 참조)

5 『孟子』「滕文公章句上」참조.

6 본문에서 인용하는 '퇴계가 안도에게 보낸 편지'는 모두 『안도에게 보낸다』의 분류와 번역 에 따랐다. 별도의 출전을 명기하지 않고 '년·월·일'만 표기하도록 했다.

7 『貞夫人安東張氏實紀』, 附錄: '行實記'

8 『貞夫人安東張氏實紀』, 詩: '聖人吟'

9 장윤수, 「여중군자 장계향과 운악 이함의 사회적 실천」, 『퇴계학과 유교문화』 56집, 2015, 290쪽 참조.

10 『退溪先生年譜』卷1, 壬申年, 12歲 條 참조.

11 『蒙齋先生文集』卷1, 詩: '夜中偶吟一絕': "中霄忽念平生志, 只在修名不在侯."

12 『蒙齋先生文集』卷1, 詩: '與琴梅軒……': "尋常日用當深省, 莫作悠悠忼愒人."

13 『論語』「顏淵篇」.

14 『蒙齋先生文集』卷1, 書: '與趙月川.'

15 『蒙齋先生文集』卷3, 附錄: '輓詞(金誠一).'

16 『蒙齋先生文集』卷3, 附錄: '輓詞(金誠一).'

17 金誠一, 『退溪先生言行錄』, '粹行'(金誠一. 『退溪, 인간의 도리를 말하다』, 김영두 역주, 푸르메, 2011의 분류와 번역에 따름)

18 鄭士誠, 『退溪先生言行錄』, '論科擧之弊' 참조.

19 『蒙齋先生年譜』, 1553年, 13歲 條.

20 金誠一, 『退溪先生言行錄』, '讀書.'

21 『蒙齋先生年譜』, 1554年, 14歲 條.

22 『蒙齋先生年譜』, 1553年, 13歲 條.

23 『蒙齋先生年譜』, 1554年, 14歲 條.

24 『退溪先生文集』卷2, 詩: '歲終, 琴聞遠, 琴壎之, 金子厚將歸, 示詩相勉, 亦以自警警安道.'

25 『蒙齋先生年譜』, 1556年, 16歲 條.

26 『蒙齋先生年譜』, 1565年, 25歲 條.

27 김종문·장윤수, 『한국전통철학사상』, 소강, 1997, 291~292쪽 참조.

28 『退溪先生文集』卷40, 書: '寄子寯'(甲寅年, 1554년, 12월8일)

29 金誠一, 『退溪先生言行錄』, '粹行.'

30 『蒙齋先生年譜』, 1561年, 21歲 條.(退溪가 安道에게 보낸 편지)

31 『晉書』「謝安傳」 참조.

32 『蒙齋先生文集』卷3, 附錄: '遺事.'

33 『蒙齋先生文集』卷2, 雜著: '考終記.'

34 『蒙齋先生文集』卷3, 附錄: '遺事.'

35 『謙菴先生文集』卷2, 書: '答權章仲(乙亥)': "所示通錄校正事, 旣得僉賢相討累日其於讐正, 必無餘恨. 前年暫因李逢原見示."

36 『蒙齋先生文集』卷1, 詩: '盆梅.'

제4장

1 임재해, 「한국 전통 육아, 왜 잊혀졌는가?」, 생태유아 교육학회 춘계학술대회 발표 원고, 2012, 6쪽.

2 유안진, 『한국 전통사회의 유아 교육』, 서울대출판부, 1990, 285~286, 323~324쪽.

3 김미영, 「조손관계의 전통과 격대교육」, 『실천민속학연구』 제16호, 2010, 69~72쪽.

4 유안진, 앞의 책, 372~373쪽.

5 임재해, 앞의 글, 7쪽.

6 전희경, 「규제개혁은 보육정책에도 필요하다」, UPKOREA, 2015년 3월 3일자.

7 육아정책연구소가 2012년 발표한 자료에 따르면, 보육교사들의 평균 근무시간은 9.9시간이고 월 기본급여는 144만3677원이었다. 민간 어린이집은 더욱 열악하여 119만2283원에 불과했다. 또 전체 어린이집 29.4퍼센트에서 임시직 교사를 채용했고 이들의 급여 수준은 40만5250원에 불과했다.

8 「선진국 보육교사들은 아이를 어떻게 돌볼까?」, 『한국일보』, 2015년 1월 29일자.

9 YTN FM, 2013년 5월 29일.

10 김미혜·성기옥·팽경희·최희진·최소영, 「손자녀 양육 조부모와 자녀와의 갈등에 영향을 미치는 요인: 조부모의 특성을 중심으로」, 『한국노년학』 31-4, 2011, 905~923쪽.

11 SBS 스페셜 제작팀, 『격대 육아법의 비밀』, 경향미디어, 2013.

노인이
스승이다

12 SBS 스페셜 제작팀, 앞의 책, 150쪽.

13 홍승표, 『노인혁명』, 2007, 68쪽.

14 홍승표, 앞의 책, 73~74쪽.

15 2012년 9월 9일 보건복지부의 '2011년 정신건강 실태조사' 결과에 따르면 2010년 국내 자살자는 1만5566명으로 집계됐다. 매일 평균 42.6명이 자살하는 셈이다. 특히 청소년 사망자 중 13퍼센트가 자살을 택했다. 이 비율은 청소년 사망 원인 중 1위였다.

16 『대전투데이』, 2015년 5월 27일자.

17 『전남일보』, 2014년 12월 11일자.

18 SBS 스페셜 제작팀, 앞의 책, 경향미디어, 2013, 13~14쪽.

19 앞의 책, 18쪽.

20 SBS 스페셜 제작팀, 앞의 책, 43쪽.

21 柳岸津, 『韓國의 傳統育兒方式』, 서울대출판부, 1986; 柳岸津, 『韓國 傳統社會의 幼兒敎育』, 서울대출판부, 1990 등이 그러한 연구의 보기다.

22 임재해, 앞의 논문, 11쪽.

23 "徐子曰 仲尼亟稱於水曰 水哉水哉 何取於水也 孟子曰 原泉 混混 不舍晝夜 盈科而後進 放乎四海 有本者如是 是之取爾."

24 홍승표, 『노인혁명』, 예문서원, 2007, 167쪽.

25 앤서니 드 멜로, 『행복하기란 얼마나 쉬운가』, 이현주 옮김, 샨티, 2013, 163쪽.

26 앤서니 드 멜로, 앞의 책, 165쪽.

27 홍승표 외, 『동양사상과 노인 복지』, 집문당, 2013, 94쪽.

28 홍승표 외, 앞의 책, 123~129쪽.

29 틱낫한, 『힘』, 진우기 옮김, 명진출판, 2003, 100쪽.

30 정아란·김영철, 「조손가정의 격대교육에 대한 보육교사들의 인식」, 『한국보육학회지』 14집, 2014, 107~108쪽.

31 앞의 논문, 104쪽.

32 신영복, 『강의』, 돌베개, 2004, 77쪽.

33 九三 家人嗃嗃 悔厲 吉 婦子嘻嘻 終吝.

34 『論語』〈季氏 13〉

35 『맹자』「이루離婁 상」

36 임재해, 앞의 논문, 8쪽.

37 '검제 종손'은 학봉 김성일 선생 종손을 안동 지역에서 흔히 일컫는 말이다. 안동시 서후면 금계리에 학봉 종택이 있는데, 종택이 있는 금계리를 지역 주민들은 흔히 '검제'라고 하여 '검제 종가' 또는 '검제 종손'이라 일컫는다. 이 진술을 한 검제 종손은 학봉 14대손

인 김시인金時寅(82세) 씨다. 임재해, 앞의 논문, 같은 쪽.

38 임재해, 「안동 양반의 일생과 삶」, 『안동 양반의 생활문화』, 안동대 민속학연구소, 2000, 70~71쪽.

39 임재해, 「두 문화의 전통이 꿋꿋한 현리 마을」, 『반속과 민속이 함께 가는 현리 마을』, 한국학술정보, 2003 참조.

40 임재해, 앞의 논문, 8쪽.

41 제러미 리프킨, 『한계비용 제로 사회: 협력적 공유사회』, 안진환 옮김, 민음사, 2014, 11쪽.

42 앞의 책, 215쪽.

43 그러나 리프킨은 장기적으로 모든 노동이 사라지겠지만 단기 및 중기적으로는 세계 곳곳에 사물인터넷 인프라를 대규모로 구축하는 과정에서 임금노동자들의 수요가 마지막으로 급증하는 현상이 나타날 것이라고 보고 있다. 그는 이런 노동의 급증이 앞으로 약 40년간 지속되리라고 예상한다. 특히 글로벌 에너지 체제를 화석연료와 원자력발전에서 재생에너지 중심으로 변화시키는 것은 대단히 노동집약적인 과정이기 때문에 노동력이 많이 필요하게 된다는 것이다. 앞의 책, 435쪽.

44 홍승표 외, 앞의 책, 119쪽.

45 民入孝悌 出尊長養老 以後成敎 成敎以後國家安也.

46 『禮記』, 〈祭義〉

47 『論語』, 〈憲問〉

48 이승연 "유가에 있어서 노인", 『유교사상연구』 42집, 2010, 45~46쪽.

49 『莊子』, 〈大宗師〉

50 『周易』, 〈繫辭下傳〉 4장

51 北村 安樹子, 「幼老複合施設における 異世代交流の 取り組み」, LifeDesign REPORT, 2003. 9, 7쪽.

52 2015년 6월 28일자 '사랑밭 새벽편지'에 소개된 동영상 참조.

53 앞의 논문, 9쪽.

제5장

1 빌 게이츠 시니어, 『게이츠가 게이츠에게』, 국일미디어, 2010, 137쪽.

2 빌 게이츠 시니어, 앞의 책, 136쪽.

3 『동아일보』, 「오바마 "나의 조용한 영웅이 떠났다"」, 2008년 11월 5일자.

4 빅터 고어츨 외, 『세계적 인물은 어떻게 키워지는가』, 박중서 옮김, 뜨인돌, 2006, 146쪽.

노인이
스승이다.

5 김홍근, 『보르헤스 문학전기』, 솔, 2005, 68쪽.

6 김홍근, 앞의 책, 73쪽.

7 김홍근, 앞의 책, 76~77쪽.

8 가브리엘 가르시아 마르케스, 『백년 동안의 고독』, 안정효 옮김, 문학사상사, 2005, 312~313쪽.

9 송병선, 『가르시아 마르케스』, 문학과지성사, 1997, 18쪽.

10 가브리엘 가르시아 마르케스, 『이야기하기 위해 살다』, 조구호 옮김, 민음사, 2007, 147쪽.

11 가브리엘 가르시아 마르케스, 『백년 동안의 고독』, 5쪽.

12 송병선, 앞의 책, 99쪽.

13 가브리엘 가르시아 마르케스, 『이야기하기 위해 살다』, 30쪽.

14 『중앙일보』, 2008년 1월 30일자.

15 1) 장모도 인생을 즐길 권리가 있다. 2) 애 키울 자신 없으면 딸 결혼 전부터 못을 박자. 3) 여유가 있으면 육아 도우미를 붙여준다. 4) 손자 손녀를 길러주면 확실하게 양육비를 받자. 5) 시어머니와 양육을 분담하자.

제6장

1 유생儒生에게 얼마의 연한 동안 과거를 보지 못하게 하는 벌.

2 이상주, 「이문건의 『양아록』: 16세기 한 사대부의 자손 양육의 경험적 시편」, 『양아록』, 158~161쪽.

3 이상주, 앞의 책, 164~165쪽.

4 이 책에서는 이상주 역주, 『양아록』(태학사, 2000)의 해석을 참고했다. 이것은 역자가 묵재의 종손인 이재인李在寅 씨의 집에 소장된 친필본을 완역, 주석한 것이다. 참고로 이문건은 자신의 시문인 『묵재유수고墨齋休叟稿』 2책, 『친우시고親友詩稿』 1책 및 『도서괘화촬요圖書卦畵撮要』 『양아록』 등을 남겼다. 이 가운데에서 선집하여 1948년 『묵재집默齋集』 2책을 간행했는데, 『양아록』은 하책 7권에 실려 있다. 이외에 총 9권의 생활 일기인 이른바 『묵재일기墨齋日記』를 남기고 있다.

5 乙卯 孟秋 作 念一日 癸丑.

6 乙卯 十二月 作.

7 乙卯 至月 初六日 書 九月初 見傷 十月 望時 瘡合 至月初爪生.

8 丙辰 八月下澣 書.

9 보양은 『양아록養兒錄』 「서학탄불瘧嘆」에서 이문건이 사용하고 있는 용어로, 여기서는 신체적 영역의 육아를 포괄하는 의미로 채용했다.

10 嘉靖 庚申 端午後一日 因其怒 撻而誨之 卽草一篇 錄此 不欲考韻 只用疊押之.

11 九月 五日曉 題.

12 『양아록』, 「책아음」. 가정 기미년(1559) 3월 13일, 손자가 학업을 하지 않아 앞에 앉게 하고 나무랐는데, 또 주의 깊게 듣지 않았다. 잠시 후 일어나 나가서 아이들과 어울려 동문 밖으로 갔다. 곧바로 여종을 보내 불러 오게 했는데, 뒷 사립문 밖까지 와서는 끌어당겨도 들어오지 않기에, 내가 성난 목소리로 불렀다. 조금 후 내가 막 아랫집에 있다가, 그 불손함으로 화가 나서, 친히 나가 데리고 들어왔다. 데리고 들어오면서 그 뒤통수를 손으로 다섯 번 때렸다. 들어오게 하여 창 쪽으로 서있게 하고, 손바닥으로 그 궁둥이를 네 번 때리니, 엎드려 우는데 도리어 가련한 생각이 들었다.

13 七月 望時 始俯作身作勢 八月望後 能運.

14 次前韻 臘月望後 能運足.

15 癸丑 元月 初二日 作.

16 이상주, 앞의 논문, 161~163쪽.

17 九月 卄一日 始患.

18 十月 晦 作.

19 癸丑 潤三月 卄六日 始患 寒熱 驚惕苦痛 初不知其瘧也 卄九 又痛 四月初二初四初六 皆作先寒後熱 初八日 禳于樹 少止 復自十一日至 十六日 逐日連作口不入食 自十七日夕 因睡 不知有寒熱 自此 似止然 極黃瘦 至可怜也 乃嘆而書此焉.

20 丁巳 九月 初四日 撻腿一下 垂涕哽咽 不忍再下 乃書此 以識之菊月 初六朝.

21 『養兒錄』, 「傷爪嘆」. "存存道義旺 福慶收無疆."

제7장

1 유안진, 『한국전통사회의 유아 교육』, 서울대학교출판부, 1990, 324~325쪽.

2 최재석, 『한국 가족제도사연구』, 일지사, 1983.

3 『태종실록』 권29, 태종15년 1월15일조.

4 『세종실록』 권48, 세종12년 6월1일조, 한성부윤 고약해高若海의 상주.

5 이창기, 「성리학의 보급과 한국 가족제도의 변화」, 『민족문화논총』 46, 영남대민족문화연구소, 2010.

6 박혜인, 『한국의 전통혼례 연구: 서류부가혼속을 중심으로』, 고려대학교민족문화연구소, 1988.

7 조부모의 손자녀 교육에 대한 자세한 논의는 유안진(1990), 안경식(2003), 김미영(2010) 참조.

8 한국 가족학연구회, 『맞벌이가정의 가족문제』, 하우, 1995.

노인이 스승이다

9 박진옥, 「도시 중산층 부부의 자기역할인지와 상호역할기대에 관한 연구」, 영남대학교대학원 석사학위논문, 1994.

노인이 스승이다

초판인쇄 | 2015년 10월 23일
초판발행 | 2015년 10월 30일

지은이 | 윤용섭 김미영 장윤수 정재걸 최효찬 장정호 이창기
펴낸이 | 강성민
기획 | 한국국학진흥원
편집 | 이은혜 이두루 곽우정
편집보조 | 이정미 차소영 백설희
마케팅 | 정민호 이연실 정현민 지문희 양서연
홍보 | 김희숙 김상만 한수진 이천희
독자모니터링 | 황치영

펴낸곳 | (주)글항아리   출판등록 | 2009년 1월 19일 제406-2009-000002호

주소 | 10881 경기도 파주시 회동길 210
전자우편 | bookpot@hanmail.net
전화번호 | 031-955-8891(마케팅) 031-955-8897(편집부)
팩스 | 031-955-2557

ISBN 978-89-6735-264-6 03900

· 이 도서의 국립중앙도서관 출판예정도서목록(CIP)은
  서지정보유통지원시스템 홈페이지(http://seoji.nl.go.kr)와
  국가자료공동목록시스템(http://www.nl.go.kr/kolisnet)에서 이용하실 수 있습니다.
  (CIP제어번호 : CIP2015027825)

· 이 책은 경상북도의 지원으로 제작되었습니다.